Franz Herre

KAISER FRIEDRICH III.

Deutschlands liberale Hoffnung

Wilhelm Heyne Verlag
München

HEYNE BIOGRAPHIE
12 / 220

Copyright © 1987 Deutsche Verlags-Anstalt GmbH, Stuttgart
Wilhelm Heyne Verlag GmbH & Co. KG, München
Printed in Germany 1992
Umschlagillustration: Interfoto, München
Umschlaggestaltung: Atelier Ingrid Schütz, München
Satz: Layout & Grafik 1000, München
Druck und Bindung: Presse-Druck Augsburg

ISBN 3-453-05753-8

Inhalt

Einleitung: Das Dreikaiserjahr 1888   7

1 Die Zeitbühne   14
2 Potsdam und Weimar   22
3 Revolution und Reaktion   34
4 Zwischen Romantik und Realität   46
5 Liberalismus nach englischer Art   59
6 Die Neue Ära   79
7 Schicksalsjahr 1862   92
8 Recht oder Macht   107
9 Zwei Wege nach Deutschland   118
10 Friedrich Wilhelm Sadowa   133
11 Der Nationalliberale   151
12 Krieg gegen Frankreich   166
13 Kaiser und Reich   179
14 Im Wartestand   201
15 Resignation   216
16 Vom Tode gezeichnet   236
17 Die 99 Tage   257
   Schluß: Das Wendejahr 1888   287

ANHANG

Zeittafel   299

Stammtafel der Hohenzollern   302

Bibliographie   304

Bildnachweis   311

Personenregister   312

Leichenzug Kaiser Wilhelms I. am 16. März 1888 in Berlin

Einleitung

Das Dreikaiserjahr 1888

»Welch eine Wendung durch Gottes Führung«, stand auf dem Brandenburger Tor in Berlin, durch das am 16. Juni 1871, nach dem Sieg über Frankreich, der König von Preußen, Wilhelm I., als Deutscher Kaiser einzog.

»Vale Senex Imperator«, ein Abschiedsgruß auf Lateinisch, wie es dem neuen Imperium angemessen schien, stand auf dem Brandenburger Tor, als am 16. März 1888 der tote Kaiser Wilhelm I. aus seiner Haupt- und Residenzstadt geleitet wurde.

Der Trauerpomp entsprach der Wertschätzung seiner Persönlichkeit und der Einschätzung seiner Leistung. Kanonen donnerten, und Kirchenglocken läuteten, doch der Umstand, daß in der Kälte zahlreiche Trauergäste Mäntel und Paletots über Uniformen und Orden trugen, mochte als kleiner Hinweis dafür gelten, daß auch im preußisch geprägten Deutschland ein von militärischer Haltung gekennzeichnetes Zeitalter zu Ende ging und eine zivilere Epoche begann.

Der neue Kaiser, der als Leitfigur der neuen Zeit galt, ging nicht im Trauerzuge mit. Friedrich III. war als sterbenskranker Mann zur Herrschaft gelangt. Der Sechsundfünfzigjährige – der Vater war fast einundneunzig geworden – stand am Mittelfenster des Kuppelsaals von Schloß Charlottenburg und blickte dem Sarg Wilhelms I. nach, der zum Mausoleum im Park gebracht wurde.

Am selben Tage eröffnete der englische Leibarzt dem neuen Kaiser und König, daß es für ihn an der Zeit wäre, sein Haus zu bestellen. »Ich danke Ihnen sehr, daß Sie mir das sagen. Ich hoffe, ich werde genesen – meines Volkes wegen«, entgegnete Friedrich III. »In jenem Augenblicke«, berichtete Dr. Mackenzie, »dachte Friedrich der Edle ohne Zweifel an die aufgeklärten und weitreichenden Pläne für die innere Entwicklung Deutschlands, welche in seinem Geiste während aller der Jahre gewissenhafter Vorbereitung für sein hohes Amt gereift waren.«

Friedrich III. konnte sie nicht ausführen, in den 99 Tagen, die ihm im Herrscheramt vergönnt waren. Der Tod des Vaters hatte es ihm am 9. März 1888 gegeben, der Tod nahm es ihm am 15. Juni 1888 ab.

»Krebsige Zerstörung des Kehlkopfes«, stellten sieben deutsche und zwei englische Ärzte bei der Leichensektion fest. Der neue Kaiser und König, Wilhelm II., hatte sie – entgegen der letztwilligen Verfügung des verstorbenen Vaters – angeordnet. »Ich war wie eine Wahnsinnige vor Kummer, Zorn und Aufregung«, vermerkte die Kaiserinwitwe, »daß man es gewagt, seine so lieben, teuren, heiligen Überreste anzurühren.«

Die Trauerfeier für Friedrich III. fand nicht in Berlin, sondern in Potsdam statt, ohne das Publikum, das von ihm ein Bürgerkönigtum erwartet hatte, von Militär abgeschirmt, das nach dem Willen des Nachfolgers der erste Stand im Staate und die erste Macht des Reiches bleiben sollte.

Immerhin wurde der Wunsch des Verstorbenen erfüllt, in der Friedenskirche zu Potsdam bestattet zu werden. In dem im Stil altchristlicher Basiliken errichteten Gotteshaus ruhte der Bauherr Friedrich Wilhelm IV., der wie sein Lieblingsneffe, der Kronprinz Friedrich Wilhelm und spätere Kaiser Friedrich III., ein »Romantiker«, ein untypischer Preuße, ein aus der Art geschlagener Hohenzoller gewesen war.

Nicht in der Nachfolge Friedrich Wilhelms IV. und Friedrichs III., sondern als Erbe Friedrichs des Großen wie Wilhelms I. fühlte sich der neunundzwanzigjährige Wilhelm II. Vierspännig fuhr der neue Imperator durch das Brandenburger Tor, den preußisch-deutschen Triumphbogen, seinen Vorstellungen von Macht und Herrlichkeit entgegen. Die Straße Unter den Linden war, wie die Baronin Spitzemberg erzählte, so schwarz von jubelnden Menschen, wie sie bei dem Leichenzug des Großvaters schwarz von trauernden Menschen gewesen war.

Drei Kaiser aus dem Hause Hohenzollern sahen sie im Jahre 1888, im »Dreikaiserjahr«, vorüberziehen, zwei in die Grüfte und

*Die Friedenskirche in Potsdam,
Grabstätte Kaiser Friedrichs III.*

einen auf dem Weg in die Zukunft, die er mächtig und prächtig zu gestalten versprach. Wilhelm I., Friedrich III. und Wilhelm II. – sie verkörperten drei Generationen und repräsentierten drei Richtungen.

Der Großvater, noch im Jahrhundert Friedrichs des Großen geboren, war König von Preußen gewesen, bevor er Deutscher Kaiser wurde. Er schätzte den ersten Titel mehr als den zweiten, blieb ein nüchterner Altpreuße, ein spartanischer Soldat und ein Mann der Staatsräson, galt als letzter preußischer Monarch, der diesen Namen verdiente.

Der Sohn wollte sich als Deutscher Kaiser und König von Preußen eigentlich Friedrich IV. nennen, an den Habsburgerkaiser Friedrich III. und nicht an den Hohenzollernkönig Friedrich II. anknüpfen. Im Gegensatz zum Vater galt ihm die deutsche Kaiserwürde mehr als die preußische Königskrone. Denn er war ein Reichsromantiker und ein Nationalliberaler.

Der Enkel, Wilhelm II., wollte in die Spuren des Großvaters treten, des Siegers von Königgrätz und Sedan, des Reichsgründungskaisers. Wie sein Vater träumte er von einem großartigen, indessen nicht liberalisierten, sondern militarisierten Reich – und schon von einem Weltimperium. Ein Mehrer des Reiches wollte er werden, als Imperator gelten.

Noch war Otto von Bismarck da, der »weiße Revolutionär« der Reichsgründungszeit, der als Reichskanzler ein schwarz-weißer beziehungsweise schwarz-weiß-roter Reaktionär geworden war, jedenfalls ein Konservativer, der das, was er geschaffen hatte, fast mit jedem Mittel und beinahe um jeden Preis erhalten wollte. Der dreiundsiebzigjährige Bismarck hätte dies am liebsten mit Wilhelm I. weiter getan – weniger gern mit Friedrich III., der manches anders haben, oder gar mit Wilhelm II., der ihn nicht mehr haben wollte.

Auf den Großvater folgte – nach dem kurzen Interregnum des Vaters – der Enkel. »Höchstes Greisenalter und unentwickelte Jugend! Wie wird uns das Mittelglied fehlen!« meinte der General und Admiral Albrecht von Stosch, der Friedrich III. nahegestanden und ihm eine Mittlerfunktion zugetraut hatte.

Viele Deutsche waren anderer Auffassung, beispielsweise der Historiker Heinrich von Treitschke, der als Reichsherold die Reichsereignisse und als Reichspublizist die Reichsstimmung artikulierte. Er feierte Wilhelm I. als den »gewaltigen Einiger der Deutschen« und bedachte Wilhelm II., der dem Großvater nachzueifern versprach, mit Vorschußlorbeeren: »Wir wissen jetzt, daß der gute Geist der wilhelminischen Zeiten dem Reiche unverloren bleibt«, schrieb er am 15. Juni 1888, dem Todestag Friedrichs III.

Der 99-Tage-Kaiser wurde von Treitschke als Zwischenkaiser abgetan, dessen persönliches Unglück zwar zu bedauern, dessen Abtreten jedoch als Glück für Deutschland zu betrachten sei. Denn unter einem länger regierenden Friedrich III. wäre die liberale Partei ans Ruder gelangt, »die Mehrheit der Berliner, einzelne in die Politik verschlagene Gelehrte, die Kaufmannschaft einiger unzufriedener Handelsplätze und die allerdings ansehnliche Macht des internationalen Judentums«. Doch »hinweg mit diesen finsteren Bildern«, triumphierte Treitschke, »die Geschichte ist über sie hinweggeschritten!«

Mit Friedrich III., klagte der Philospoh Friedrich Nietzsche, gehe die letzte Hoffnung auf deutsche Freiheit zu Grabe. Dies beklagte in erster Linie Friedrichs Witwe Victoria, Tochter der Queen Victoria, die dem Lande ihres Mannes ihre englische Mitgift hatte bringen wollen: »Sinn für Recht, Moralität, Freiheit und Kultur, für Selbständigkeit des Individuums, Hebung des Einzelnen als Mensch und als Deutscher, Europäer und Weltbürger.«

Eine freiheitliche Zukunft Deutschlands und eine friedliche Zukunft Europas hatten Victoria und Friedrich angestrebt. »Jetzt ist alles auf eine schiefe Basis gebaut«, meinte die Witwe Friedrichs III. und Mutter Wilhelms II. »Der Satz ›Macht geht vor Recht‹ wird angebetet«, die Ansätze zu einem liberalen und demokratischen Nationalstaat seien im Morast des Obrigkeitsstaates steckengeblieben. Der Sohn »wird einen verkehrten Weg gehen ... Es kann nur Unheil bringen.«

Ähnlich dachten deutsche Liberale, die im Vormärz zum Doppelziel von bürgerlicher Freiheit und nationaler Einheit aufgebrochen waren, sich 1848 am Ziel gewähnt und 1849 getäuscht gesehen hatten, unter Wilhelm I. zurückgedrängt worden waren, auf ein Avancement mit Friedrich III. gehofft hatten und bei Wilhelm II. nicht mehr zum Zuge kommen sollten.

An der Schwelle eines illiberalen, des zwanzigsten Jahrhunderts bemerkte der Historiker Martin Philippson, ein Biograph Friedrichs III.: Mit diesem Hohenzoller sei eine ganze Generation übergangen worden, »das Geschlecht, das aus den zwanziger, dreißiger und vierziger Jahren des neunzehnten Säkulums stammte«, in »der Herstellung maßvoller konstitutioneller Freiheit, in der Geltendmachung des aufgeklärten, arbeitsamen und besonnenen Bürgerstandes, im Hervorheben persönlicher Unabhängigkeit und Charakterwürde seine politischen Aufgaben gesucht« habe.

»Nicht Kaiser Friedrich allein, eine ganze Generation ging mit ihm«, bestätigte der Publizist Karl Friedrich Nowak. »Einer ganzen Generation war die Entfaltung und Blüte geraubt. Da sie abseits stand, so verkümmerte ihr Inhalt. Mit dem neuen Kaiser kam eine neue Welt.«

In ihr galt das Wort Goethes, daß Persönlichkeit das höchste Glück der Erdenkinder sei, nicht mehr viel; und noch weniger die daraus abgeleitete Forderung, das Individuum müsse das Maß aller politischen Dinge sein. Die Sachen begannen die Welt zu bestimmen und Sachzwänge die Menschen zu beherrschen. Von der Wirtschaft wurden sie mehr und mehr reklamiert, der Staat nahm sie zunehmend in Anspruch, und schon belegten sie Parteien mit Beschlag. Die neue Welt entwickelte ihre eigene Dynamik, die sich von den Zauberlehrlingen immer weniger bändigen ließ.

Mit der Macht der Persönlichkeit schwand die Gewalt der Monarchen dahin. Wenn auch Wilhelm II. noch dreißig Jahre lang als neudeutscher Cäsar posierte – die Tage der Monarchen waren gezählt, die Götterdämmerung der Monarchien hatte begonnen.

Zwei Jahre vor Kaiser Friedrichs III. Tod hatte König Ludwig II. von Bayern die Bühne in einem selbst verfaßten dramatischen Schlußakt verlassen: der wittelsbachische Lohengrin, dem gedämmert hatte, daß die Fahrt nicht zurück zum Gralskönigtum, sondern vorwärts zum Grab der Könige ging. Und im Jahr darauf legte Kronprinz Rudolf von Österreich-Ungarn, der zwischen Liberalismus und Libertinage schwankende Habsburger, Hand an sich, weil er keine Zukunft mehr vor sich sah.

Ein Dritter im Bunde war Friedrich III., gedankenreich und tatenarm, der die Macht im Prinzip für böse hielt und in der Praxis darunter litt, daß er sie jahrzehntelang nicht ergreifen konnte. Und als sie ihm endlich zugefallen war, vermochte er sie in dem Vierteljahr, das ihm verblieb, nicht auszuüben.

Wußte er überhaupt, was er wollte, was von ihm erwartet wurde? Auch liberalen Freunden erschien er als Schwanenritter, der nicht befragt werden dürfe, wohin die Reise gehe, weil seine Antwort kaum befriedigt hätte. Konservative Gegner hielten ihn eher für eine Rolle auf der Wagnerbühne als für eine Aufgabe im Staat geeignet. Dem Spätromantiker blieb der Traum eines Ausstiegs aus der preußisch-deutschen Wirklichkeit, des Rückzugs in seine Vorstellung vom Heiligen Römischen Reich Deutscher Nation – und die Fata Morgana eines von liberalem Geist und englischen Einrichtungen erfüllten Idealimperiums.

Das Scheitern war im Charakter des Helden wie im Wesen der Umwelt angelegt. Und die Götter waren gegen ihn. Friedrich lebte noch, als sein Sohn Wilhelm von Gardetrompetern Wagners Trauermarsch für Siegfried intonieren ließ – als wollte er ankündigen, daß der Untergang mit Marschmusik zu erfolgen habe.

Gustav Freytag schrieb nach dem Tode Friedrichs III. keinen Nachruf und begründete seine Weigerung: »Die persönlichen Anschauungen, welche ich von dem Kaiser erhalten, stehen zum Teil in so starkem Gegensatz zu dem Bilde, welches im Gemüt der Deutschen aus dem volksmäßigen Drange nach Idealgestalten für Liebe und Verehrung entstanden ist, daß es herb und auch nicht nützlich wäre, in diesen Wochen eines großen Schmerzes das wirkliche Wesen eines liebenswerten, aber unglücklichen Fürsten dem landläufigen Bild gegenüberzustellen.«

Der nationalliberale Schriftsteller, der den Kronprinzen Friedrich Wilhelm ein Stück Weges begleitet hatte, kannte ihn und wußte es, daß jene Hoffnungen, die deutsche Liberale in ihn gesetzt hatten, von Kaiser Friedrich III. kaum erfüllt worden wären.

Leichenzug Kaiser Friedrichs III. am 18. Juni 1888 in Potsdam

1

Die Zeitbühne

Im Jahre 1831 – als Prinz Friedrich Wilhelm von Preußen, der spätere Kaiser Friedrich III., zur Welt kam – schien der Auftritt des liberalen Bürgertums auf der Bühne des Jahrhunderts, das Spiel um Fortschritt und Freiheit begonnen zu haben.

Europa hatte lange genug darauf warten müssen. Am Ende des 18. Jahrhunderts war das revolutionäre Vorspiel, in Frankreich vom Dritten Stand intoniert, von den Mißklängen des Jakobinismus und dann von der Marschmusik Napoleons übertönt worden. 1815 – nach dem Sturz des französischen Imperators – war im europäischen Staatstheater eine Reprise des Ancien régime gegeben, Reaktion und Restauration gespielt worden, mit Monarchen und Aristokraten in den Hauptrollen, die auf den Beifall des Publikums keinen Wert legten.

Das bürgerlich-liberale und demokratisch-nationale Thema der Französischen Revolution von 1789 wurde 1830 von der Pariser Julirevolution wiederaufgenommen. Die Nation, vom Dritten Stand repräsentiert, schloß mit dem Orléans Louis Philippe, dem Sohn des Louis Philippe »Égalité«, einen Vertrag zwischen Volk und Monarchen, begründete eine konstitutionelle Monarchie mit einem Bürgerkönig.

Was 1830 geschah, hielt ein Jahr später Eugène Delacroix auf einem Gemälde fest: »Die Freiheit führt das Volk« – eine Marianne, die Personifizierung der französischen Nation, eine Flinte in der Linken und die Trikolore in der Rechten, die das Revolutionsprogramm symbolisierte: »Freiheit« der Persönlichkeit, garantiert in einer rechtsstaatlichen Verfassung; »Gleichheit« der Staatsbürger vor dem von den Verfassungsorganen beschlossenen Gesetz; »Brüderlichkeit« aller Franzosen im gemeinsam gebildeten und getragenen Nationalstaat.

Genaugenommen war es das Programm eines Standes, der Bourgeoisie. Sie hatte die Julirevolution von 1830, wenn auch nicht ausschließlich gemacht, so doch schließlich gelenkt, in Richtung ihrer Ziele: unbehinderte Entfaltung der Persönlichkeit, unbeschränkte Erwerbsmöglichkeiten, politische Selbstbestimmung des wirtschaftlich und gesellschaftlich arrivierten Besitz- und Bildungsbürgertums.

Schon fühlten sich die Bürger als die Etablierten, die ihre eben in der Auseinandersetzung mit dem Ersten und Zweiten Stand, Aristokratie und Klerus, gewonnene Herrschaft durch die Unterdrückung des Vierten Standes, der Arbeiterschaft, zu sichern suchten. Ein Jahr nach der bürgerlichen Revolution in Paris wurde in Lyon ein Arbeiteraufstand niedergeschlagen.

Auch in England war das Bürgertum vorangekommen, nicht wie in Frankreich durch Revolution, sondern durch Evolution. Die Reformbill des Jahres 1832 entzog unbedeutenden Landbezirken das Wahlrecht zugunsten der Industriestädte, wodurch im Parlament die Vorherrschaft der grundbesitzenden Adeligen gebrochen und der Einfluß der wohlhabenden Bürger verstärkt wurde.

Mit liberalem Elan war England auf dem Weg zum Industriestaat und zur Industriegesellschaft. 1830 dampfte der erste Eisenbahnzug von Liverpool nach Manchester, mit einer Geschwindigkeit von 45 Kilometern in der Stunde. Jeder, der das Geld dazu hatte, konnte eine Fahrkarte lösen, alle kamen gemeinsam schnell voran, auch wenn sie in verschiedenen Klassen reisten. So wurde die Menschen wie Güter befördernde Eisenbahn zu einem Vehikel nicht nur des industriellen, sondern auch des gesellschaftlichen Fortschritts.

Die Art, wie Engländer in die Zukunft fuhren, das eher bedächtige, doch stetige Tempo, gefiel deutschen Bürgern besser als die sprunghafte Fortbewegung der Franzosen. Ein Bestseller wurden die zwischen 1830 und 1832 veröffentlichten Reiseschilderungen von Hermann Pückler-Muskau, der zwar ein preußischer Fürst, aber zugleich ein liberaler Weltbürger war. Er suchte und fand in England eine wohltemperierte Freiheit, die modern sich gebenden deutschen Adeligen wie als modern sich begreifenden deutschen Bürgern gleicherweise konvenierte: Freiheit für die Besitzenden und die Gebildeten.

In England traf Fürst Pückler-Muskau »Glückliche, die frei von Eingriffen in ihren Beutel, frei von Unwürdigkeiten für ihre Person, frei von unnützen Plackereien ihre Macht fühlen lassen wollender Bürokraten, frei von der Aussaugung unersättlicher Staatsblutegel sind und dabei als unumschränkte Herren in ihrem Eigentume nur den Gesetzen zu folgen brauchen, die sie selbst mit geben helfen...«

Noch gab es in Deutschland eher fortschrittliche Adelige als progressive Bürger, die sich über ihre Obrigkeiten zu beschweren gewagt hätten, »welche bis in die Wohnstube und Schlafkammer alles regieren wollen«. Denn es mangelte weniger an Zivilcourage als an Zivilisten.

Das war ein Ergebnis der deutschen Geschichte. Deutschland war weithin ein Agrarland geblieben. Die alten Reichsstädte, in denen sich ein Bürgertum hätte entwickeln können, doch oft nur ein Pfahlbürgertum zustande kam, waren von den Fürstenstädten überflügelt worden, in denen wenige große und viele kleine Höfe den Ton angaben.

Mit den ökonomischen und sozialen waren die politischen Grundlagen für die Bildung eines selbstbewußten Dritten Standes unzureichend geblieben. In Deutschland wurden niemals, wie in England oder Frankreich, Könige geköpft. Der Adel war weder durch die Guillotine noch mittels eines Wahlrechts zugestutzt worden. Revolutionen fanden nicht statt, und Reformen erfolgten mehr auf äußeren Druck als aus innerem Antrieb.

Napoleon I. hatte Errungenschaften der Französischen Revolution in bonapartistischer Dosierung in dem von ihm direkt beherrschten Teil Deutschlands eingeführt und dadurch auch Reformen in dem von ihm indirekt beeinflußten Preußen ausgelöst. Ohnehin auf das unumgängliche Minimum beschränkt, waren sie nach der Zerstörung des Napoleonischen Empire und der Restauration des preußischen Staates reduziert worden. Als der ehemals führende Reformminister, der Freiherr vom Stein, der kein Regierungsamt mehr bekommen hatte, 1831 starb, wurde davon wenig Aufhebens gemacht. Erst 1875 sollte er ein Denkmal an abgelegener Stelle in Berlin erhalten.

Auf die Dauer konnten sich die Deutschen der wirtschaftlichen und gesellschaftlichen Entwicklung in Europa nicht entziehen.

*Das Neue Palais in Potsdam,
Geburts- und Sterbehaus Friedrichs III.*

Doch gedankenreich und tatenarm – wie sie charakterisiert worden sind – bildeten sie sich, bevor sie Besitzbürger und Staatsbürger in westlichem Sinne wurden, zu Bildungsbürgern deutscher Art heran.

Das höchste Glück der Erdenkinder sei die Persönlichkeit, sagte Johann Wolfgang von Goethe und meinte den nach klassischem Maß geprägten schönen, guten und wahren Menschen, aber auch schon den Idealbürger, der seine Selbstbildung in Selbständigkeit bewies, seine voll und ganz entfalteten Kräfte in den Dienst der Gesamtheit stellte.

Ein Bürgerethos war in Deutschland vor der Bürgerpraxis in der Wirtschaft und im Staate da. Schon gab es – im Sinne Goethes – Persönlichkeiten in geistigen Berufen: neuhumanistische Philologen, Philosophen des deutschen Idealismus, und bereits Forscher und Gelehrte, die sich neuen Erfahrungswissenschaften zuwandten, die eine Brücke zu modernen Lebenspraktiken schlugen.

Im Jahre 1831 starb der Philosoph Georg Wilhelm Friedrich Hegel, der Philosoph des dialektischen Idealismus, auf den sich ebenso Vertreter des preußischen Machtstaates wie Verfechter des marxistischen Sozialismus berufen sollten.

Im Jahre 1832 starb Johann Wolfgang von Goethe, Deutschlands größter Dichter. Die Totenfeier eines Berliner Privattheaters – das königliche Schauspielhaus hatte dazu keine Veranlassung gesehen – wurde offiziell als »den bekannten Ansichten Sr. Kgl. Majestät widersprechend« mißbilligt. König Friedrich Wilhelm III. hatte Berichte Berliner Zeitungen über die letzte Weimarer Geburtstagsfeier Goethes wegen »unangemessenen Wortgepränges« für dergleichen von Privatpersonen veranstaltete Feste gerügt. Goethes »Egmont« wie Schillers »Wilhelm Tell«, die Aufstände gegen Obrigkeiten verklärten, durften in Berlin lange nicht aufgeführt werden. Aber auch in Preußens Hauptstadt wurde in Bürgerhäusern mit Schillers »Lied von der Glocke« das Hohelied von Bürgertugend und Bürgerstolz auswendig gelernt.

Eine Bourgeoisie nach westlichem Muster entstand an Rhein und Ruhr, in ehemaligen Reichsgebieten, die Preußen zugesprochen worden waren. Schon fragte sich mancher Ostelbier, ob dies ein Glück für den preußischen Staat gewesen sei, den die Hohenzollernkönige einst auf den Feudaladel gebaut hatten. In Westfalen und im Rheinland existierte seit altersher eine gewisse Selbstverwaltung. Die Franzosen waren da gewesen und hatten Liberales und Demokratisches hinterlassen. England, das Vorbild des industriellen Fortschritts, lag nicht weit. An Rhein und Ruhr hatte mit der Entwicklung der Industrie die Entfaltung des Bürgertums begonnen.

Im Jahre 1830 beeindruckten die Pariser Revolution und die von ihr ausgelöste belgische Revolution den preußischen Westen. In Aachen, Köln und Elberfeld gab es Aufruhr, der in sich zusammenfiel, bevor er ausgetreten werden mußte. Das Bürgertum und erst recht die Arbeiterschaft waren noch nicht so weit, daß sie den Staatsautoritäten Paroli hätten bieten können.

Eine deutsche Trikolore – Schwarz, Rot und Gold – hatte der deutsche Michel bereits in der Rechten, aber er trug nicht, wie die französische Marianne, eine Flinte in der Linken. Heinrich Heine, der in Paris lebende Rheinländer, der den Deutschen das Revolutionsbild von Eugène Delacroix als Revolutionsvorbild hingestellt hatte, vermißte 1832 die Flinte beim Hambacher Fest, das eine Erhebung hätte einleiten sollen, doch zu einer nationalen Demonstration schrumpfte und eine Manifestation liberaler und demokratischer Ohnmacht wurde.

»Was war es aber, was die Männer von Hambach abhielt, die Revolution zu beginnen?« spottete Heinrich Heine. »Die Entscheidung lautete, man sei nicht kompetent!« Er wurde ihnen nicht gerecht, den mehr als 20 000, hauptsächlich aus Süd- und Westdeutschland kommenden Männern, die im Mai des Jahres 1832 auf den Hambacher Burgberg in der bayerischen Rheinpfalz stiegen, um unter der deutschen und französischen Trikolore wie unter der Fahne Polens, dessen Aufstand von Rußland niedergeschlagen worden war, für Bürgerfreiheit, einen deutschen Volksstaat und einen europäischen Völkerbund einzutreten. Freilich, den Worten folgten keine Taten, aber schon zur Bekundung von Liberalismus und Demokratie gehörte angesichts der reaktionären Gewalten in Deutschland viel Mannesmut.

Das Signal von Hambach wurde vom Volk gehört und von den Herrschenden verstanden. Sie beeilten sich, es mit den Organen des Polizeistaates zu übertönen. Wie gut, daß man keine deutsche Hauptstadt habe, meinte der Präsident des preußischen Staatsrats, Herzog Carl von Mecklenburg, denn wenn es wie in Frankreich einen Nationalstaat mit einer Nationalmetropole bereits gäbe, hätte die deutsche Maidemonstration ähnliche Folgen wie die Pariser Julirevolution haben können.

In Berlin war indessen Bedeutsames geschehen. Die preußische Hauptstadt prädestinierte sich zum Zentrum eines von Preußen geeinten und geführten Deutschlands. Im Weimar Goethes und Schillers geboren, waren Humanismus und Idealismus im Berlin Humboldts und Hegels herangewachsen, und in der vom Hohenzollern-König beherrschten und von Biedermeiern bewohnten Stadt fand die Hochzeit zwischen Preußentum und Klassizismus statt.

Der Architekt Karl Friedrich Schinkel führte Antikes mit Friderizianischem zusammen, errichtete die Königswache und das Schauspielhaus, vollendete 1830 den Museumsbau, der wie eine antike Arche die Schätze der alten Kunst bergen sollte.

Auf dieses idealistische Berlin und dieses idealisierte Preußen begannen deutsche Bildungsbürger zu blicken, ebenso deutsche Besitzbürger, die von Preußen eine das allgemeine Wirtschaftswachstum fördernde deutsche Wirtschaftseinigung erwarteten. 1833 kam der Deutsche Zollverein unter preußischer Führung zustande. Schon erhofften sich politisch denkende Bürger eine staatliche Einigung Deutschlands durch die Bildungsmacht, Wirtschaftsmacht und Militärmacht Preußen, den größten und stärksten, im Gegensatz zu Österreich, der Präsidialmacht im Deutschen Bund, »rein deutschen Staat«.

Selbst Süddeutsche begannen von Preußen das liberale und nationale Heil zu erwarten und die Einbußen an Freiheit, die dafür dem Obrigkeitsstaat zu entrichten wären, in Kauf zu nehmen. 1831 meinte der Württemberger Paul Pfizer, der für den Anschluß Süddeutschlands an Preußen warb, bürgerliche Freiheit und nationale Einheit gehörten zwar zusammen, aber sogar in Frankreich sei die Einheit vor der Freiheit dagewesen.

Im Unterschied zu den süddeutschen Staaten gab es in Preußen noch keine Konstitution und keine Kammern. Friedrich Wilhelm III. hatte zwar derartiges zugesagt, als im Krieg gegen Napoleon das Versprechen einer Volksvertretung der Aufbietung der Volkskräfte dienlich schien. Aber dann kam es so, wie es ein Berliner im Jahre 1815, als Kanonendonner und Glockengeläut den Sieg verkündeten, ausgedrückt hatte: »Da hört Ihr's, der Krieg ist aus, die Adeligen haben gewonnen!«

Der Adel und das von ihm geführte Militär wie die von ihm geleitete Bürokratie nahmen wieder ihre alten Plätze ein, als habe es keine Französische Revolution und keine preußische Reform gegeben. Der Monarch stand wieder über allen – nun nicht nur, im restaurierten Ancien régime, wie Fridericus Rex als König und Herr, sondern auch, im Zeichen der Heiligen Allianz, in den Sternenmantel des Gottesgnadentums gehüllt.

Nun war wieder Ruhe die erste Bürgerpflicht. »Calmieren« wurde zum Schlagwort Friedrich Wilhelms III. Beruhigt werden sollte das 1813 für die Zwecke der Krone aufgestachelte Volk, zur Ruhe angehalten werden sollten die Bürger, die in der Reformzeit in Bewegung gesetzt worden waren, und in Ruhe gelassen werden sollten König und Adel, die mit Hilfe der Nation ihre alte Machtstellung zurückgewonnen hatten. Anstatt von »Freiheitskriegen« mußte von »Befreiungskriegen« gesprochen werden, womit klargestellt werden sollte, daß es von 1813 bis 1815 nicht um Freiheit für das Volk, sondern um die Befreiung der preußischen Monarchie vom französischen Imperialismus gegangen war.

So wurde der 18. Oktober 1813, der Siegestag der Völkerschlacht bei Leipzig, Jahr für Jahr als Tag des Triumphes des monarchischen und militärischen Preußens über das revolutionäre und bonapartistische Frankreich gefeiert. Die offiziellen Festreden konnten allerdings die Errungenschaften von 1789 und 1830 nicht aus der Welt schaffen, die Erinnerung an die preußische Reformzeit nicht verdrängen und die Hoffnung auf ein freiheitliches und einheitliches Deutschland nicht unterdrücken.

Am 18. Oktober 1831, am 18. Jahrestag des Sieges in der Völkerschlacht, ein Jahr nach der Bürgerrevolution in Paris und ein Jahr vor dem Nationalfest in Hambach, wurde Prinz Friedrich Wilhelm von Preußen geboren. Mit dem Gegensätzlichen, das um diese Zeit bestand und begann, blieb der nachmalige Kaiser Friedrich III. sein Leben lang konfrontiert. Mit dem Widersprüchlichen, das er erbte und erfuhr, ist er nie fertig geworden.

2

Potsdam und Weimar

Das Neue Palais in Potsdam, die Geburtsstätte Friedrich Wilhelms, lag im Garten zu Sanssouci, im Zentrum Altpreußens. Friedrich der Große hatte das mächtige Schloß neben sein Lustschloß setzen lassen, nach dem Siebenjährigen Krieg, aus dem Preußen als Großmacht hervorgegangen war.

Auf der Kuppel des Mittelbaus hielten drei aus Metall gefertigte Grazien die preußische Königskrone hoch. Sie trügen die Gesichtszüge der drei Gegnerinnen des Alten Fritz, der Kaiserin Maria Theresia von Österreich, der russischen Zarin Elisabeth und der Marquise de Pompadour, erzählten die Schloßführer. Der Schloßherr mochte eher daran gedacht haben, daß Macht durch Anmut, durch die Musen erträglich gemacht werden müßte.

In einem Rokokogemach kam der spätere Kaiser Friedrich III. zur Welt, am späten Vormittag des 18. Oktober 1831. Es war eine schwere Geburt. Sechsunddreißig Stunden lang dauerten die Wehen; ein Instrumenteneingriff wurde notwendig.

Der vierunddreißigjährige Vater, Prinz Wilhelm von Preußen, der als Kommandierender General auf Haltung Wert legte, kam um das Eingeständnis nicht herum: Er habe am ganzen Körper gezittert, einige Tage gebraucht, um »mich von den Qualen, diesen Erregungen, zu erholen«.

Die zwanzigjährige Mutter, Prinzessin Augusta von Preußen, eine geborene Prinzessin von Sachsen-Weimar-Eisenach, schrieb nach Hause, das Mutterglück sei »eine Seligkeit, die jede andere übersteigt«. Ihr Eheglück sei dadurch gefördert worden: »Unsere ganze Existenz hat sich verändert, seit wir diesen kleinen Engel besitzen.«

Die Geburt ihres ersten Kindes, eines Prinzen zumal, brachte den Gatten nur momentan aus der Fassung. Die Äußerungen der Gattin entsprachen mehr der Konvention als ihrer Überzeugung. Denn das freudige Ereignis vermochte das ungute Verhältnis der Eheleute nicht zu verbessern.

Wilhelm war aus altpreußischem Holz geschnitzt, mit spartanischem Profil, das einem Soldatenvolk gefiel, doch mit Ecken und Kanten, an denen sich deutsche Neu-Athener stießen. Der zweite Sohn König Friedrich Wilhelms III. hatte vom Vater, der als Inkarnation der Märkischen Heide erschien, Schlichtheit, Sparsam-

Augusta, Prinzessin von Preußen

Wilhelm, Prinz von Preußen

keit, Kargheit und Eintönigkeit geerbt; von der Mutter, der in preußischen Maßen munteren und für preußische Verhältnisse musischen Königin Luise, immerhin die Vorliebe für das Blau der Kornblume, das sich mit dem Blau der Uniform, die dem Berufssoldaten über alles galt, in seinen Augen nicht stieß.

Der Hohenzollernprinz war dazu erzogen worden, das Gemüt, das er besaß, hinter Gleichmut zu verstecken und Gefühle, die ihn bewegten, auf König und Vaterland zu richten. Einmal hatte Wilhelm es gewagt, sich Hals über Kopf in eine Frau zu verlieben, die Prinzessin Elisa Radziwill. Er durfte sie nicht heiraten, weil sie unebenbürtig und überdies Halbpolin war. Wilhelm, als Soldat das Gehorchen und als Preuße das Parieren gewohnt, beugte sich dem Hausgesetz und der Staatsräson.

Das qualifizierte ihn – den Bruder des kinderlosen Kronprinzen und späteren Königs Friedrich Wilhelm IV. – zum Thronfolger, jedoch kaum zum Ehemann.

Heiraten aber mußte er, weil von ihm die Fortpflanzung der Dynastie erwartet wurde. Am 11. Juni 1829 vermählte sich Wilhelm mit Augusta, einer Tochter des Großherzogs Karl Friedrich von Sachsen-Weimar-Eisenach. Ihre Mutter, Maria Pawlowna, war eine russische Großfürstin, Enkelin der Zarin Katharina der Großen, Tochter des Zaren Paul I. und Schwester der Zaren Alexander I. und Nikolaus I. Väterlicherseits war Augusta die Enkelin des Großherzogs Karl August, des Weimarer Musenfürsten, des Mäzens der deutschen Klassiker.

Das Großherzogtum Sachsen-Weimar-Eisenach war ein deutscher Kleinstaat und galt als deutsche Kulturmacht. Hier lag die Wartburg, wo mittelalterliche Minnesänger aufgetreten waren und Martin Luther die Bibel übersetzt, die Reformation fortgesetzt hatte. Mit Herder und Wieland, vornehmlich mit Goethe und Schiller war die kleine Residenz Weimar zum deutschen Parnaß geworden, zum Hauptort der geistigen Bewegung, die in Rückschau auf das klassische Altertum, in Rückbesinnung auf ein zeitlos gültiges Menschentum den Fortschritt im neunzehnten Säkulum zu fördern strebte – den bürgerlichen und weltbürgerlichen, nicht unbedingt einen nationalen Fortschritt. Unter der Überschrift »Deutscher Nationalcharakter« mahnten Goethe und Schiller in den »Xenien«:

»Zur Nation euch zu bilden, ihr hofft es, Deutsche, vergebens,
Bildet, ihr könnt es, dafür freier zu Menschen euch aus.«

In diesem Sinne war Prinzessin Augusta von Sachsen-Weimar-Eisenach erzogen worden, unter persönlicher Mitwirkung Goethes. Das Ergebnis schmeichelte dem Lehrer und war schmeichelhaft für die Schülerin, die mit Iphigenie verglichen wurde. Über ihr Äußeres, das schulmeisterliche Züge anzunehmen begann, schwieg sich der Frauenliebhaber Goethe aus, doch der Pädagoge wurde beredt, wenn es galt, ihren »hellen Verstand, die hohe Bildung, das reiche Wissen« hervorzuheben. »Sie hat etwas gelernt, sie kann schon mitsprechen in der Welt.«

Weil sie nicht nur mitsprechen und mitbestimmen, sondern bestimmen sollte, wurde sie keine ideale Ehefrau in einer Zeit, die den Ehemann als Eheherrn herausstellte, und erst recht nicht für einen Gemahl, der sich als preußischer Offizier zu potenzierter Männlichkeit verpflichtet fühlte.

Selbst wenn er sich partnerschaftliche Anwandlungen gestattet hätte, wäre ihm das bald verleidet worden. Denn Augusta, welche die Alleinbestimmende sein wollte, eignete sich nicht zur Teilhaberin. Zur Mitspielerin war sie weder willens noch fähig. Mit Wilhelm, der außer Militär nur Sex im Kopf zu haben schien, zeigte sie sich nie zufrieden.

Und mit sich selber kam sie nicht ins reine. Wie Faust glaubte sie sich ständig strebend bemühen zu müssen, um erlöst werden zu können. Doch ihr Streben erschien ihr stets als unzulänglich, und die Erlösung blieb aus, die sie bereits im Diesseits erwartete.

Das Ergebnis war »profonde Tristesse«, eine »chronische Schwermut«, die Mitleid erregen mochte, aber sie nicht leidlicher machte. »Nur strenge Pflichterfüllung bringt einen da durch«, seufzte der Gatte, dem mehr noch als ihre persönliche Eigenheit ihre politische Einstellung mißfiel.

Wilhelm war Preuße durch und durch. König, Adel und Armee galten ihm als die Säulen der preußischen Monarchie. Die Revolutionen von 1789 wie 1830 hatten an ihnen gerüttelt, aber sie waren erhalten geblieben und sollten gefestigt werden. In Preußen – erklärte Wilhelm nach der Pariser Julirevolution – dürfe es nicht so weit kommen, daß »die Untertanen ad libitum die Souveräne bedrohen und durch Wort und Tat zwingen wollen, die Minister und überhaupt die Regierungsprinzipien nach ihrem Urteil, nach ihrem Willen zu wechseln und zu ändern«.

Im preußischen Staat wurden, wie es Wilhelm recht und billig schien, liberale Prinzipien bekämpft und liberale Prinzipienreiter »auf den Kopf getreten«. Zu Hause jedoch hatte er eine Frau, die den Mann, der sein Genügen am Militärdienst und sein Vergnügen in Kasinogesprächen fand, nicht nur ihre Überlegenheit an Bildung und Kultur fühlen ließ, sondern auch den Kernpreußen mit liberalen Äußerungen schockierte.

Der Liberalismus der Weimarerin war freilich weit davon entfernt, staatsgefährdend zu sein, wie es dem Potsdamer mitunter erschien. Er war weniger in den Niederungen der Politik als in olympischen Höhen angesiedelt, ähnlich wie der Freisinn des Geheimrats von Goethe, der in »Hermann und Dorothea« die erste, die freiheitliche Phase der Französischen Revolution poetisch verklärt hatte:

»Denn wer leugnet es wohl, daß hoch sich das Herz ihm erhoben,
Ihm die freiere Brust mit reineren Pulsen geschlagen,
Als sich der erste Glanz der neuen Sonne heranhob,
Als man hörte vom Rechte der Menschen, das allgemein sei,
Von der begeisternden Freiheit und der löblichen Gleichheit.«

Die »kleine Jakobinerin« Augusta, wie sie der reaktionäre König Ernst August von Hannover nannte, ging indessen einen Schritt weiter als der Meister. Sie war mit der Konstitution aufgewachsen, die das Großherzogtum Weimar nach Nassau und vor Bayern, Baden und Württemberg im Jahre 1816 erhalten hatte. Sie blickte nach England, wo das Verfassungsleben schon viel weiter gediehen war, und wünschte sich, daß es in Preußen endlich anheben sollte.

Wilhelm, ihr Mann, widersprach den Forderungen »des heutigen Volksgeistes nach sogenannter Freiheit und Mündigkeit«, setzte den preußischen Soldatengeist dagegen, der Gehorsam im Glied verlangte. Im Staat konnte er, im Korps der Reaktion, Gefechte gewinnen. Zu Hause stieß er an die Grenzen seiner Macht. Augusta, die – wie ihr General Leopold von Gerlach bescheinigte – alles mit Gewissen, Energie und Leidenschaft betrieb, fuhr fort, ihren Gatten mit liberalen Meinungen zu konfrontieren. Und sie nahm die Erziehung ihres Sohnes in die Hand, in der Erwartung, die Vorhand zu behalten.

Zwei entgegengesetzte Positionen waren in Vater und Mutter verkörpert, Potsdam und Weimar. Für Pole der einen deutschen Welt begannen sie Patrioten anzusehen, die sich eine Einigung Deutschlands durch Preußens Macht im freiheitlichen Geiste des Bildungsbürgertums und des Weltbürgertums erhofften.

Im Hause Wilhelms und Augustas wohnten Altpreußisches und Neuhumanistisches zwar unter einem Dach, aber sie harmonierten nicht. Es wurde erwartet, daß ihr Sohn mit dem väterlichen und mütterlichen Blut den Geist von Potsdam und von Weimar in sich vereinen würde und in Taten umsetzen könnte. Doch es stellte sich heraus, daß Friedrich Wilhelm die ererbten Gegensätze nicht auf einen Nenner zu bringen vermochte. Zeitlebens stritten sich in seiner Brust die beiden Seelen. Mehr und mehr sollte er dazu neigen, in der Qual der Wahl Potsdam die Priorität vor Weimar einzuräumen.

Dabei hatte die Mutter ihr möglichstes getan, um ihn in ihrem Sinne zu erziehen. Schon mit dem Zweijährigen fuhr sie nach Weimar, als könnte sie ihn nicht früh genug mit dem Genius loci der Musenstadt bekannt machen. Französisch, die Sprache der alten Diplomatie wie der neuen Bourgeoisie, sollte der Dreijährige zu lernen beginnen. 1834 berief Augusta die Witwe Godet, eine französische Schweizerin, zur Erziehung des Prinzen.

Die Heranziehung der Witwe des Militärschriftstellers Karl von Clausewitz, der den deutschen Idealismus in die preußische Kriegstheorie übertragen hatte, bereute sie schon bald: »Kurios ist, daß, obwohl ich die vortrefflichen Eigenschaften meiner Frau von Clausewitz hoch zu schätzen weiß, ihr militärisches Wesen und ihre sehr bestimmten Ansichten mir immer auffallender werden.« Nach einem Jahr trennte sich Augusta von Marie von Clausewitz.

Mit der militärischen Erziehung des Sohnes war ohnehin zu früh begonnen worden: durch den Vater, den Soldatenprinzen, der sich seine Kompetenz nicht nehmen ließ. Das Baby wurde mit Soldatenmäntelchen und Militärmützchen ausstaffiert. Mit sieben wurde der junge Fritz zum Grenadier im 1. Garde-Landwehrregiment ernannt und von Unteroffizieren einexerziert. Am 22. März 1838 konnte er dem Vater an dessen 41. Geburtstag Meldung machen: »Rapport von der Potsdamer Torwache. Auf Wache und Posten nichts Neues!«

Dabei trug er das Kindergewehr, das ihm der Großvater geschenkt hatte, Friedrich Wilhelm III., der sich für einen Soldatenkönig hielt und das Soldatenspiel seines jüngsten Rekruten förderte. Auf seinem Landsitz an der Havel wurde die Dorfjugend in zwei mit Spielzeugkanonen ausgerüstete Haufen geteilt, der eine dem Oberbefehl Friedrich Wilhelms und der andere dem seines drei Jahre älteren Vetters Friedrich Karl unterstellt. Früh übten sich die Prinzen, die später Heerführer in den deutschen Einigungskriegen wurden.

Der spätere Kronprinz war acht, als Oberst Karl Philipp von Unruh seine militärische Erziehung übernahm. Augusta konnte sich damit abfinden, weil dieser Soldat ein Musensohn war, musizierte und komponierte. Dennoch hatte sie sich um einen Zivilerzieher gekümmert, der martialische Töne dämpfen sollte, den Theologen Frédéric Godet, den vielversprechenden Sohn der bewährten Witwe Godet.

Überdies sorgte Augusta für Lerngenossen und Spielkameraden, die, niedereren Ständen angehörend, dem Sohne das Bewußtsein geben sollten, daß nicht nur Soldaten im Glied, sondern auch Staatsangehörige in der Gesellschaft zusammenhalten müßten. Rudolf von Zastrow war der Sohn eines Oberstleutnants; er besaß, wie ein Lehrer urteilte, »einen gemütlichen poetischen Sinn«, war »an Verstandesbildung weit voraus«. Graf Adolf von Königsmarck kam aus altem brandenburgischen Geschlecht. Aber auch Bürgerliche wurden herangezogen, etwa der Neffe des Gymnasialdirektors und Lexikographen Passow.

Augusta schrieb an Zastrow, nachdem die gemeinsame Erziehung beendet war: »Ferner bitte ich, daß Du immer ein Freund und ein Bruder meines Sohnes bleiben möchtest. Fürstlichkeiten haben leider selten wahre Freunde. Sein Herz bedarf ein solches Verhältnis, und Du wirst ihm in mancher Beziehung von großem Nutzen sein.«

Friedrich Wilhelm bedurfte solcher Freunde, denn er blieb sieben Jahre lang ein Einzelkind. 1838 bekam er eine Schwester, Luise, die spätere Großherzogin von Baden, die von der Mutter ebenso, wenn auch nicht so intensiv, nach den Maßstäben der Weimarer Pädagogik und den Erfordernissen einer neuen Zeit erzogen wurde: »Die Aufgabe jeder Erziehung ist und bleibt, den Menschen dem Leben entgegenzubilden, und der Mensch in dieser höchsten Auffassung des Ausdrucks tut in jetziger Zeit in den fürstlichen Häusern not, da der persönliche Wert die Hauptstütze ihrer Macht geworden ist.«

»Preußische Prinzlichkeit«, sollte in »deutsche Fürstlichkeit« erhoben werden, im Geiste der Goethezeit und nach den Geboten der liberalen und nationalen Epoche. Für diese Haupterziehungsaufgabe, den höheren, zur Matura führenden Bildungsweg, berief Augusta im Jahre 1844 den Hellenisten Ernst Curtius.

Der Lehrer am Joachimsthaler Gymnasium in Berlin kam aus Lübeck, einer Hansestadt, einer Bürgerstadt. Das schwierige Griechisch ersparte er dem Sohne Augustas und auch ein eingehenderes Studium des Lateinischen. Der Pädagoge legte den Hauptwert auf den Nutzwert jener Sentenzen altsprachlicher Lehrbücher, die darauf angelegt waren, Sinn für das Wahre, Gute und Schöne zu wecken, Beispiele privater wie öffentlicher Tugend vorzuführen, Rüstzeug für ein tätiges Leben zu verschaffen.

Auf Exkursionen erfuhr der Prinz, wie Erkenntnisse des klassischen Altertums in neuzeitliche Errungenschaften umgesetzt werden könnten. In Berlin wurden die Bauten Karl Friedrich Schinkels besichtigt, in denen klassische Form und staatlicher Zweck wie aus einem Guß zusammengefügt waren. Im Atelier des Bildhauers Christian Daniel Rauch wurde beobachtet, wie der preußische Praxiteles Figuren für das Denkmal Friedrich des Großen schuf, das Unter den Linden, der Prachtstraße Spree-Athens, Preußens Gloria demonstrieren sollte.

Die Natur kam nicht zu kurz, in der griechische Poeten den Pan gefürchtet hatten und deutsche Romantiker die Blaue Blume suchten. Der Lehrer wanderte mit dem Schüler durch schlesische Wälder und die Sächsische Schweiz, stieg mit ihm auf Höhen des Harzes und des Riesengebirges. Der Lübecker zeigte dem Brandenburger die Ostseeküste, dem Preußen die Freie und Hansestadt Hamburg und fuhr mit dem Binnenländer auf das Meer hinaus, das England beherrschte.

Unter dem für die Humaniora, das Studium generale, zuständigen Ernst Curtius wirkten Speziallehrer. Professor Heydemann gab Geschichte, zur vollsten Zufriedenheit Augustas, die unentwegt die Schulaufsicht führte: »Ich danke Ihnen, daß Sie meinem Sohne eine Geschichte der Völker vorgetragen haben, nicht eine Geschichte der Höfe.«

Die Realien des 19. Jahrhunderts, das sich Volk und Nation, Naturwissenschaft und Technik zuwandte, sollten nicht vernachlässigt werden. Sogar der Artillerieleutnant Werner Siemens, der mit Erfindungen auf dem Gebiet der Elektrizität hervorgetreten war, wurde aufgeboten. Der spätere Großindustrielle hielt dem späteren Kaiser Vorträge über elektrische Telegraphie und führte ihm die von ihm erfundenen Zeiger- und Drucktelegraphen der Berlin-Potsdamer Eisenbahn vor.

Wie es bei den Hohenzollern der Brauch war, mußte Friedrich Wilhelm auch ein Handwerk erlernen. Zunächst wurde ihm das Tischlern beigebracht, dann Buchbinderei und Buchdruckerei. Die Hinführung zur Gutenbergkunst war bezeichnend: Durch Bücher wurde alles Neue verbreitet, von der Reformation über die Aufklärung bis zu Liberalismus und Demokratie.

Lehrmethoden wie Lernziele des Zivilgouverneurs Curtius beunruhigten den Militärgouverneur Unruh: Von der republikanischen Herkunft des Lübeckers würden sich dessen »ziemlich freisinnige Anschauungen herschreiben, auch wohl die Erwartungen, die er, glänzender als ich, von der günstigen und fruchtbaren Entwicklung der trüben Gärung unsrer Zeit hegt«.

Der Zauber der Montur, meinte Unruh, müßte und könnte die Magie des Zivilen bannen. An seinem zehnten Geburtstag war Friedrich Wilhelm als Sekondeleutnant in die Leibkompanie des 1. Garderegiments zu Fuß eingereiht worden. Der Schwarze-Adler-Orden wurde ihm verliehen, dessen Motto »Suum cuique – Jedem das Seine« ihm bedeuten sollte, wo der Platz eines preußischen Prinzen zu sein hatte: in der Armee des Königs.

Mit elf Jahren nahm er mit seiner Kompanie an den Frühjahrsmanövern teil. Ob und wie ihn das beeindruckte, ist nicht überliefert. Als er wenig später die Oper »Das Feldlager in Schlesien«, das preußisch-patriotische Spektakel Meyerbeers, erlebte, konnte er in der darauffolgenden Nacht nicht schlafen. Das könnte eine Folge seiner eigenen Erlebnisse im Feldquartier gewesen sein, eher jedoch ein Offenbarwerden seiner regen Gefühle und seines empfindsamen Gemütes, das Curtius als »weich, hingebend und anschmiegend, aber auch zu heftigen Aufwallungen hinneigend«, charakterisierte.

»Liebenswürdig und biegsam wie Wachs«, schilderte ihn Curtius, der zweite Zivilgouverneur, und der erste, Godet, erzählte eine bezeichnende Episode. Als er einmal den kleinen Prinzen, der zu Unaufmerksamkeit und Unkonzentriertheit neigte, im Unterricht mit dem Heft spielen sah, schlug er ihm auf die Finger. Er habe doch gar nicht gespielt, erwiderte der Schüler. »Gut«, antwortete der Lehrer, »dann geben Sie mir den Klaps zurück«, und streckte ihm die Hand hin. Friedrich Wilhelm ergriff sie – und küßte sie.

Friedrich Wilhelm erwies sich als gutmütig und fügsam. So mag er auch bemüht gewesen sein, sich den beiden Stätten seiner Jugend, dem ihnen innewohnenden unterschiedlichen Ambiente anzupassen. Im Palais Unter den Linden in Berlin dominierte das väterliche, im Landschloß Babelsberg bei Potsdam das mütterliche Wesen.

Das ehemalige Tauentziensche Haus war die Dienstwohnung Wilhelms als Kommandierender General des III. Armeekorps. Nach seiner Heirat ließ er es neu, größer, aber nicht unbedingt schöner bauen. Das schlichte Palais mit den vier Adlern an den Ecken des Daches und den vier Säulen am Eingang mutete wie eine Hauptwache an, und in gewissem Sinne war es das auch: Hier wachte Wilhelm über das Altpreußische, das vor liberalen und nationalen Neuerungen bewahrt werden sollte.

Den Landsitz über der Havel hatte sich die junge Gattin gewünscht. Sie wäre mit einem englischen Cottage zufrieden gewesen, doch es entstand, nach Schinkels Plänen, ein Schloß im gotischen Tudorstil, der nicht die Stärke des Baumeisters war. Das Schönste war der englische Park, den Gartendirektor Lenné und Fürst Pückler-Muskau angelegt hatten. Die Weimarerin fühlte sich hier fast wie zu Hause. Goethe hatte ihr als Kind »gotische Häuschen« gebaut – der Klassiker, der schließlich die Romantik gelten ließ, weil er sie als die andere Seite der Medaille des deutschen Idealismus erkannt hatte.

Augustas Sohn weilte lieber in Babelsberg als im Berliner Palais. Das Kind spielte im Park mit einem weißen Lamm und einem gezähmten Hirsch. Der Heranwachsende vergrub sich in den mit Ritterrüstungen und Hellebarden vollgestopften Räumen, die für gemütlich gehalten wurden, und las Schiller, die »Jungfrau von Orleans« und »Wilhelm Tell«.

Schon schien er dem Bildnis zu gleichen, das sich Schiller-Leser von einem deutschen Jüngling machten: groß, blond und blauäugig. Preußen, die genauer hinsahen, fanden ihn schlaksig, schmalschultrig und engbrüstig, mit zu weichen, fast mädchenhaften Zügen, schüchtern und scheu, überdies zu gelehrt und zu bürgerlich, als daß – wie sein Militärgouverneur Unruh meinte – ein trefflicher Soldat aus ihm hätte gemacht werden können.

Friedrich Wilhelm wußte, daß er es dem martialischen Vater nicht recht machen konnte. Er wurde aufgeregt, wenn er ihn sporenklirrend kommen hörte, unsicher, wenn er vor ihm stand, eingeschüchtert, wenn dieser zu ihm wie ein Vorgesetzter zum Untergebenen sprach. Ausgeschlossen war, daß sich der Sohn gegen den Vater auflehnte, wie es, wenigstens eine Zeitlang, der spätere Friedrich der Große gegen den Soldatenkönig Friedrich Wilhelm I. getan hatte.

Was ihn am meisten verunsicherte, war das Verhalten der Mutter. Sie hätte ihn verstehen müssen, an sie hätte er sich liebend gerne angeschmiegt, ihr wäre er zu allem überallhin gefolgt. Aber für Augusta, die sich vornehmlich mit ihrer – modern zu sprechen – Selbstverwirklichung beschäftigte, war er primär ein Erziehungsobjekt, an dessen Vervollkommnung sie ihre eigene Vollkommenheit zu demonstrieren gedachte. Und da ihr das nicht so glückte, wie sie es sich vorgestellt hatte, neigte sie dazu, den Zögling für ihre Unbefriedigung verantwortlich zu machen, den Sohn die Unzufriedenheit der Mutter spüren zu lassen.

»Ich danke Gott für die guten Eigenschaften dieses Kindes, aber ich beklage seinen Mangel an geistiger Energie«, erklärte die Weimarerin und präzisierte, »daß hinsichtlich der Reinheit des Herzens, der Wahrhaftigkeit und Frömmigkeit, sein vor allem Egoimus geschütztes Gemüt mir nichts zu wünschen übrig läßt. Charakterstärke und Geistesstärke, namentlich Stärke und Logik des Gedankens, stehen nicht auf gleicher Höhe.«

Friedrich Wilhelm, der dem Vater nicht stramm und der Mutter nicht gescheit genug war, bekam Minderwertigkeitsgefühle, die ihm sein Leben lang zu schaffen machten. Er schien sie abschütteln zu können, wenn er sich in eine Welt hineinträumte, in der er sich vollkommen, groß und mächtig vorkam. So wurde er ein romantischer Prinz, der deutsche Herzen bewegte, aber kaum ein Thronerbe, der preußischen Anforderungen entsprach.

*Schloß Babelsberg, Sommerresidenz
der Eltern des Prinzen Friedrich Wilhelm*

3

Revolution und Reaktion

Die Staatsräson schien selbst in Preußen von Romantik geblendet und überstrahlt zu werden, als im Jahre 1840 König Friedrich Wilhelm IV. den Thron bestieg.

Dieser Kronprinz hatte sich nicht danach gedrängt. Als Schüler hatte er lieber Burgen und Kirchen gezeichnet, als sich mit Staatslehre zu beschäftigen. Er sei nicht dazu geboren, ein Schinkel zu werden, sondern ein König, tadelte sein Lehrer Ancillon. Ein Staat sei kein gotischer Tempel, und ein Volk sei noch nie »vermittels romantischer Bilder regiert worden«.

Später bewunderte er Burgen am Rhein und Tempel in Italien, baute sich Luftschlösser, in denen Herrscher zu sein ihm zu genügen schien. Und der Kronprinz erklärte, wenn ihn sein Vater, der König, nach Rom lasse, käme er gewiß nicht wieder.

Auch im »heiligen Köln« wäre er gern geblieben. Hier stand der unvollendete gotische Dom, an dem er weiterbauen wollte. Nach mittelalterlichen Plänen hätte er auch – wenn er schon regieren müßte – den preußischen Staat gerne umgebaut: mit ständischer, feudaler Verfassung und einem Monarchen von Gottes Gnaden, der wie ein Patriarch »unmündige Kinder leiten, entartete züchtigen« wollte.

»Dieser Kronprinz möchte lieber die Gewässer wieder gegen ihre Quellen leiten, als ihren Lauf in die Ebene regeln«, hatte der preußische Reformer Gneisenau gesagt. Der preußische Historiker Ranke resümierte: »Er hatte vielleicht mehr Gemüt, als der Staat vertragen kann.«

Als der neue König seine Antrittsrede hielt, hatte selbst der knorrige General Knesebeck Tränen in den Augen. Von Friedrich Wilhelms IV. wie ein Strom dahinrauschender Beredsamkeit wurden

*König Friedrich Wilhelm IV. von Preußen,
Onkel Kaiser Friedrichs III.
Photographie aus dem Jahre 1855*

Altpreußen mitgerissen, die von Friedrich Wilhelm III., wenn überhaupt etwas, nur unzusammenhängende Sätze vernommen hatten.

Bald vermeinten sie nur noch Geplätscher zu hören, erschien ihnen Friedrich Wilhelm IV. – wie es später der englische Historiker Taylor ausdrückte – als »der erste Meister eines Faches, das später zu einer Spezialität deutscher Politiker wurde – der sinnlosen, aber begeisternden Phrase«.

Als sie ihn genauer betrachteten, gewahrten sie eine Gestalt, die weder dem eigenen Anspruch, wie ein mittelalterlicher Kaiser zu imponieren, noch ihren Anforderungen an einen König von Preußen genügte. Der Fünfundvierzigjährige war korpulent und kurzsichtig, trug keinen Bart und ungern Uniform, wäre kaum zum Landwehroffizier tauglich gewesen.

Wilhelm, der Mustersoldat und Musterpreuße, liebte ihn als Bruder, achtete ihn als König, vermochte ihn jedoch nicht als einen idealen Menschen für diese Monarchie zu schätzen. Der zweite Sohn Friedrich Wilhelms III. und nächstälteste Bruder Friedrich Wilhelms IV. war nun offiziell der Erste in der Thronfolge des Königreiches Preußen, mit dem Titel »Prinz von Preußen«, den Friedrich der Große für einen Thronfolger, der nicht Sohn des regierenden Monarchen war, eingeführt hatte. Mehr und mehr Altpreußen sahen in Wilhelm ihre Zukunftshoffnung. »Die Zeit wird es noch lehren«, sagte einer seiner Adjutanten bereits im Jahre 1840, »daß mein Herr das köstlichste Gut ist, was wir in Preußen besitzen.«

Wilhelms Gattin Augusta jedoch, die diese Meinung nicht teilte, hatte auf den Schwager gesetzt: »Die Rede Friedrich Wilhelms IV., aus der die edelsten Gefühle sprachen«, schrieb sie nach Weimar, »werden auf alle Zeiten in meiner Erinnerung, in meinem Herzen eingegraben verbleiben.«

Die Ewigkeit währte nur einen Augenblick. Augusta, der die »patriotischen und poetischen Töne« wie Sphärenmusik in den Ohren klangen, hörte schnell auch die Dissonanzen heraus. Mit diesem Herrn, der Konstitutionen als »sündliche Possen« abtat, war Preußen nicht zu liberalisieren. Diese Erkenntnis teilte sie mit der bürgerlichen Opposition, die sich nach dem Stillstand unter Friedrich Wilhelm III. unter Friedrich Wilhelm IV. Bewegung versprochen hatte. Der neue König begann sich zu bewegen, aber weniger nach vorne, in Richtung Verfassung und Nation, als zurück in ein idealisiertes Mittelalter.

Und wenn der König überredet werden konnte, einen Schritt nach vorne zu tun, hielt ihn der Prinz von Preußen an den Rockschößen fest. Wilhelm widersetzte sich jeder Art von Volksvertretung, selbst in der ständischen, unzureichenden Form, die Friedrich Wilhelm schließlich zu gewähren bereit war.

Immerhin trat 1847 der »Vereinigte Landtag« zusammen, rekrutiert aus Mitgliedern der Provinzlandtage, nicht aus für eine gesamtpreußische Volksvertretung gewählten Abgeordneten. Hoffnungen auf eine Repräsentativverfassung zerstörte der König bereits am 11. April 1847 bei der Eröffnung des »Vereinigten Landtages« im Berliner Schloß mit der Erklärung: Niemand werde ihn jemals dazu bewegen können, das »Verhältnis zwischen Fürst und Volk in ein konventionelles, konstitutionelles zu wandeln«. Und niemals werde er es zulassen, »daß sich zwischen unsern Herr Gott im Himmel und dieses Land ein beschriebenes Blatt gleichsam als eine zweite Vorsehung eindränge, um uns mit seinen Paragraphen zu regieren und durch sie die alte, heilige Treue zu ersetzen«.

»Es glaubt die Welt nicht mehr an *das* Königreich, für das er lebt und kämpft«, kommentierte Ernst Curtius, der Zivilerzieher des Prinzen Friedrich Wilhelm. Dem Sechzehnjährigen fehlte beim Anhören der Reden des »Romantikers auf dem preußischen Thron« nicht der Glaube an die Ideale Friedrich Wilhelms IV. und nicht die Hoffnung, daß er sie in dieser Welt durchsetzen könnte.

Der Jüngling, der vom Mittelalter träumte, fühlte sich von diesem König Artus angesprochen, so wenn er meinte, daß an der Frage, ob etwas recht oder unrecht sei, auch die Politik gemessen werden müsse. Und der ihn ermahnte, »in einer Zeit, die wie kaum eine andere frühere, sich der Verehrung eitler und niedriger Dinge und dem Verrate ergibt, ein wahres Muster christlicher Demut ritterlicher Kraft, erhabener Gesinnung und alter Treue zu werden«.

Der Neffe fühlte sich zum Onkel hingezogen, der vieles von dem vertrat, was er selber anstrebte, und ihn besser verstand als der Vater, der ihn lieber als Soldaten denn als Ritter gesehen hätte. Friedrich Wilhelm IV., der keine Kinder hatte, sah in Friedrich Wilhelm den Thronerben, der eines Tages die Krone, wie er, als Diadem tragen würde – und nicht wie einen Helm, was von seinem Vater, dem Ersten in der Thronfolge, zu befürchten war.

Als Ersatzvater schätzte der Neffe den Onkel und als Ersatzmutter die Tante. Königin Elisabeth, die Wittelsbacherin, war eine Biedermeierin wie aus dem Bilderbuch. Sie fand ihr Genügen darin, es dem Buben behaglich zu machen, ihm die Nestwärme zu geben, die er zu Hause entbehrte. Nie wäre sie, wie seine leibliche Mutter, auf den Gedanken gekommen, ihm etwas abzuverlangen oder ihn gar zu schulmeistern.

Das besorgte weiterhin Augusta, um so gründlicher, je mehr sich der Gatte ihrem Staatsbürgerunterricht entzog und der Schwager ihre Fortschrittshoffnungen enttäuschte. Sie meinte dafür sorgen zu müssen, daß wenigstens der übernächste König von Preußen, ihr Sohn, ein besserer, daß heißt dem Zeitgeist aufgeschlossenerer Monarch werden könnte – wenn es dann überhaupt noch eine Monarchie geben sollte.

»Wir wollen nach der Revolution«, schrien am 22. April 1847 jene Berliner, die Bäcker- und Schlächterläden plünderten und die Fenster im Palais Unter den Linden einwarfen. Augusta machte für die »Hungerrevolte« weniger die Aufrührer als die Unterdrücker verantwortlich, in erster Linie ihren Mann, der sich gegen jede Veränderung im Staate und gegen jede Verbesserung der gesellschaftlichen Verhältnisse stemmte.

Vergebens versuchte Augusta, mündlich wie schriftlich auf Wilhelm einzuwirken. Sie hatte sich bei Deputierten des nach zweieinhalb Monaten aufgelösten »Vereinigten Landtags« informiert: »Alle waren unzufrieden.« Als dann, im Frühjahr 1848, die Revolution ausbrach, wunderte sie sich nicht, aber die Ereignisse erschreckten sie doch: »Es ist eine soziale Revolution, es ist furchtbar!« Schon tauchte hinter dem aufständischen Bürgertum das Gespenst des Proletariats auf.

Von der Berliner Märzrevolution wurden sie alle betroffen: Augusta, die durch Entgegenkommen an den Dritten Stand eine Evolution ermöglichen wollte; Wilhelm, der befürchtet hatte, daß die Progressiven, wenn man ihnen einen Finger reichte, die ganze Hand an sich reißen würden; Friedrich Wilhelm, der Sohn, der eher die Meinung der Mutter geteilt hatte, nun aber, da nicht nur die Existenz des monarchischen und feudalen Staates gefährdet war, sondern auch Leben wie Hab und Gut der Repräsentanten des Regimes bedroht wurden, dem Vater recht zu geben geneigt war.

Am 16. März 1848 kam es zu einem Volksauflauf vor dem Palais des Prinzen von Preußen. Er galt als Inkarnation der Reaktion, sein Haus als die Berliner »Bastille«. Augusta mochte sich nicht vorstellen, daß es wie die Pariser Zwingburg gestürmt werden könnte, Wilhelm ordnete einen Rückzug an, und der Sohn notierte in sein Tagebuch: »Papa befahl alsdann, daß wir uns zurechtmachen sollten, um aufs Schloß zu fahren. Obgleich Mama flehentlich bat, nicht eher das Palais zu verlassen, als bis der Unfug zum Äußersten gekommen wäre, mußten wir dennoch fort.«

Zunächst sah es so aus, als würde es nicht zum Äußersten kommen. Am Abend des 16. März konnte die Familie wieder in das Palais zurückkehren. Am Morgen des 17. März schien sich die Lage entspannt zu haben: König Friedrich Wilhelm IV. versprach eine Verfassung für Preußen sowie eine liberale und nationale Umgestaltung des Deutschen Bundes. »Wir freuen uns natürlich«, bemerkte der Sohn Augustas, »daß der König ungezwungen einen so wichtigen Schritt getan, der Preußen auf eine ganz neue Entwicklungsbahn führen sollte...«

Am Nachmittag des 18. März bestätigte sich die Schwarzseherei des Vaters. »Ich sollte um $1/2$ 3 Uhr meine physikalische Stunde nehmen; kurz vorher, während die Herren noch diskutierten, sah ich noch einmal zum Fenster hinaus und erschrak nicht wenig, die Markgrafenstraße auf einmal angefüllt mit Menschen zu sehen«, notierte Friedrich Wilhelm. Die Demonstration vor dem Schloß, die als Kundgebung für den konzessionsbereiten König begonnen hatte, wurde zum Tumult, endete im Aufruhr.

Die Familie des Prinzen von Preußen flüchtete sich in das Schloß, beobachtete von dort aus, wie die königlichen Truppen die Barrikaden angriffen. »Auf einmal erschütterte ein Kanonenschuß das ganze Schloß«, berichtete Friedrich Wilhelm, »und es begann das Bombardement der Barrikade. Da riet uns Papa, wir möchten uns doch von den Fenstern entfernen, es könnte leicht eine Kugel hereinfliegen. Mama steht auf, und wir sind noch nicht aus dem Saal heraus, so fliegt eine Kugel, gerade da, wo sie gesessen hatte, durchs Fenster und schlägt in der Rückwand, durch das Krügersche Bild der großen Parade, das dort hing, durch.«

Solche Paraden, Manifestationen preußischer Macht und Pracht, schienen nun der Vergangenheit anzugehören. »Vom alten Preußen kann nicht mehr geredet werden«, konstatierte Augusta. Unter solchen Umständen hätte sie es nicht sterben sehen wollen. »Die Monarchie ist tot, und wir haben sie mit heißen Tränen beweint.«

Der 19. März 1848 schien der Begräbnistag zu sein. Friedrich Wilhelm IV., der bei jedem Kanonendonner zusammengezuckt war, befahl den Abzug der königlichen Truppen, die im Barrikadenkampf die Oberhand gewonnen hatten. Friedrich Wilhelm beobachtete, wie durch dasselbe Schloßportal, durch das die Garde ausgerückt war, Leichen von gefallenen Revolutionären hereingetragen wurden, »umgeben von Pöbelhaufen, die Choräle sangen«. Die »Canaille« verlangte, daß der König vor den Märtyrern des Volkes das Haupt entblöße, und dieser trat auf den Balkon hinaus und tat es.

Was er erlebt habe, erklärte der sechzehnjährige Friedrich Wilhelm, habe ihn um viele Jahre älter gemacht. »Diese Geschichte ist mir fürchterlich, und ich mag nie wieder den Schloßhof betreten.« Dazu bekam er ohnehin die nächste Zeit keine Gelegenheit mehr. Mit seiner Schwester wurde er noch am 19. März in das sichere Potsdam geschickt. »Von Mama trennte ich mich im Schlafzimmer und von Papa in der Halle; das Herz wollte mir dabei zerspringen, und ich bekam fast einen Weinkrampf.«

Auch in das Palais Unter den Linden konnte er für geraume Zeit nicht zurückkehren. Am 20. März wurde die Berliner Bastille von einem Volkshaufen gestürmt und zum »Nationaleigentum« erklärt. Am Vorabend waren der Hausherr und die Hausherrin aus der Stadt entwichen, er als Lakai, sie als Zofe verkleidet. Der erste Zufluchtsort, die Zitadelle von Spandau, war nicht mehr sicher genug; in der Nacht vom 20. auf den 21. März wurden Wilhelm und Augusta heimlich zur Pfaueninsel gerudert, wo sie beim Hofgärtner Fintelmann unterkamen.

Am 21. März erhielt der Prinz von Preußen vom König und Bruder, der ihn aus Berlin entfernt hatte, den Befehl, sich nach England zu begeben. Der »Kartätschenprinz«, wie sie ihn nannten, weil er – was nicht zutraf – den Befehl gegeben hätte, das Volk niederzukartätschen, wurde als Sündenbock ins Exil geschickt.

*Palais des Prinzen von Preußen,
des späteren Königs und Kaisers Wilhelm I. in Berlin*

Am Abend zuvor hatten sich der in das Potsdamer Stadtschloß gebrachte Prinz Friedrich Wilhelm und sein Vetter Friedrich Karl zu den Offizieren der Wache im Hof gesellt. Eine Mondfinsternis verdüsterte die Stimmung noch mehr. Die Prinzen, berichtete ein Gardeoffizier, »sprachen von Marter und Schafott, das dem Könige zunächst, wie vielleicht ihnen auch als Prinzen des königlichen Hauses drohen könne. Prinz Friedrich Wilhelm blieb im allgemeinen viel ruhiger als der Prinz Friedrich Karl, welcher über die verzweifelte Lage, in die der König nunmehr geraten, in lautes Weinen und Schluchzen ausbrach.«

Friedrich Wilhelm dachte auch an die Situation, in die der Onkel den Vater gebracht hatte. Dessen 51. Geburtstag am 22. März verbrachte die Familie gemeinsam auf der Pfaueninsel. Am Abend machte sich der Prinz von Preußen allein auf den Weg in die Verbannung. Wilhelm umarmte die Seinen, »schnitt sich den Backenbart ab, zu welchem Zweck ich ihm noch eine Schere besorgen mußte. Ich war in einer solchen Verzweiflung, daß ich nicht glaubte, diesen Schmerz überleben zu können. Und war mir's, als müßte mein Gehirn zerspringen.« Der Vater begab sich in Zivil auf die nicht ungefährliche Reise durch das von der Revolution aufgewühlte Deutschland nach England, das auch dem »Kartätschenprinzen« Asyl gewährte. Augusta, die besser auf die Insel des Liberalismus gepaßt hätte, blieb – wie sie sagte – als »eine Witwe mit zwei Waisenkindern« zurück.

Sie wohnten zunächst im Potsdamer Stadtschloß. In Berlin ging die Revolution weiter. Am 2. April traten der zweite »Vereinigte Landtag«, am 22. Mai die preußische Nationalversammlung zusammen. Seit dem 18. Mai tagte die deutsche Nationalversammlung in Frankfurt am Main. Friedrich Wilhelm IV. hatte eine Repräsentativverfassung für Preußen vorgeschlagen und das Aufgehen Preußens in einem deutschen Nationalstaat versprochen.

In Potsdam begann sich Augusta vom Revolutionsschreck zu erholen und ihren liberalen Sinn zurückzugewinnen. Was sich in Berlin und Frankfurt anbahnte, ein preußisches und ein deutsches Verfassungsleben, hatte sie sich schon lange gewünscht. Aber wie sollte es weitergehen? Und war mit den gegenwärtigen Repräsentanten des zur Einigung Deutschlands berufenen Preußen ein ersprießliches Ergebnis zu erzielen?

Der Schwager, König Friedrich Wilhelm IV., hatte der Revolution den Weg geöffnet, weil er eine Evolution verhindert hatte. Noch zitterte er vor Liberalen und Demokraten, versprach ihnen, was sie verlangten. Bei seinem labilen Charakter war jedoch anzunehmen, daß er das meiste zurücknehmen würde, wenn sich der Wind gedreht haben sollte.

Ihr Mann, der Prinz von Preußen, hatte sich so benommen, wie es von ihr befürchtet worden war. Solange die preußische Welt in Ordnung schien, stand er als Atlas da, der sie auf seinen Schultern trug. Sobald sie ins Wanken geriet, begann er zu schwanken, und wenn sie aus den Fugen zu geraten drohte, verlor er Fassung und Haltung.

Das war am 19. März selbst dem Sohn aufgefallen: Der Vater sei dermaßen angegriffen gewesen, »daß er furchtbare Kopfschmerzen hatte und den Kopf bald auf die Hand gestützt, bald auf die Brust gesunken, lange sprachlos in der Halle saß«.

Augusta fragte sich, ob mit einem solchen Monarchen und mit einem solchen Thronfolger fürderhin Staat zu machen sein. Friedrich Wilhelm IV. hatte es den Konservativen nicht recht gemacht und würde es den Liberalen nie recht machen können. Und Wilhelm, der »Kartätschenprinz«, schien als Nachfolger ausgespielt zu haben. Schon wurde sein Name im Kirchengebet gestrichen, war seine Entlassung aus Armee und Staatsdienst verlangt worden.

Wäre nun nicht Augustas Sohn an der Reihe gewesen? Was sie sich fragte, sprachen andere aus. Am 25. März 1848 schrieb der liberale Historiker Georg Gottfried Gervinus in der »Deutschen Zeitung«, es sei »wünschenswert, daß der König und der Prinz von Preußen resignieren und die Krone dem Sohn des letzteren abtreten, dem für die kurze Zeit seiner Minderjährigkeit seine Mutter, die edle und freisinnige Fürstin, zur Regentin beigegeben werden möge«.

Einen entsprechenden Regentschaftsplan legte Anfang April der liberale Landtagsabgeordnete Georg von Vincke vor, unterbreitete ihn auch der Regentin. Ihre Stunde schien gekommen zu sein. Der gemäßigte Liberalismus, den sie vertrat und ihrem Sohn beibringen könnte, schien in Preußen eine Chance zu bekommen.

Der Plan gefiel ihr, aber er mußte erwogen werden. Zunächst fragte sie den Militärgouverneur ihres Sohnes, Karl Philipp von Unruh, um Rat. Dieses einzige preußische Mannsbild, das im Hause verblieben war, antwortete klipp und klar: Eine Übergehung des Prinzen von Preußen in der Thronfolge ohne dessen Einverständnis sei Hochverrat.

Den Gatten in England wollte sie nicht bemühen, und auch ihren Sohn schien sie nicht in Kenntnis gesetzt zu haben. Das hätte ihn jetzt nur verwirrt und später – in der Annahme, daß er die Krone bereits in frühester Jugend hätte erlangen können – seinen Mißmut gesteigert, daß er sie im besten Mannesalter immer noch nicht errungen hatte.

Ohnehin wurde im preußischen Hauptbuch die revolutionäre Seite umgeblättert und die reaktionäre Seite aufgeschlagen, und auf dieser war der Prinz von Preußen als Hauptposten verzeichnet. Am 4. Mai 1848 konnte er wieder preußischen Boden betreten. Augusta fuhr ihm mit den Kindern bis Magdeburg entgegen. Am 7. Mai, am Todestage Friedrich Wilhelms III., traf er in Potsdam ein, nahm den Sohn zum Mausoleum im Charlottenburger Schloßpark mit, damit er im Gedenken an den Großvater sich bewußt würde, wie ein König von Preußen beschaffen sein müßte.

Der Erste in der Thronfolge nahm die Erziehung des Zweiten in der Thronfolge in die Hand. Friedrich Wilhelm sollte sich einprägen, daß Preußen auf Thron und Altar gebaut war. Am 29. September 1848 wurde er in der Schloßkapelle zu Charlottenburg konfirmiert. Am 3. Mai 1849 trat er in den aktiven Militärdienst ein, in die Leibkompanie des 1. Garderegiments zu Fuß.

»Wir stehen in einer bedeutenden Krisis, und wenn wir sie glücklich durchmachen, wird es wieder die Armee sein, die das Vaterland rettet«, erklärte der Prinz von Preußen den vorgesetzten Offizieren Friedrich Wilhelms. »Und so übergebe ich ihn Ihnen in der Hoffnung, daß er Gehorsam lernen wird, um seiner Armee Ehre zu machen.« Dem Sohn sagte er: »Und so tue deine Schuldigkeit.« Bereits vier Wochen später war der Prinz Premierleutnant.

Augusta mußte zurückstecken, gab aber nicht auf. Als der Militärgouverneur Unruh zurücktrat, suchte sie einen Ersatzmann, der mehr ihren Intentionen als denen ihres Gemahls entsprechen könnte. »Mein Sohn gehört der Gegenwart und Zukunft; er muß daher die neuen Ideen in sich aufnehmen und daselbst verarbeiten, damit er das klare und lebendige Bewußtsein seiner Zeit gewinne und nicht außerhalb derselben, sondern in und mit ihr lebe.« Das schrieb Augusta an ihren Kandidaten, den Major Albrecht von Roon, der ihr als gebildeter Offizier, Verfasser von geographischen Lehrbüchern, aufgefallen war. Er habe eine »reaktionäre Gesinnung« und sei deshalb ungeeignet, dem Thronerben »die neuen Ideen unserer Tage anzupreisen«, begründete Roon seine Ablehnung. Das ging selbst dem Prinzen von Preußen zu weit. Er habe geglaubt, ließ er Roon wissen, »Sie würden sich wie wir alle in das Unvermeidliche fügen«.

Die liberale Bewegung war nicht mehr aufzuhalten, aber es galt sie zu kanalisieren, wenn es nicht zu demokratischen oder gar sozialistischen Überflutungen kommen sollte. Der Prinz von Preußen schlug die Aufstände in Baden und in der bayerischen Rheinpfalz nieder. Der Thronfolger, der Thronfolger bleiben wollte, stellte sich jedoch auf den Boden der neuen Konstitution, die der König am 5. Dezember 1848 oktroyierte, was die Konservativen mit »gewährte« und die Liberalen mit »aufzwang« übersetzten. Immerhin konnte endlich ein – wenn auch bescheidenes – Verfassungsleben in Preußen beginnen, was Professor Ernst Curtius, dem Zivilerzieher Friedrich Wilhelms, die Verse entlockte:

»Zur Ernte reif sind der Geschichte Saaten,
Die Eure Ahnen in dies Land gesenkt,
Und neue Bahnen winken Euren Taten.
So habt nicht Ihr – so hat es Gott gelenkt.
Wir sehn auf Euch mit frohem Angesichte,
Verbannet sei, was Angst und Zweifel schuf.
O horchet auf! Es ruft die Weltgeschichte,
Und Hohenzollern höret ihren Ruf!«

Dieses Gedicht seines Lehrers überreichte der siebzehnjährige Friedrich Wilhelm seinem Vater am Weihnachtsabend des Jahres 1848. Die unter dem Christbaum versammelte Hohenzollern-Familie deutete die Verse in verschiedener Weise. Der Vater pochte auf das Erbe der Ahnen. Die Mutter erhoffte sich Bewegung auf den neuen Bahnen. Der Sohn sah freudig zu ihnen auf und hörte auf sie beide.

Wie der Prinz von Preußen wäre er gerne mit den Soldaten gegen die Demokraten zu Felde gezogen. Im Geiste Augustas ließ er den reaktionären Leopold von Gerlach abblitzen. Er beneide ihn wegen seiner Jugend, »da er wohl noch das Ende des absurden Konstitutionalismus erleben würde«, hatte der General zum Prinzen gesagt, der entgegnete: Eine Volksvertretung müsse doch sein!

So war er, der am 18. Oktober 1849, an seinem 18. Geburtstag, für mündig erklärte Friedrich Wilhelm, und so blieb er. Da er beides zugleich sein wollte, ein konservativer Preuße und ein liberaler Deutscher, wurde er weder das eine noch das andere ganz und gar. Und da er es stets allen recht machen wollte, denen oben wie denen unten, konnte er im Grunde auf die Dauer niemand zufriedenstellen.

4

Zwischen Romantik und Realität

An der Universität in Bonn setzte Friedrich Wilhelm seine Ausbildung fort. Augusta hatte darauf bestanden, daß er »der erste akademisch Gebildete in der Reihe der preußischen Thronfolger« wurde, wie der Historiker Heinrich von Treitschke, der Mutter wie Sohn nicht mochte, mit gewissem Respekt feststellte.

Immerhin galt diese Universität als »Brückenkopf des preußischen Geistes« im Rheinland, das erst 1815 dem Königreich zugeschlagen worden war. Die neuen Herren, die sich in der ehemaligen »Pfaffengasse« des Heiligen Römischen Reiches Deutscher Nation breitmachten, kamen mit Offizieren und Beamten, die sich – wie Max von Gagern bemerkte – »als eine fremdartige Menschenschicht« über die eingesessene Bevölkerung legte. Aber es kamen auch Professoren, die an die neu gegründete Universität in Bonn den Berliner Neuhumanismus verpflanzten.

Dem Genius loci konnten sie sich nicht entziehen. Am Rhein war die Romantik daheim, die nicht nur die Poesie, sondern auch die Politik beeinflußte: Rheinromantik wurde Reichsromantik.

Im Sommer 1848, im Zenit der deutschen Revolution, wurde das neu errichtete Kölner Domschiff eingeweiht. Friedrich Wilhelm IV., der die gotische Kathedrale vollenden und mit ihr das Reich restaurieren wollte, trank auf »die wackeren Werkleute am Bau eines einigen Deutschlands«. Die anwesenden Abgeordneten der Frankfurter Nationalversammlung fühlten sich angesprochen. Der König hätte ihnen nicht eigens sagen müssen, »daß sie nicht vergessen werden, daß es in Deutschland Fürsten gibt«. Der Mehrheit der Parlamentarier war bewußt, daß ohne diese oder gar gegen diese kein neues Reich möglich wäre, auch wenn sie befürchtete, daß es wegen der Fürsten nicht so zustande kommen könnte, wie es sich die Bürger vorstellten.

*Bonn am Rhein, Mitte des 19. Jahrhunderts.
Universitätsstadt Friedrich Wilhelms*

Es gab Rheinländer, sie sich lieber daran erinnerten, daß sie zu einer Republik gehört hatten, an der Schwelle des Jahrhunderts, als der Rhein die »natürliche Grenze« zwischen dem revolutionären Frankreich und dem reaktionären Deutschland bildete. In Köln wurde die »Neue Rheinische Zeitung« von Karl Marx redigiert, der erklärt hatte, die »deutsche bürgerliche Revolution« könne nur das Vorspiel einer »proletarischen Revolution« sein.

Das rheinische Bürgertum gedachte es bei liberalen Formen, einer konstitutionellen Monarchie zu belassen. Wirtschaftlich vorangekommen und gesellschaftlich anerkannt, wollte es das Gewonnene nicht an das Proletariat verlieren. Ein warnendes Beispiel hatte die Pariser Februarrevolution von 1848 gegeben, die den durch die Pariser Julirevolution von 1830 installierten Bürgerkönig stürzte und das etablierte Bürgertum bedrohte.

So blickte die rheinische Bourgeoisie lieber nach England, wo die Industrie gedieh, der Freihandel blühte, Aristokraten und Großbürger sich die Herrschaft teilten und die Arbeiter abseits hielten –

in dieser konstitutionellen Monarchie, die musterhaft und nachahmenswert erschien.

Liberaler Konstitutionalismus und deutsche Nationalromantik bestimmten das Verfassungsprogramm der Frankfurter Nationalversammlung. Das Doppelziel von Freiheit und Einheit wurde nicht erreicht. Friedrich Wilhelm IV. wies die dem preußischen Königtum angetragene deutsche Erbkaiserwürde zurück, weil sie ihm von einer Volksvertretung und nicht von seinesgleichen angeboten worden war.

Die Monarchensouveränität hatte eine Schlacht, doch nicht den Krieg gewonnen. Das befürchtete der Prinz von Preußen, das hoffte seine Frau, und ihr Sohn wurde in Bonn am Rhein von Lehrern beeinflußt, welche die liberale und nationale Sache nicht verloren gaben.

Da war immer noch Ernst Moritz Arndt, der als Untertan des Königs von Schweden auf der Insel Rügen geboren worden war und der Volksgenosse eines neuen deutschen Kaisers werden wollte. Der Kampf gegen Napoleon, den Erzfeind, und gegen die Franzosen, die Erbfeinde, sollte die Feuertaufe für ein Nationalreich werden. Der Barde hatte die Schlachtengesänge und schon die Festgedichte verfaßt. Doch die Reaktion siegte, der nationale Prophet galt nichts in einem Fürstenvaterland, und der Bonner Geschichtsprofessor wurde als Demagoge verfolgt.

Nach der Rehabilitierung durch Friedrich Wilhelm IV. wurde Arndt wieder der Wortführer der Reichsromantik. Eine zweite Enttäuschung blieb ihm nicht erspart. Als Abgeordneter der Frankfurter Nationalversammlung gehörte er zu den Reichsboten, die dem König von Preußen vergeblich die Kaiserwürde antrugen. »Kaiserschein, du höchster Schein, bleibst du denn im Staub begraben?« fragte Arndt und hoffte weiter: Es »wird und muß der Gedanke von Einheit und Macht des größten Weltvolkes der jetzigen Erde endlich durch Gottes Willen und Naturlauf zuletzt durchschlagen«.

Auf den Studenten Friedrich Wilhelm setzte der Professor Arndt einige Hoffnungen. Zum Geburtstag des Hohenzollern-Prinzen gratulierte er: »Achtzehn–Heil Dir, Friedrich Wilhelm! / Heil dem Tag, der Dich geboren! / Preis und Dank dem höchsten Walter, / Der zu Hohem Dich erkoren!«

Professor Ernst Moritz Arndt

Solche Töne fanden Anklang bei einem Prinzen, der von Natur aus ein empfängliches Gemüt besaß und durch seine Erziehung für Idealistisches entflammbar war. Wahrscheinlich träumte er schon jetzt davon, daß er, zum König von Preußen geboren, zum Kaiser von Deutschland bestellt sei. Das Rheinland war das ideale Traumgefilde. Hier standen Kaiserdome und Kaiserburgen, in Aachen war der Thron Karls des Großen zu sehen, und romantische Dichter hielten bei Liedersang und Becherklang die Reichssehnsucht wach.

Doch das Rheinland war auch ein Land der Kohlengruben und Eisenhütten, und auf dem Strom fuhren Dampfschiffe an Burgruinen vorbei. Schon meldeten sich Dichter zu Wort, die den Zwiespalt zwischen der Reichsromantik und den Realitäten des Industriezeitalters empfanden, zum Beispiel der Rheinländer Ferdinand Freiligrath.

»Träumend zieh ich ein / In deinen schönsten Zufluchtsort am Rhein«, begrüßte er in Oberwesel die Romantik. Zugleich wurde ihm bewußt, daß die alte Zeit unwiderruflich vorbei sei, daß die neue begonnen habe, deren Ruf er folgen müsse. Aber er wollte beides auf einmal haben, das Wirken in der Gegenwart in der Erinnerung an die Vergangenheit.

»Genug, genug! Nicht länger solch ein Port!
Zurück ins Leben! Mächtig ruft das Neue!
Doch was ins Herz mir senkte dieser Ort,
Für immer flamm' es! Poch' es fort und fort
In meinen Adern! Geb' es mir die Weihe!
Geb' es mir Mut und Freudigkeit und Halt,
Wenn laut und fordernd mich der Tag umschallt!«

Ferdinand Freiligrath sprach den Widerstreit zwischen Romantik und Realismus, altem Reich und neuem Nationalstaat an, den er wie die deutsche Nationalbewegung in einem deutschen Nationalreich aufzuheben gedachte. Alle sollten unter der neuen Kaiserkrone Platz haben, die Fürsten und das Volk, Konservative und Liberale, Adelige, Bürger, Bauern und auch Arbeiter, die sich einfügten.

Es war ein Wunschtraum, der jedoch im Deutschland der romantischen Dichter und idealistischen Denker Wirkungsmächtigkeit gewann. Selbst der preußische Thronerbe wurde davon erfaßt. Friedrich Wilhelm blieb zeitlebens ein Reichsromantiker, der an die Vereinbarkeit des Gegensätzlichen glaubte, mit ihrer Unvereinbarkeit konfrontiert wurde und, vor die Alternative gestellt, sich daran erinnerte, daß er ein Preuße war, der Repräsentant eines Staates, der auf Rationalität und nicht auf Romantik gegründet war.

An der Universität in Bonn konnte Friedrich Wilhelm auch lernen, wie der preußische Staat zu liberalisieren wäre, im Sinne der westlichen Aufklärung, die unter Friedrich dem Großen der preußische Staatsgeist gewesen war, auch wenn Friedrich Wilhelm IV. dies nicht mehr wahrhaben wollte. Und es wurde gelehrt, wie ein solches, eher nach englischen als nach französischen Mustern reformiertes Preußen allen Deutschen zu einem nationalen Verfassungsstaat verhelfen könnte.

Der studierende Hohenzoller hörte Vorlesungen bei Professor Friedrich Christoph Dahlmann, der eine wissenschaftliche wie eine politische Koriphäe war. In Wismar geboren, hatte er in Kopenhagen, Halle und Wittenberg studiert, war Professor der Geschichte

Professor Friedrich Christoph Dahlmann

in Kiel und Professor der Staatswissenschaften in Göttingen geworden, wo er 1837 als Wortführer der »Göttinger Sieben« gegen die Aufhebung der Verfassung durch König Ernst August von Hannover protestiert hatte.

Dahlmanns liberales Kanaan war England. In Vorlesungen über die französische und englische Revolution zeigte er die wesentlichen Unterschiede auf: Die erste sei ein abschreckendes Beispiel für die Gefährlichkeit doktrinären Denkens, die zweite ein nachahmenswertes Beispiel für eine kontinuierliche Entwicklung zur Freiheit, die im 19. Jahrhundert das Stadium der konstitutionellen Monarchie erreicht habe.

Seit 1842 Professor in Bonn, wurde Dahlmann 1848 Mitglied der Frankfurter Nationalversammlung. In der Paulskirche war er maßgeblich an der Formulierung der Reichsverfassung beteiligt, die einen nationalen Bundesstaat unter Ausschluß Österreichs und mit preußischer Führung, eine konstitutionelle Monarchie mit freiheitlichen Grundrechten vorsah. Nachdem das Vorhaben am Widerstand der Fürsten gescheitert war, gehörte Dahlmann zu den liberalen Mitgliedern des Erfurter Parlaments, die wesentliche Elemente der Frankfurter Reichsverfassung in eine vom König von Preußen geführte Fürstenunion hinüberretten wollten.

Auch dieses kleindeutsche Nationalreich kam nicht zustande. Freiheit und Einheit sollten in Frankfurt wie in Erfurt gleichrangig und gleichzeitig verwirklicht werden. Als das nicht möglich war, begannen sich Liberale zu fragen, ob sie nicht zuviel auf einmal mit unzureichenden Mitteln gewollt hatten. »Die Bahn der Macht ist die einzige, die den gärenden Freiheitstrieb befriedigen und sättigen wird«, erklärte Dahlmann. Mit Hilfe der preußischen Bataillone schien die deutsche Einheit erreicht und die bürgerliche Freiheit im Troß mitgeführt werden zu können.

Dem militärisch geschulten und liberal erzogenen Hohenzollern-Prinzen leuchtete dies ein. Einheit und Freiheit schienen auf diese Weise, wenn schon nicht miteinander, so wenigstens nacheinander realisierbar zu sein. Der Dualismus zwischen einer mit preußischen Machtmitteln erreichbaren nationalen Einheit und der auf parlamentarischem Wege zu verwirklichenden staatsbürgerlichen Freiheit blieb bestehen, sollte Friedrich Wilhelm fortan zu schaffen machen. Dabei wuchs seine Neigung – in Übereinstimmung mit dem Gros der deutschen Liberalen –, auf der Bahn der Macht zuerst den Einheitstrieb zu befriedigen und dann erst den Freiheitstrieb zu sättigen.

Dahlmann ging ihm noch auf einem anderen Wege voran. In seinem Begriff »konstitutionelle Monarchie« war »Monarchie« auch politisch das Substantiv und »konstitutionell« das Adjektiv. »Wir bedürfen eines Königs, der persönliches Leben hat, der sein Urteil über Staatssachen in der Wahl würdiger Ratgeber und der Standhaftigkeit, diese selbst dem Gewoge der Kammern gegenüber festzuhalten, an den Tag legt.« Diese Forderung nach einem starken Monarchen entsprach der hohenzollernschen Tradition, kam Friedrich Wilhelms Vorstellungen von Würde und Macht eines preußischen Königs wie eines deutschen Kaisers entgegen.

»Wir haben *einen* Staat in Deutschland«, erklärte Dahlmann, »der den wunderbaren Speer besitzt, welcher heilt und zugleich verwundet.« Mehr auf die Heilkräfte Preußens setzte Augusta und zunehmend auch ihr Mann, seitdem er in Koblenz stationiert war, weitab vom reaktionären Berlin und mehr denn je den Einwirkungen seiner liberalen Frau ausgesetzt.

Im Oktober 1849 war der Prinz von Preußen zum Militärgouverneur der Rheinprovinz und Westfalens ernannt worden. Es glich einer Strafversetzung. Die konservativen Ultras, die als Kamarilla des Königs regierten, wollten den Thronfolger, der ihnen nicht mehr stramm genug war, vor allem aber dessen Frau, die ihnen ständig widersprach, aus dem Entscheidungszentrum entfernen. Sie schickten sie dahin, wo ihrer Meinung nach der Pfeffer wuchs, in den fernen Westen der Monarchie. Zu spät erkannten sie, daß sie das Prinzenpaar in das Eldorado des preußischen Liberalismus gesandt hatten, in dem die Frau – nach Ansicht der Ultras – noch verstiegener und der Mann verblendet wurde.

Im März 1850 bezogen sie in Koblenz das ehemalige Schloß der geistlichen Kurfürsten von Trier. Das war eine Residenz nach Augustas Geschmack, fern den ihr widerwärtigen »lokalen Eigentümlichkeiten« Berlins, am deutschen Rhein gelegen, an dem Erinnerungen an das römisch-deutsche Reich gepflegt und Hoffnungen auf ein liberales Nationalreich gehegt wurden.

Wilhelm, der für Eindrücke empfänglich war, wenn sie entschieden und ständig auf ihn einwirkten, wurde in den acht Koblenzer Jahren zwar nicht ein Liberaler, wie es Augusta gerne gehabt hätte, aber immerhin ein liberaler Konservativer, der den Stockkonservativen fast wie ein Jakobiner vorkam.

Im Koblenzer Kreis sammelten sich unter der Patronage Augustas und der Duldung Wilhelms gemäßigte Liberale, die Preußen zu ihrer Konfession bekehren wollten, damit es Deutschland nach seiner Façon selig machen könnte. Zu diesem Zirkel zählten die Rechtsprofessoren Moritz August von Bethmann Hollweg und Clemens Theodor Perthes, die preußischen Diplomaten Albert Graf Pourtalès und Robert Graf von der Goltz, der preußische Beamte und Abgeordnete Ludwig Emil Mathis und der »Hausfreund« des Prinzenpaares, der Diplomat und Minister a. D. Alexander Freiherr von Schleinitz.

Nach ihrem Organ, dem 1851 gegründeten »Preußischen Wochenblatt«, wurde dieser Kreis die Wochenblatt-Partei genannt. Ihr Vertreter in London – denn sie orientierte sich an England – war der preußische Gesandte Christian Karl Josias von Bunsen, der Theologie und Philologie studiert hatte und mit einer reichen Engländerin verheiratet war. Bereits im Vormärz hatte er eine der

Koblenz mit Moselbrücke, Mitte des 19. Jahrhunderts

englischen nachgebildete preußische Verfassung entworfen. Mit Friedrich Wilhelm IV. befreundet, teilte er jedoch nicht dessen mittelalterlich gefärbten Konservativismus.

Die konservativ-liberale Wochenblatt-Partei, die in Opposition zur ultra-konservativen Kreuzzeitungs-Partei stand, war durch schriftliche wie persönliche Kontakte verbunden. Wenn Friedrich Wilhelm von Bonn nach Koblenz herüberkam, traf er eine politisch umtriebige Mutter und einen politisch aufgeschlossenen Vater an, fand er den einen oder anderen »Koblenzer« vor, dessen Äußerungen den Studenten beeindruckten und das auf der Universität Gelernte vertieften.

Er war aufnahmebereit für alles, was ihm gesagt und gelehrt wurde. Sein Fleiß gefiel Professoren und verwunderte Kommilitonen aus hochadeligen Häusern, die sich als Studenten eher ausleben wollten. Friedrich Wilhelm wohnte im Universitätsgebäude, versäumte keine Vorlesung, hörte deutsches und römisches Recht, englische Sprach- und Verfassungslehre, Geschichte und Staatswissenschaften, führte musterhaft seine Kollegienhefte.

Zum Hörsaalwissen kam Erfahrung auf Reisen, zunächst in die rheinische Umgebung. »Da wurde vollends aus dem Altpreußen ein Deutscher«, bemerkte Martin Philippson, der Biograph aus wilhelminischer Zeit, »da lernte er ein fröhliches, lebenslustiges und doch betriebsames Volk kennen, da eine blühende Industrie und zugleich eine Behäbigkeit und ein freies Sichausleben, wie man sie damals in dem dürftigen, ernsten, bis zur Engherzigkeit sparsamen Osten nicht kannte.«

Im September 1850 fuhr er in die Schweiz, das Land der Eidgenossen, von dem ihm Mutter und Sohn Godet so viel erzählt hatten, und weiter nach Oberitalien. Nach Rom, wohin es ihn wie seinen Onkel Friedrich Wilhelm IV. zog, kam er erst auf einer siebenmonatigen Reise vom Winter 1853 bis Frühjahr 1854. Papst Pius IX. empfing den Preußen und Protestanten mit zum Huldigungskuß ausgestreckter Hand; Friedrich Wilhelm ergriff und schüttelte sie.

Rom war die Hauptstadt des Kirchenstaates, der sich vom Mittelalter bis in das fortgeschrittene 19. Jahrhundert gehalten hatte. Aber es war auch die Stadt der römischen und römisch-deutschen Kaiser gewesen. Die Spur des Hohenstaufen Friedrich II. verfolgte der Hohenzoller bis Monreale und Palermo in Sizilien.

Eigentlich sollte er zum König von Preußen und nicht zu einem deutschen Kaiser erzogen werden, und dazu fühlte sich in erster Linie der Vater berufen. Im Jahre 1851 hatte er den Bonner Studenten zur Einweihung des Denkmals mitgenommen, das Friedrich dem Großen Unter den Linden in Berlin errichtet worden war. Die Enthüllung am 31. Mai war eine Demonstration der altpreußischen Rangordnung: der Denkmal-König hoch zu Roß über der berittenen Generalität und den Uniformierten zu Fuß, die Statuen der Zivilisten, darunter Lessing und Kant, im Hintergrund, unter dem Schweif des königlichen Pferdes.

Bereits in den Sommerferien mußte sich der Student dem Militärdienst widmen. Am 15. Oktober 1851, nach Beendigung der Manöver, wurde er zum Hauptmann befördert. Ostern 1852 verabschiedete ihn die Universität in Bonn mit Fackelzügen. Der Hauptmann übernahm in Potsdam die 6. Kompanie des 1. Garderegiments zu Fuß. Damit endete die Tätigkeit seines Militärgouverneurs, des Obersten Friedrich Leopold Fischer, eines liberal gesinnten Ingenieuroffiziers, der ihn seit Herbst 1848 begleitet hatte, auch auf die Universität. Seinen 21. Geburtstag am 18. Oktober 1852 feierte der Prinz im Kreise seiner Soldaten.

Im Jahr zuvor war ihm das russische Husarenregiment Nr. 11 verliehen worden, 1853 wurde er durch die Verleihung des 4. österreichischen Infanterieregiments geehrt, das 1696 vom Hoch- und Deutschmeister des Deutschen Ordens eingerichtet worden war. Zar Nikolaus I., sein Onkel, erinnerte ihn an die dynastische Verbundenheit und die alte Waffenbrüderschaft. Kaiser Franz Joseph I., als Habsburger ein Rivale des Hohenzollern, wollte ihm zeigen, daß – ungeachtet aller machtpolitischen Gegensätze zwischen Österreich und Preußen – die Heilige Allianz der Monarchen immer noch intakt sei.

Friedrich Wilhelm hatte in Begleitung des Vaters den russischen Manövern bei Warschau beigewohnt, war in St. Petersburg gewesen, wo ihn, wie es von ihm erwartet wurde, vorrangig die Soldaten interessierten. Jedenfalls enthielt sein Tagebuch, das auch zum Herzeigen gedacht war, fast ausschließlich militärische Aufzeichnungen. Das galt auch für den Besuch der österreichischen Manöver im Herbst 1853 bei Olmütz und Wien.

Schon war er Major. Nach der Infanterie lernte er andere Waffengattungen kennen, nahm an Übungen des Garde-Artillerieregiments teil, führte die 1. Schwadron des Garde-Dragonerregiments. Bald erhielt er die niederen Generalstabsweihen. Friedrich Wilhelm hörte Vorlesungen an der Kriegsakademie, lernte auf Übungsreisen des Großen Generalstabes die Anfangsgründe der Strategie kennen. 1854 standen sie unter der Leitung des Obersten Helmuth von Moltke, der durch seine Militärmission in der Türkei Aufsehen erregt und sich als Militärschriftsteller einen Namen gemacht hatte.

»Dies Jahr gehen Prinz Friedrich Wilhelm und Friedrich Karl mit«, berichtete Moltke. »Von letzterem habe ich ganz gute Arbeiten gesehen.« Der Vetter war drei Jahre älter und bereits Generalmajor. »Ich glaube, es ist der Mann, der einmal den alten Waffenruhm von Preußens Heer wiederherstellen wird.« Vom jüngeren Hohenzollern, der ebenfalls ein Heerführer werden sollte, wußte Moltke lediglich zu vermelden: »Prinz Friedrich Wilhelm ist ein wahrhaft liebenswürdiger Mensch; er hat eine sehr hübsche Art, die versammelten Bewohner anzusprechen.«

Seine Karriere als Soldat hemmte dies nicht. Noch 1854 wurde er Kommandeur des 1. Bataillons (Berlin) des 2. Garde-Landwehrregiments und 1855, mit dreiundzwanzig, Oberst. Nach seiner Manöverkritik vor versammeltem Offizierkorps verlieh ihm der anwesende Friedrich Wilhelm IV. diesen Rang. Vielleicht imponierte die militärische Beschlagenheit des Neffen dem unmilitärischen Onkel. Wahrscheinlicher ist, daß der König den Thronerben wieder stärker an sich binden wollte, nachdem dieser nicht, wie erträumt, ein Ritter geworden war, sondern in der preußischen Realität ein Soldat hatte werden müssen.

Aber er sollte wenigstens einen militärischen Mentor bekommen, der Gewähr dafür bot, daß er ein gebildeter Jünger des Mars werden könnte. Im Schlafgemach Friedrichs des Großen in Sanssouci, das ihm als Arbeitszimmer diente, eröffnete Friedrich Wilhelm IV. dem zum Rapport bestellten Oberst Moltke, daß er es gerne sähe, wenn der vierundfünfzigjährige Generalstäbler die erste Adjutantenstelle bei seinem Neffen einnähme. Er befahl nicht, er bat, und als Moltke zustimmte, reichte er ihm die Hand.

Die Eltern zögerten, ihre Einwilligung zu geben. Hinter dem Wunsch des Königs witterten sie Ränke der Ultras. Sollte der Übernächste in der Thronfolge dem Einfluß des Nächsten in der Thronfolge entzogen werden? Der Prinz von Preußen hielt nicht viel von dem aus dänischen in preußische Dienste übergetretenen Moltke, der nie eine Truppe geführt, fast immer am Schreibtisch gesessen hatte. Dies wäre schon eher für Augusta eine Empfehlung gewesen, wenn sie nicht im Kandidaten des Königs einen Agenten der Kamarilla vermutet hätte.

Ohnehin behagte ihr nicht, daß bei der Erziehung des Sohnes die Militärs das Kommando übernommen hatten. Augusta bestand darauf, daß er nicht nur im Exerzieren geübt, sondern auch im Administrieren unterwiesen werde. Friedrich Wilhelm, der etwas Jura studiert hatte, hospitierte denn auch in den Ministerien des Handels, der Finanzen und des Krieges in Berlin, lernte die Abteilungen des Innern bei den Regierungen in Potsdam und Breslau kennen, gab darüber Rechenschaft in seinen Tagebüchern.

Aber es waren preußische Bürokraten, von denen er, wie so oft, alles willig und vieles ungeprüft angenommen hatte. Nun stand den Koblenzern auch noch ein von preußischen Reaktionären ausgesuchter militärischer Mentor ins Haus. Der Stratege Moltke meisterte auch diese Situation. Nach Koblenz zitiert, überzeugte er Wilhelm von seinen militärischen Qualitäten und nahm Augusta durch sein ziviles Benehmen, seine umfassende Bildung und die ihr offenbarte politische Gesinnung für sich ein. Er sei ein Mann der Mitte, erklärte Moltke, eher zur Wochenblatt-Partei als zur Kreuzzeitungs-Partei hinneigend, beinahe also ein Koblenzer.

Augusta wollte es ganz genau wissen. Moltke mußte mit ihr speisen, zum Tee bleiben, bis nach 23 Uhr. In einem Punkte hatten sie sich von vornherein verstanden: Der Dienst des neuen Adjutanten sollte im September 1855 mit der Begleitung des Prinzen nach England beginnen.

Der reiselustige Generalstäbler freute sich, »daß ich a glimpse of England catche«, wie er seiner Frau schrieb. Die anglophile Koblenzerin hoffte, daß ihr Sohn aus dem Mutterleibe des Liberalismus die richtige Gesinnung wie die passende Frau mitbrächte.

5

Liberalismus nach englischer Art

Mit neunzehn, im Jahre 1851, war Friedrich Wilhelm zum erstenmal in England gewesen. Die Eltern hatten ihn mitgenommen. Der Vater kannte es bereits, war 1844 mit seiner Frau und 1848 ohne sie dort gewesen, beim erstenmal von ihr dazu überredet und beim zweitenmal von der Revolution gezwungen. Augusta nannte England »das Land meiner Träume ..., das Land der Vergangenheit, Gegenwart und Zukunft«.

Dorthin wollte die Kamarilla die Hohenzollern nicht ziehen lassen, doch Wilhelm setzte Augustas Willen durch. Freilich sah er in London seine schon beim ersten Aufenthalt gefaßte Meinung bestätigt, daß eine Imitation die englischen Institutionen in anderen Ländern zur Karikatur machen würde, weil eben anderswo die Grundlagen fehlten, auf denen diese Institutionen in England entstanden waren.

Worauf sie beruhten, wurde 1851 auf der Londoner Weltausstellung demonstriert. Durch die Industrielle Revolution, die einzige richtige Revolution, die sich die Engländer geleistet hatten, war ihr Land zur ersten Industrie- und Handelsmacht der Welt geworden. Die Bürger hatten daraus Gewinn gezogen, die Aristokraten mit dem Stimmzettel in die Schranken gewiesen, im Parlament den Liberalismus vorangebracht und im parlamentarischen Regierungssystem die Monarchie zum Schiedsrichter und damit kaum weniger unentbehrlich gemacht.

Die industriellen Errungenschaften waren im Londoner Kristallpalast ausgestellt, einem monumentalen Gebäude aus Eisen und Glas. Prinz Albert, der Gemahl der Königin Victoria, war auf den Gedanken zu seiner Errichtung gekommen, als er die riesigen Treibhäuser des Herzogs von Devonshire besichtigt hatte.

Der aus dem Herzogtum Sachsen-Coburg-Gotha stammende deutsche Prinz, der etwas von einem Romantiker an sich hatte, meinte, daß auch die technische und industrielle Entwicklung einer Pflanze gleiche, die gedeihe, wenn man sie hege und pflege. Als Liberaler, der er von Hause aus war, glaubte er an den dem aufgeklärten Geist entsprungenen, mit dem wirtschaftlichen Wachstum verbundenen gesellschaftlichen und politischen Fortschritt. Als Engländer, der er geworden war, hielt er London für den einzig richtigen und würdigen Platz für eine Schaustellung des Fortschritts, der ersten Weltausstellung. Er selber hätte als Ausstellungsobjekt dienen können. Prinz Albert bot ein Beispiel dafür, wie weit es ein Mensch des 19. Jahrhunderts zu bringen vermochte, wenn er seine natürlichen Gaben bewußt einsetzte und beharrlich entfaltete, überlegt und zielstrebig zur Geltung brachte.

»Albert ist außerordentlich hübsch«, bemerkte die siebzehnjährige Victoria, die Erbin des britischen Thrones. Als zwanzigjährige Königin von Großbritannien und Irland bekannte sie: »Albert hat mein Herz vollständig gewonnen.« Mit dem Gleichaltrigen zog sie am 10. Februar 1840 zum Traualtar, unter den Klängen des Liedes »Sieh, da kommt der erobernde Held«.

Was als Liebesheirat begann und sich als Liebesehe fortsetzte, war von einem Dritten eingefädelt worden, womit der Lehrsatz dieses pädagogischen Jahrhunderts bestätigt wurde, daß junge Menschen der Leitung durch Erfahrenere und Einsichtigere bedürften. Die Vermählung der Königin eines großen Reiches mit einem Prinzen aus einem kleinen deutschen Fürstenhaus war ein Ergebnis der Heiratspolitik des Coburgers Leopold.

Das Herzogtum Sachsen-Coburg-Gotha war ein Duodezfürstentum, das einem kleinen Bauerngut glich, in dem kaum Platz für den Erstgeborenen war, weshalb die weiteren Söhne sich anderswo ein Auskommen zu suchen hatten. Der erste, der dies mit Erfolg versuchte, war Leopold von Sachsen-Coburg-Gotha, der Bruder des regierenden Herzogs Ernst I. Sein eigentliches Ziel, an der Herrschaft über Großbritannien teilzuhaben, erreichte er nicht. Prinzessin Charlotte, Tochter König Georgs IV. und englische Thronerbin, die er 1816 ehelichte, starb im Jahr darauf. Die angeheiratete Verwandtschaft ermöglichte dem Witwer ein standesgemäßes Leben und setzte ihn 1831 als König der Belgier ein.

*Victoria und Albert,
die Königin von Großbritannien und Irland
und der Prinzgemahl aus dem Hause Sachsen-Coburg-Gotha:
Eltern Victorias, der Gemahlin Friedrichs III.*

Das große Glück, das ihm nicht vergönnt war, wollte er seinem Neffen Albert, dem Bruder des nachmaligen Herzogs Ernst II. von Sachsen-Coburg-Gotha, verschaffen. In England gab es eine zweite Thronerbin, die auf einen Prinzen wartete. Ihre Existenz war ebenfalls ein Ergebnis Coburgscher Heiratspolitik: Leopold hatte den Herzog von Kent, den Bruder der Könige Georg IV. und Wilhelm IV., den Thronerben, mit seiner Schwester Victoria zusammengeführt. Dieser Ehe entsproß im Jahre 1819 die Prinzessin Victoria, die bereits in ihrem ersten Lebensjahr den Vater verlor, dadurch Thronerbin und 1837, nach dem Tode Wilhelms IV., Königin wurde.

Onkel Leopold vermittelte die Bekanntschaft zwischen seiner Nichte Victoria und seinem Neffen Albert. Der Engländerin erschien der Deutsche wie ein Märchenprinz, so strahlend schön und unwiderstehlich liebenswürdig, daß sie es kaum fassen konnte, seine Liebe gewonnen zu haben. Denn Gott hatte ihr zwar viel Macht und großes Ansehen verliehen, aber von der Natur war dieses Geschenk durch den Umstand in Grenzen gehalten worden, daß ihr Ansehnlichkeit und Anziehungskraft versagt blieben. Die großmächtige Queen, bemerkte die Preußin Marie von Bunsen, sei »sehr klein, allzu rundlich, überaus unelegant« gewesen. Victoria hielt ihr Glück fest, Albert hegte und pflegte es, und so wurde es die Musterehe des Viktorianismus, der neun Kinder entsprossen. Als erstes wurde am 21. November 1840 ein Mädchen geboren, das den Namen Victoria und den Titel »Princess Royal« erhielt.

Seinen politischen Ehrgeiz freilich konnte Albert – der erst 1857 den Titel Prinzgemahl bekam – in einem parlamentarisch regierten Land nicht annähernd befriedigen. So verfiel er darauf, seinen in England erhärteten Liberalismus in sein Vaterland zu exportieren, vornehmlich nach Preußen, das seiner Meinung nach zur Führung eines mit England in freiheitlichem Geiste verbundenen Deutschland ausersehen war.

Sein Berater, Christian Friedrich von Stockmar, bestärkte ihn darin. Der 1787 in Coburg bürgerlich geborene Mediziner hatte Leopold von Sachsen-Coburg-Gotha als Leibarzt und Sekretär nach England begleitet und wurde sein politischer Lehrmeister. Von Anfang an war er auch der Mentor Alberts gewesen. Stockmar, ein weltmännischer Deutscher, der in England ein Gentleman-Politiker geworden war, betätigte sich 1848 als Coburgs Gesandter in Frankfurt und 1850 als Abgeordneter in Erfurt. Als Reichsverfassung wie Unionsprojekt gescheitert waren, suchte er sein liberales Programm auf dem Umweg über die Privatkabinette von Fürsten und die Salons von Fürstinnen zu verbreiten.

Große Hoffnungen setzte Stockmar auf die Koblenzer. In einer Denkschrift unterbreitete er Augusta seine Vorstellungen über die Heranbildung des Thronerben Friedrich Wilhelm zu einem Monarchen des 19. Jahrhunderts. Er müsse »bei gesinnungstüchtigen, aufgeklärten und erfahrenen Staatsmännern« in die Schule gehen, womit er sich selber empfahl. Er müsse aber auch das »organische Gesetz« des preußischen Staates beachten, das er – weniger in friderizianischem als in liberalem Sinne – als das »ewige Naturgesetz« auslegte, »welches den einzelnen Menschen bestimmt hat zu einer vollen Entwicklung, freien Tätigkeit und bestimmungsgemäßen Anwendung seiner persönlichen Kräfte auf dem ganzen staatlichen, also dem kirchlichen wie dem bürgerlichen Gebiete«.

Preußens Aufgabe – so Stockmar ad usum Delphini, zum Gebrauch des Dauphins, des Kronprinzen – sei es, mit der Ausbildung des eigenen Staates zugleich dem ganzen Deutschland zu dienen, zu dessen Führung es berufen sei. Die unabdingbare Voraussetzung nannte er klar und deutlich: »Man muß in Preußen mit der Absolutie brechen, weil in unserer Zeit diese Regierungsform nichts brechen kann, als sich, die Dynastie und den preußischen Staat selbst.«

Politisches Handeln in liberalem Geiste und nach englischem Vorbild sei gefragt, nicht allein Freisinn, den Augusta im Sohn geweckt, oder Freimaurerei, in die ihn der Vater 1853 einführte. Ein wesentlicher Schritt – so Stockmar – wäre eine dynastische Verbindung zwischen Großbritannien und Preußen, eine Vermählung der Princess Royal Victoria mit dem Prinzen Friedrich Wilhelm.

Dies leuchtete allen ein, zunächst dem Prinzen Albert und der deutschfreundlichen Königin Victoria, ohnedies dem König der Belgier, dem Coburger Leopold, der durch Heiratspolitik sein Haus groß gemacht hatte und noch größer machen wollte. Augusta war mit Herz und Kopf bei der Angelegenheit. Und Wilhelm, der an Eheverbindungen zwischen der preußischen und der russischen Dynastie gewöhnt war, näherte sich dem englischen Heiratsprojekt mit jedem Schritt, der ihn von der reaktionären und prorussischen Politik seines Bruders entfernte.

Friedrich Wilhelm war neunzehn und Victoria zehn, als sie sich im Frühjahr 1851 zum erstenmal sahen. Der Prinz hatte seine Sprachkenntnisse aufpoliert, begrüßte im Buckingham Palace die Princess Royal in passablem Englisch und erhielt Antwort in fließendem Deutsch. Die Queen fand den Schwiegersohn in spe »gut und liebenswürdig«, wenn auch nicht so schön und selbstsicher wie damals ihren Bräutigam. Dem Prinzen Albert gefiel die ebenso offene wie beflissene Art, in der ihn Friedrich Wilhelm bat, ihm künftig seinen Rat angedeihen zu lassen.

Im Londoner Kristallpalast sah der junge Preuße, wie weit es England gebracht hatte, und registrierte in Osborne auf der Insel Wight, dem neuerbauten Schloß der Queen, wie auch die Dynastie von dem allgemeinen Fortschritt profitierte. Die Vorliebe für England, die ihm theoretisch nahegebracht worden war, wurde durch den Augenschein vertieft und die sich anbahnende persönliche Beziehung in seinem Herzen verankert.

Weltausstellung London 1851. Der Kristallpalast

Seit diesem England-Besuch trug Friedrich Wilhelm ständig ein Medaillon mit dem Bildnis der Princess Royal. Sie schrieben sich, wobei Victoria hervorhob, was dem jungen Preußen nach landläufiger britischer Ansicht wohl gefallen müßte. »Die Musik war sehr prachtvoll, und die Kavalleriepferde trabten dazu so gut im Takt, daß es eine Freude mitanzusehen war«, schilderte sie eine Parade. »Das erzähle ich Dir, damit es Dir Freude macht, denn Du bist selbst ein Soldat.« Fritz, wie sie ihn nannte, antwortete Vicky: »Ich denke immer an das schöne Osborne und London, wo ich mit Euch so schöne Stunden verlebte. Dein Dich liebender Friedrich Wilhelm.«

Auf der Weltausstellung war auch der ältere Bruder Alberts, Herzog Ernst II. von Sachsen-Coburg-Gotha, erschienen. Er fehlte bei keiner englischen Präsentation des Coburgschen Glanzes, den er zu Hause, in seinem kleinen Herzogtum, vermißte. Dabei war er ständig bestrebt, Sachsen-Coburg-Gotha zu einem Musterländchen des deutschen Liberalismus, zu einem Urkanton eines liberalen Deutschland zu machen.

Vorbild war auch für ihn England, und für die gegebene Vormacht Deutschlands hielt er ein liberalisiertes Preußen. In eine kleindeutsche Verfassung wollte Ernst II. ein Oberhaus eingebaut sehen, in dem auch ein kleiner Fürst wie er Sitz und Stimme bekommen, als deutscher Lord nationale Bedeutung gewinnen sollte.

In seiner Residenzstadt Gotha hatten sich nach der Auflösung der Frankfurter Nationalversammlung konstitutionell und kleindeutsch gesinnte Abgeordnete gesammelt, die Gothaer, die dann im Erfurter Parlament den Ton angaben, doch ebensowenig das Heft in die Hand bekamen. Daraufhin begann Ernst II. hoffnungsvoll nach Koblenz zu blicken, wo Augusta und Wilhelm, die Prinzessin und der Prinz von Preußen, einen liberalen Hof bildeten und an eine persönliche Verbindung mit der Familie des Coburgers in England dachten.

Auf der Weltausstellung in London bemerkte Ernst II., daß der Prinz von Preußen »mit Enthusiasmus von dem Erfolge meines Bruders sprach, und wie er den günstigen Eindruck schilderte, welchen diese zivilisatorische Bewegung auf ihn gemacht hätte«. Zwei Jahre später, im Juni 1853, als sich Wilhelm und Ernst II. wiederum in London trafen, stellte der Herzog mit Genugtuung fest, daß sein Bruder Albert den Prinzen von Preußen auch politisch für sich eingenommen, vor allem für Englands Stellung im orientalischen Konflikt gewonnen hatte.

Rußland plante einen neuen Krieg gegen die Türkei, die seiner Expansion im Wege stand, den Zugang zum Mittelmeer versperrte. Zar Nikolaus I. glaubte, dem Sultan in Konstantinopel, dem »sterbenden Mann am Bosporus«, den Todesstoß versetzen und England für eine Teilung von dessen Hinterlassenschaft gewinnen zu können – den Balkan, den Bärenanteil, für Rußland, Kreta und Ägypten für den britischen Löwen. Diese Beute hätte die britische Seemacht, die sich auch als Mittelmeermacht etabliert hatte, zwar gerne vereinnahmt, aber nicht um den Preis einer Vergrößerung Rußlands, die mit dem europäischen Gleichgewicht die englische Stellung im Vorderen Orient gefährdet hätte.

Auch Frankreich trat auf den Plan. Aus der Revolution von 1848 war, wie schon aus der Revolution von 1789, ein Empereur emporgestiegen. Napoleon III. erinnerte sich an das ägyptische Abenteuer Napoleons I., meldete orientalische Interessen an, gedachte eine Verschiebung des europäischen Gleichgewichts zugunsten Frankreichs vorzunehmen und Rußland einzudämmen. Im letzten Punkt stimmten Paris und London überein. Schon kreuzte eine englisch-französische Beobachtungsflotte vor den Dardanellen.

Zar Nikolaus I., den dies nicht anfocht, setzte im Juli 1853 seine Truppen gegen die Türkei in Marsch. Der Herrscher aller Reußen hoffte auf Unterstützung durch die Brudermächte der Heiligen Allianz – Österreich, dem er 1849 gegen die ungarischen Aufständischen geholfen hatte, und Preußen, mit dem Rußland gemeinsam Polen niederhielt.

Die Staatsräson freilich hielt Österreich und Preußen zurück. Ihren Interessen widersprach eine weitere Ausdehnung Rußlands, doch der ideologische Gleichklang verbot es auch, sich ihr zu widersetzen. So blieben Berlin und Wien als Mächte neutral, als Partner der Heiligen Allianz nicht ohne Sympathie für den Zaren. Namentlich die Kamarilla um König Friedrich Wilhelm IV. bekundete Solidarität mit dem reaktionären Rußland.

Der orientalische Krieg, den Rußland im Sommer 1853 begonnen hatte, wurde im Frühjahr 1854 durch das Bündnis Englands und

Frankreichs mit der Türkei ein europäischer Krieg, ein machtpolitischer wie ideologischer Kampf zwischen den fortschrittlichen Westmächten und der rückständigen Ostmacht.

Im militärisch neutralen Preußen wurde dieser Ost-West-Konflikt als politische Auseinandersetzung mitgespielt: zwischen den Alt-Konservativen in Berlin und den Neu-Liberalen in Koblenz. Wilhelm deutete den »Krimkrieg« nicht nur als Machtkampf, sondern auch als Kulturkampf. Wenn Rußland triumphiere, »dann muß Europa nur noch nach seiner Pfeife tanzen, und dazu bedarf es gar keiner Ländereroberung, sondern nur der moralischen Präponderanz«. Der Prinz von Preußen forderte eine Parteinahme für die Westmächte, geriet mit der Kamarilla, sogar mit dem König in Streit.

Friedrich Wilhelm pflichtete dem Vater bei, ohne sich – was von ihm nicht verlangt werden konnte – besonders zu exponieren. Auch er hatte seine englische Lektion gelernt und ließ es Prinz Albert wissen: Er verurteile die Bemühungen der preußischen Ultras, durch politischen, gesellschaftlichen und geschäftlichen Druck die Wahlen zum Abgeordnetenhaus zugunsten ihrer reaktionären, rußlandfreundlichen Politik zu beeinflussen.

Das englische Beispiel schien Friedrich Wilhelm zu helfen, seinen Idealismus durch Verankerung in der Realität vor dem Entschweben zu bewahren und ihn zu einem politischen Liberalen zu machen. Schon schien der junge Preuße, der als Soldat diszipliniert worden war, etwas von einem englischen Gentleman angenommen zu haben, der aus freien Stücken tat, was seine Nation und die Menschheit von ihm erwarteten.

Der dreiundzwanzigjährige Kandidat war nach Meinung Alberts und Victorias reif für ein Verlöbnis mit der Princess Royal geworden. Vicky war zwar erst vierzehn, doch mit der Heirat konnte ja noch gewartet werden, auch auf bessere Zeiten, denn noch stand man mitten im Krimkrieg, und Preußen hielt sich zwar zwischen den Lagern, neigte aber mehr zu Rußland als zu England. Andererseits war es von Vorteil für Großbritannien, wenn es sich schon jetzt des liberalen Thronerben Preußens versicherte. In die Welt posaunen durfte man es freilich noch nicht.

Ähnlich dachten Wilhelm und Augusta. Von einem Verlöbnis versprachen sie sich eine ihnen genehme Zukunft Preußens, doch sie hatten mit den Widrigkeiten der preußischen Gegenwart zu rechnen. Auf Diskretion bestand auch König Friedrich Wilhelm IV., der dem Glück des Lieblingsneffen nicht im Wege stehen wollte, doch Rücksicht auf seine Kamarilla nehmen mußte.

In aller Heimlichkeit also begab sich Friedrich Wilhelm am 10. September 1855 nach England. Der Oberst hatte Urlaub genommen, um sich angeblich in Ostende zu erholen. Dort bestieg er ein Schiff, das ihn auf die Insel brachte. Am 14. September kam er nach Balmoral, dem neuerbauten Ferienschloß in Schottland. Das viktorianische Familienidyll war sonntäglich herausgeputzt. Die Queen, inmitten ihrer ältesten Kinder, trug Diamanten und den Hosenbandorden. Prinz Albert hatte es sich im Kilt bequem gemacht, wobei seine nackten Beine sehr zum Band des Schwarzen-Adler-Ordens kontrastierten. Vicky erschien in einem weißen Kleid, mit roten Schleifen und Bändern in den Haaren, etwas verspätet, als sollte die Wirkung ihres Auftritts gesteigert werden.

Die Frische und Unbefangenheit der noch nicht Fünfzehnjährigen überstrahlten ihre untersetzte Figur und das nicht besonders hübsche Gesicht, Erbteile der Mutter. Jedenfalls machte sie auf Friedrich Wilhelm den Eindruck, den beide Eltern erwartet hatten. Vicky besitze »ein so angenehmes Gemisch von Kindlichkeit und jungfräulicher Anmut, wie ich es gerne habe«, schrieb er nach Hause. »Und das kann ich sagen, daß Gemüt und Verstand reichlich in ihr wohnen und Interesse für Kunst und Literatur, namentlich Deutschlands, sie lebhaft erfüllt.« Fazit: »Ohne Übertreibung glaube ich annehmen zu dürfen, daß wir wohl zueinander passen werden.«

Er wußte, was ein Bräutigam bei diesem Anlaß zu äußern hatte, was vor allem Eltern und Schwiegereltern hören wollten. Aber er ahnte nicht, wie sehr ihm die mütterliche Erbschaft der Braut und ihre Erziehung durch den Vater noch zu schaffen machen würden.

Der Vater hatte seine Älteste, an der er »eines Mannes Kopf« wahrzunehmen meinte, wie einen Jungen zu einem englisch geprägten Weltkind herangezogen. Das Musische wurde nicht vernachlässigt, der Hauptwert indessen auf Tatsachenwissenschaften gelegt – Naturkunde, Geschichte und Politik. Prinz Albert intensivierte den Unterricht, nachdem Vicky zu einer Königin von Preußen ausersehen war. »Sie kommt nun alle Abende von sechs bis sieben Uhr zu mir, wo ich eine Art allgemeiner Katechisierung mit ihr vornehme«, berichtete er dem Bräutigam. »Um das alles zu ordnen, lasse ich sie die Gegenstände ohne äußere Hilfe ausarbeiten, was sie mir dann zur Korrektur bringt. Sie schreibt soeben ein kurzes Kompendium der römischen Geschichte.«

Nicht nur für die Schule, sondern für das Leben lernte Vicky. Das Gelernte sollte in Gesellschaft und Staat angewendet werden, die Praxis jedoch an den Prinzipien des europäischen Humanismus und des englischen Liberalismus ausgerichtet bleiben.

Vickys Vater sorgte sich, daß daneben die Bildung des Schwiegersohnes im Militärischen und Bürokratischen stecken bleibe. Friedrich Wilhelm hospitierte zwar – auf Betreiben seiner Mutter wie auf Empfehlung des Schwiegervaters – bei preußischen Staats-

*Schloß Balmoral in Schottland,
Ferienresidenz der königlichen Familie*

behörden. »Ich fürchte nur«, meinte Prinz Albert, »daß niemand ein Interesse daran finden wird, Dir die Prinzipien, auf die es ankommt, klarzumachen und man Dich dagegen nicht unabsichtlich mit der Masse des Details und der sogenannten Arbeit zu erdrücken suchen wird.«

Die Grundsätze, auf die es den preußischen Konservativen ankam, blieben Friedrich Wilhelm nicht verborgen. Weder er noch erst recht sein Schwiegervater waren damit einverstanden. Dieser bangte um die Zukunft seiner Tochter, seines Schwiegersohnes und der preußischen Dynastie. Die Zustände, die er ihm geschildert, die Pläne, welche die reaktionäre Partei im Sinne habe, »können die größte Gefahr für die Monarchie bewirken«, schrieb Albert an Friedrich Wilhelm. »Denn, gibt es eine göttliche Weltregierung, an die ich glaube, so müssen schlechte Handlungen böse Früchte tragen, die oft nicht unmittelbar eintreten, sondern auf folgende Generationen fallen.«

Der Deutsch-Engländer setzte auf die künftigen Herrscher Preußens, die von ihm erzogene Thronerbin und den von ihm beratenen Thronerben. Friedrich Wilhelm schien Alberts Erwartungen erfüllen zu können: »Seine besonders hervorragenden Eigenschaften sind große Geradheit, Offenheit und Ehrenhaftigkeit. Er scheint frei von Vorurteilen und mit ausnehmend trefflichen Absichten.«

Die Queen schätzte an ihm, daß er nicht nur Verständnis für die Staatsräson, sondern auch Sinn für Romantik hatte, wie es in Schottland, wo Walter Scotts Romane spielten, atmosphärisch angebracht war. Nachdem Friedrich Wilhelm am 20. September 1855 in Balmoral formell um die Hand der Tochter angehalten hatte, gewann er die kleine wie die große Victoria durch eine herzliche Geste. »Als wir nun heute Nachmittag«, notierte die Queen am 29. September, »den Craig-na-Ban hinauffritten, brach er einen Zweig weißer Heideblumen, gab ihr denselben und knüpfte daran auf dem Heimwege, den Glen-Girnoch hinab, Andeutungen seiner Hoffnungen und Wünsche, die dann alsbald glücklich in Erfüllung gingen.«

Die Verlobung sollte allerdings erst nach Vickys Konfirmation im Frühjahr 1856 bekanntgegeben werden. Doch in einem System, das auf Öffentlichkeit hin angelegt war, konnte das Vorkommnis nicht

Prinz Friedrich Wilhelm, Photographie um 1856

geheim bleiben, und in einem Land, das auf seine Pressefreiheit Wert legte, durchaus sehr kritisch gesehen werden. Die Queen ärgerte sich über die »Times«, die das Verlöbnis nicht nur verkündete, sondern auch verurteilte: Eine englische Prinzessin werde einer »kläglichen deutschen Dynastie« ausgeliefert, die mit dem reaktionären Rußland stehe und falle.

Lord Palmerston, der britische Premierminister, meinte indessen, die Verbindung werde »von ungeheurer Bedeutung für England und Europa sein«. Der liberale Staatsmann wußte, welche Chancen sich durch eine Alliance mit den Koblenzern der Verbreitung freiheitlicher Ideen in Preußen und der Aufrechterhaltung der »Balance of powers« auf dem Kontinent eröffneten.

An die Erhöhung des Hauses Coburg und an eine Stärkung des Liberalismus in Deutschland dachte Herzog Ernst II. Durch Familienbande würde ein Fortschrittsbund geknüpft, ein liberaler Fürstenclan gebildet. Gleichzeitig mit seiner Nichte Victoria und Friedrich Wilhelm verlobte sich dessen Schwester Luise mit dem

Prinzregenten und späteren Großherzog Friedrich I. von Baden, dem Schwager Ernsts II. von Sachsen-Coburg-Gotha. Und seine Nichte, Adelheid von Hohenlohe-Langenburg, die Tochter der Schwester der Queen Victoria, verlobte sich mit dem Erbprinzen Friedrich von Schleswig-Holstein-Augustenburg, der zusammen mit dem Hohenzollern Friedrich Wilhelm in Bonn studiert hatte.

Preußens äußerer Rivale, Österreich, war durch Heiraten groß geworden. Die liberale Opposition in Preußen und Deutschland gewann an Einfluß durch fürstliche Familienverbindungen. In manchen reaktionären Kreisen, bemerkte der Chef der Coburgschen Ehevermittlung mit jenem Understatement, das er bei der Erörterung liberaler Angelegenheiten bevorzugte, hätten die Familienereignisse »allerlei Mißvergnügen« erregt.

Aufgebracht – vor allem über die englische Verbindung – war Otto von Bismarck, der als preußischer Gesandter am Bundestag in Frankfurt die Auseinandersetzung mit Österreich probte und sich als altpreußische Speerspitze gegen den anglophilen Liberalismus empfahl: Bleibe die künftige Königin Preußens »auch nur einigermaßen Engländerin, so sehe ich unseren Hof von englischen Einflußbestrebungen umgeben«, schrieb Bismarck an Leopold von Gerlach. Und malte schwarz in schwarz: »Bei uns wird britischer Einfluß in der servilen Bewunderung des deutschen Michels für Lords und Gemeine, in der Anglomanie von Kammern, Zeitungen, Sportsmen, Landwirten und Gerichtspräsidenten, den fruchtbarsten Boden finden.«

Die Reaktion suchte die englisch-liberale Gefahr, die sich in der liebenswürdigen Gestalt der Tochter Victorias und Alberts näherte, dadurch in Grenzen zu halten, daß sie ihren Einfluß auf den Bräutigam Friedrich Wilhelm zu verstärken suchte. Als Soldat sollte er in Reih und Glied des Preußentums gebracht werden.

Der junge Oberst hatte noch im Herbst 1855 die Führung eines Bataillons des 1. Garderegiments zu Fuß in Potsdam übernommen, dessen Kommandeur er im Sommer 1856 wurde. Im Herbst dieses Jahres wurde er als Kommandeur des 11. Infanterieregiments nach Breslau versetzt. Er tat Dienst, wie man es von ihm erwartete, bildete sich militärisch weiter und ließ sich von seinem Adjutanten Moltke kriegsgeschichtliche Vorträge halten. Lieber widmete er sich allerdings dem gesellschaftlichen Leben, das durch die Anwesenheit des Prinzen einen Hauch von Residenz bekam. Bei einem Maskenball trat er als Raoul aus der Oper »Die Hugenotten« auf, violett in Samt und Seide, mit goldener Kette und zierlichem Dolch. Er posierte gerne, der junge Herr, schätzte fürstliche Zerstreuungen. Am Militärleben gefiel ihm am besten das lustige Soldatenleben. Gelegentlich verkehrte er mit liberalen Honoratioren, ohne sich in ernsthaftere Gespräche einzulassen oder gar sich dezidiert politisch zu äußern.

In Koblenz sorgte sich Augusta, sein noch nicht gefestigter Charakter und sein noch keineswegs fixierter Liberalismus könnten durch das flotte Garnisonsleben in Breslau und die altpreußischen Einwirkungen ins Wanken geraten. Ob sich der deutsche Coburger nicht seiner politisch annehmen könnte, fragte sie bei Ernst II. an, der mit der notorischen Vorsicht eines gouvernementalen Liberalen antwortete: Ja, aber nur, »wenn ich die wirkliche Absicht erkenne, sich unserem Ideenkreise anzuschließen. Im entgegengesetzten Falle halte ich es geradezu für gefährlich, sich mehr zu nähern, als Konvenienz und Verwandtschaft erheischen.«

Die Stockkonservativen waren nicht so zimperlich. Sie trommelten und pfiffen – und setzten den Thronerben nach Rußland in Marsch. Der monarchische Pomp und das militärische Gepränge bei der Krönung des Zaren Alexander II. im August 1856 sollten ihm eindrucksvoll zeigen, wo der Platz eines Hohenzollern sei, nämlich an der Seite der Vormacht der konservativen Tradition.

Der Vierundzwanzigjährige fühlte sich hoch geehrt, daß er König Friedrich Wilhelm IV. in Moskau vertreten durfte. Der Prinz, der frühzeitig Sinn für Repräsentation entwickelt hatte, genoß seine Rolle und machte eine gute Figur. »Er wußte mit der ihm eigenen Leichtigkeit und unterstützt durch sein enormes Gedächtnis für Personen und Verhältnisse jedem das Passende zu sagen«, bemerkte Moltke, der dabei war. Doch Rußland imponierte ihm bei weitem nicht so, wie es die Urheber der Mission erwartet hatten.

Die andere Partei, die ihn für sich reklamierte, hatte ihn im antirussischen und prowestlichen Sinne präpariert. Aus Koblenz war ihm ein Aufsatz des altliberalen Historikers Theodor von Bernhardi zugeschickt worden, in dem von asiatischem Despotismus die Rede war. Er möge sich von der Zarenfamilie nicht »inkorporieren« lassen, mahnte die Schwiegermutter, Queen Victoria.

Sein Aufsatz, sagte Friedrich Wilhelm später zu Bernhardi, habe ihn vor mancher Täuschung bewahrt. Seiner Vicky schrieb er aus Moskau: »Für die unteren Schichten der Bevölkerung ist der Kaiser eine Art Halbgott«, und unglaublich sei die Ignoranz bei sehr vielen sogenannten Gebildeten. »Man ist bei solchen Erlebnissen oft versucht, dem lieben Gott zu danken, daß er einen woanders geboren werden ließ als hier.«

Das Frankreich Napoleons III., in das Friedrich Wilhelm im Dezember 1858 geschickt wurde, war schon eher seine Welt. Der

*Die Vermählung Victorias,
Princess Royal von Großbritannien und Irland,*

Kaiser war zwar ein Neffe des Korsen, der Preußen gedemütigt hatte, und in Bonn hatte der Student Friedrich Wilhelm vom deutschen Rhein gesungen, den der Erbfeind nie wieder haben dürfe. Aber Napoleon III. versuchte, Autoritäres und Liberales zu verbinden, was die Koblenzer in ähnlicher Weise auch für Preußen erstrebten. Und Frankreich war der westliche Verbündete Englands im Kampf gegen den russischen Aggressor gewesen.

Im Frühjahr 1856 hatte Rußland den Krimkrieg verloren. Sein Vorstoß auf Konstantinopel war vereitelt, die Ostmacht in die

mit Prinz Friedrich Wilhelm von Preußen im St.-James-Palast am 25. Januar 1858 in London

Schranken gewiesen worden. Damit fand die Heilige Allianz ein Ende, denn der Zar war vom Kaiser von Österreich und vom König von Preußen im Stich gelassen worden. Das Machtverhältnis in Europa verschob sich zuungunsten Rußlands und zugunsten Frankreichs. In Preußen, das dazwischen lag, wurde es für opportun gehalten, daß der Thronerbe nach seinem Engagement in England und seiner Verbeugung vor dem Russen dem Kaiser der Franzosen seine Aufwartung machte.

Dabei wahrte Friedrich Wilhelm nicht die Distanz, die preußischen Konservativen wie deutschen Patrioten angemessen schien. Auch für ihn galt die auf seinen Onkel Friedrich Wilhelm IV. gemünzte Bemerkung der Königin Luise: Er werde stets »der Raub des mächtigen Augenblicks«. Paris nämlich war atemberaubend und hinreißend: die Stadt, die sich mit den Bändern der neuen Boulevards dekorierte, Truppen, die im Glanze des soeben errungenen Ruhmes paradierten, Kaiser Napoleon III., der den preußischen Thronerben hofierte, und die schöne Kaiserin Eugénie, die sich vom jungen Preußen beeindruckt zeigte: »Der Prinz ist ein großer, schöner Mann, fast einen Kopf größer als der Kaiser, schlank, blond, strohfarbener Schnurrbart, ein Germane, wie sie Tacitus beschreibt, von ritterlicher Höflichkeit, mit einem Zug von Hamlet.«

Wenn er wieder in England war, schienen freilich alle anderen Eindrücke ausgelöscht zu sein; denn dort war Liebe in sein Herz eingegraben worden, und mit ihr die Vorliebe für Land und Leute, ihre Ideen und Institutionen. Das Mittelalter, das er am deutschen Rhein schätzen gelernt hatte, lebte hier nicht nur in der Erinnerung, sondern auch in der Wirklichkeit fort. Eine Parlamentseröffnung glich dem Auftakt des Sängerwettstreits auf der Wartburg, die Wachtparade der Horseguards in Whitehall einem Einzug von Rittern zum Turnier. In einen roten Mantel gehüllt und mit lateinischen Reden bedacht wurde er an der Universität Oxford, die ihn zum Ehrendoktor des bürgerlichen Rechts wählte.

Das Hofleben war Highlife. Friedrich Wilhelm erschien bei den Ascot Runs und beim Derby in Epsom, tafelte in der St. George Hall in Windsor, tanzte mit der Queen im Waterloo-Saal und ritt mit Prinz Albert im Hydepark aus. Dabei lebte der Preuße auf, der zu Hause nur Kasinoabende und Manöverbälle, das Etepetete der schlesischen Adelsgesellschaften und steife Hoffeierlichkeiten in Potsdam und Berlin gewöhnt war.

Aber er genoß auch das viktorianische Kontrastprogramm, das Familienidyll in Balmoral und Osborne. Hier erschien dem im Geschmack des Biedermeiers erzogenen Bräutigam die Braut als künftiges Hausmütterchen, das Eheglück und Kindersegen verbürgte. Wenn er bei ihr weilen durfte, himmelte er sie wie ein junger Leutnant an, und wenn sie getrennt waren, schrieb er ihr Liebesbriefe, die Eintragungen in ein Poesiealbum glichen.

Er mußte viele Briefe schreiben, denn die Verlobungszeit währte lange, und nur ein paarmal konnte er nach England kommen – im Mai 1856, nun schon offiziell empfangen, im November 1856, zu Vickys sechzehntem Geburtstag, im Juni 1857, da er Ehrenbürger von London und Ehrenmitglied der Londoner Schneiderinnung wurde, und im Herbst 1857, zu Vickys siebzehntem Geburtstag.

Vor diesem Datum wollten Albert und Victoria ihre Tochter nicht verheiraten. Erst am 16. Mai 1857 wurde die Verlobung im preußischen Staatsanzeiger bekanntgegeben, am 19. Mai 1857 dem britischen Parlament offiziell angezeigt. Es billigte mit 328 gegen 14 Stimmen eine Mitgift von 40 000 und eine Jahresrente von 8 000 Pfund. Auch Abgeordnete, die dieser Heirat kritisch gegenüberstanden, gedachten die Prinzessin der reichen Weltmacht nicht der Kleinlichkeit preußischer Rechnungskammern auszuliefern.

Victoria und Albert bestanden darauf, daß die Ehe in England geschlossen werde, was weder dem preußischen Hof noch den Berliner Hoflieferanten gefiel. Dem Bräutigam aber war es recht. Doch das Gold für die Trauringe ließ er im schlesischen Reichenbach gießen. Und er erschien zur Trauung in der Uniform eines königlich preußischen Generalmajors, wozu er am Morgen des Hochzeitstages befördert worden war.

Die Trauung fand am 25. Januar 1858 in der Kapelle des St.-James-Palastes in London statt. Die Braut war mit Heideblumen Schottlands geschmückt. Den Bräutigam beobachtete Helmuth von Moltke: »Ich habe mich wahrhaft über ihn gefreut bei dieser Gelegenheit. Man las in seinem etwas blassen Gesicht, wie sehr ihn der Ernst der Handlung ergriff, und dabei bewahrte er die feste, männliche Haltung, die ihm vor diesem Publikum gebührt. Wer ihn so sehen konnte wie ich, mußte ihn liebgewinnen.«

Der Predigt war der Bibeltext zugrunde gelegt worden: »Wo du hingehst, da will ich auch hingehen; wo du bleibst, da bleibe ich auch. Dein Volk ist mein Volk...« Bevor sie mit ihm nach Preußen ging, verbrachten beide eine Flitterwoche in Windsor. Hier sah man Vicky mit Krinoline und Kapotthut, Fritz mit Zylinder und Stock, in bürgerlichem Zivil, bevor Uniform und Pflicht sie in Anspruch nahmen.

6

Die Neue Ära

Die Hoffnung auf ein liberales Preußen schien am 8. Februar 1858 mit den Neuvermählten durch das Brandenburger Tor einzuziehen. Die Berliner, die seit zehn Jahren darauf gewartet hatten, bereiteten Friedrich Wilhelm und Victoria einen begeisterten Empfang. »Wie schön ist es, daß Du endlich da bist«, begrüßte König Friedrich Wilhelm IV. die Engländerin. Der Prinz von Preußen erhob sein Glas »auf die glückliche Alliance zwischen Großbritannien und Preußen«. Der Vertreter der Akademie der Wissenschaften sprach von einem Siegel, »das in dieser Verbindung zugleich der geistigen Gemeinschaft zweier Völker aufgedrückt wird«.

Die Ehepartner schienen die Gewähr dafür zu bieten. Vicky, mit politischen Ratschlägen ihres Vaters und Lebensweisheiten ihrer Mutter wohl versehen, fühlte sich als Missionarin des »British way of life«. Fritz, der Gardegeneral, versprach dessen Pionier in Preußen zu werden. »Ich weiß nicht«, schrieb er an Moltke, »ob von der Zukunft der Lorbeer des siegreichen Kriegers für mich beschieden ist; dafür hoffe ich um so sicherer, die Bürgerkrone aus Ölzweigen zu erreichen.«

Zu einer Dornenkrone war das Diadem für den gegenwärtigen Monarchen geworden. Das Gehirnleiden Friedrich Wilhelms IV. verschlimmerte sich. In das Bedauern des Neffen mischte sich die Hoffnung des Prinzen auf eine Kursänderung. Die Kamarilla suchte sie wenigstens zu verzögern, indem sie Schwierigkeiten bei der Ernennung des Prinzen von Preußen zum Stellvertreter und dann zum Regenten machte. Friedrich Wilhelm unterstützte mit den Ansprüchen des Vaters, des Thronfolgers, die Erwartungen des Sohnes, des Thronerben. Von Ernst von Stockmar, der in die Coburger Fußstapfen seines Vaters, Christian Friedrich Stockmar, getreten und als Privatsekretär Vickys nach Berlin gekommen war, ließ er ein Gutachten über die Rechte des Prinzen von Preußen ausarbeiten.

Am 7. Oktober 1858 wurde Wilhelm Prinz-Regent von Preußen und übernahm die Regierungsgewalt. Vor dem Landtag leistete er den Eid auf die Verfassung, obwohl er vom König beschworen worden war, dies zu unterlassen, weil ihm diese Konstitution doch abgenötigt worden sei. Die reaktionären Minister wurden entlassen und neue berufen, die aus dem Koblenzer Kreis oder seinem Umfeld kamen.

Das Haupt der Wochenblatt-Partei, Moritz August von Bethmann Hollweg, wurde Kultusminister, der »Hausfreund« Augustas, Alexander von Schleinitz, Außenminister. General Eduard von Bonin, den die Kamarilla 1854 trotz des Widerspruchs Wilhelms entlassen hatte, wurde Kriegsminister. Neuer Innenminister war der Altliberale Eduard von Flottwell, neuer Finanzminister der »Erfurter« Erasmus Robert von Patow. Stellvertretender Ministerpräsident wurde Rudolf von Auerswald, der 1848 Kabinettschef gewesen war, und Ministerpräsident Fürst Karl Anton von Hohenzollern-Sigmaringen, der auf sein süddeutsches Fürstentum zugunsten des Königs von Preußen verzichtet hatte und ein deutscher »Lord« im Sinne Ernsts II. von Sachsen-Coburg-Gotha geworden war.

Dem neuen Staatsministerium wies der Prinz-Regent eine liberale Richtung im Innern wie nach außen: »In Deutschland muß Preußen moralische Eroberungen machen, durch eine weise Gesetzgebung bei sich, durch Hebung aller sittlichen Elemente und durch Ergreifung von Einigungselementen, wie der Zollverband es ist. Die Welt muß wissen, daß Preußen überall das Recht zu schützen bereit ist.«

Die »Neue Ära« sei angebrochen, verkündete der Herzog von Coburg. Sein Bruder, der englische Prinzgemahl, applaudierte: »Das große Reaktionsnetz ist zerrissen und ohne Revolution vom Throne aus.« Vicky meinte, erst jetzt das preußische Hochzeitsgeschenk erhalten zu haben. Ihr Fritz zeigte Befriedigung über den Sturz der Junkerpartei und der egoistischen Adelsclique.

Die Wende zum Liberalismus begrüßte vor allem das Bürgertum. Was ihm in der Revolution gegen den monarchischen Absolutismus und den adeligen Feudalismus mißglückt war, schien nun im Verein mit dem mächtigsten deutschen Fürsten, in gemeinsamem Fortschreiten zu Freiheit und Einheit zu gelingen.

Viele Bürger hatten bereits die Hoffnung aufgegeben, zumindest die Erwartung zurückgestellt, daß Preußen politisch liberalisiert und Deutschland staatlich geeinigt werden könnte. Die Energien des Dritten Standes wurden in die wirtschaftliche Entwicklung investiert, die materielle Erfolge zeitigte. Der alte Idealismus, der das deutsche Bildungs- und Besitzbürgertum beflügelt hatte, wurde vom neuen Realismus überflügelt. Noch war dessen Revier das Ökonomische, aber schon griff er, zunächst theoretisch, auf politische Bereiche über. Bereits 1853 war von dem Publizisten Rochau der Begriff »Realpolitik« geprägt worden, von einem Liberalen, nicht von einem Vertreter der Staatsmacht.

Die Resignation in der Reaktionszeit hatte einen Rückgang der liberalen Sitze im preußischen Abgeordnetenhaus zur Folge gehabt. Die politischen Möglichkeiten, die sich nun den Bürgern unter einem fortschrittlichen Fürsten zu eröffnen schienen, brachten einen Aufschwung des Liberalismus in Preußen und eine liberale Mehrheit im Abgeordnetenhaus.

Aus Schaden klug geworden, hatten die Radikalen den Gemäßigten nachgegeben, die in einem Staat, dessen Angehörige Wert auf Gesetz und Ordnung legten, ohnehin in der Mehrheit waren. Die liberale Majorität begnügte sich mit Forderungen, die sie dem Prinz-Regenten zumuten zu können glaubte, zum Beispiel der Durchführung von Bestimmungen, die in der Verfassung zwar enthalten, aber nicht angewendet worden waren. Zunächst sollten der ökonomische und gesellschaftliche Fortschritt des Bürgertums gefördert, die Rechtsstaatlichkeit gesichert, der Freisinn vor kirchlicher Bevormundung bewahrt und die Volksbildung gehoben werden. Das Minus an politischem Machtwillen wurde durch ein Plus an sittlichen Bekenntnissen auszugleichen versucht. In Wilhelms Programm waren den gemäßigten Liberalen die Worte aus der Seele gesprochen, Preußen werde das Recht schützen, alle sittlichen Elemente fördern und dadurch in Deutschland »moralische Eroberungen« erstreben.

Das Sittengesetz in der Brust zu tragen, Recht und Moral hochzuhalten – der Impetus dieser Generation war ein Vermächtnis des deutschen Idealismus, während eine andere Eigenheit jener Liberalen, eher Überzeugungen zu vertreten als Einfluß zu verlangen, die Erblast einer Geschichte war, die von Obrigkeiten gemacht und von Untertanen erlitten wurde. Immerhin hatten die deutschen Liberalen damit begonnen, von der Theorie zur Praxis zu schreiten; sie waren auf diesem Wege ein Stück vorangekommen und hofften, durch weitere prinzipielle Impulse auf ihm fortzuschreiten.

Das Jahr 1859 bot beides. Bei den Feiern zum hundertsten Geburtstag Friedrich Schillers wurde der Rütli-Schwur aus »Wilhelm Tell« erneut geleistet, von deutschen Eidgenossen, die »ein einig Volk von Brüdern« werden und dabei freier sein wollten, als es die Väter waren. Der von Napoleon III. unterstützte Einigungskrieg der in Deutschland mehr als Museumswächter denn als Staatsbürger oder gar Soldaten geschätzten Italiener gegen Österreich bot immerhin das Beispiel eines Bundes von monarchischer Einigungsmacht und liberalem Bürgertum, der den Nationalstaat ermöglichte.

Wie Piemont solle Preußen an die Spitze der liberalen Bewegung für einen kleindeutschen National- und Verfassungsstaat treten, forderten im Sommer 1859 die nach Eisenach aus vielen Teilen Deutschlands gekommenen Liberalen. Im September 1859 gründeten sie in Frankfurt den »Deutschen Nationalverein«, dessen Führung der »rechte« Liberale Rudolf von Bennigsen aus Hannover und der »linke« Liberale Hermann Schulze-Delitzsch aus Preußen übernahmen.

Schirmherr dieser von den meisten deutschen Regierungen – einschließlich der preußischen – argwöhnisch beobachteten Avantgarde des politischen Liberalismus in Deutschland war Herzog Ernst II. von Sachsen-Coburg-Gotha. Coburg wurde Sitz des Nationalvereins, Ort der ersten Generalversammlung im September 1860. Das »Coburger Programm« forderte die Bildung einer deutschen Zentralgewalt durch Preußen und die Wahl eines deutschen Parlaments.

Prinz-Regent Wilhelm bedeutete dem Coburger Onkel seiner Schwiegertochter, er könne der Tendenz nicht folgen, mit »Hintansetzung der Interessen und Rechte der deutschen Fürsten die Einheit anzustreben«, und müsse gegen den Nationalverein einschreiten, wenn dieser sich zu konstitutioneller Agitation verleiten ließe.

*Herzog Ernst II. von Sachsen-Coburg-Gotha,
Onkel der Prinzessin Victoria von Preußen*

Kaum hatte er die »Neue Ära« eingeleitet, versuchte er sie aufzuhalten und bald schon rückgängig zu machen, und keineswegs nur, weil radikale Liberale, die sich Demokraten nannten, über das von ihm unter Zustimmung gemäßigter Liberaler gesteckte Ziel hinausschossen.

Dem nun nicht mehr in Koblenz politisch dilettierenden, sondern in der Staatsverantwortung stehenden Preußen wurde bewußt, daß er im ersten Schwung mit seinem monarchisch-konstitutionellen Programm zu weit gegangen war.

Dazu hatte ihn vor allem seine Frau verleitet, die nun Mitregentin sein wollte. Das neue Kabinett wurde »Augustas Ministerium« genannt, und sie fühlte sich als heimliche Ministerpräsidentin. Dies wollte der Mann und konnte der Staatsmann nicht hinnehmen. Wilhelm verbat sich das Dreinreden. Augusta reagierte in einer Weise, die vermuten ließ, daß es ihr von Anfang an weniger um Durchsetzung freiheitlicher Ideen als um Ausübung persönlicher Herrschaft gegangen war.

»Ihr Charakter ist zu autokratisch, als daß sie es lange vertrüge, jetzt nicht in alles Einsicht zu haben«, konstatierte der Sohn, Friedrich Wilhelm. Der Vater erwies sich in Berlin als autoritärer, als er sich in Koblenz gegeben hatte. Die persönliche wie politische Übereinstimmung der Eltern hatte ihn als loyalen Sohn befriedigt, wie ihm als angehenden Liberalen gefallen. Die Mißstimmigkeit warf nun die Frage auf, welchem von beiden Elternteilen er mehr zuneigen sollte. Und stellte ihn – wieder einmal und nicht zum letzten Mal – vor die Alternative zwischen konservativem Preußentum und fortschrittlichem Liberalismus.

Selbst wenn er letzteren gewählt hätte, wäre ihm die Entscheidung nicht erspart geblieben, zu welchem Flügel er sich hinwenden wollte. Am meisten konvenierte ihm die gedämpfte Spielart der Wochenblatt-Partei, die gouvernementale Fortschrittlichkeit des neuen Staatsministeriums wie der gemäßigte Freisinn der Fraktion des Altliberalen Georg von Vincke. Aber schon meldeten sich radikalere Liberale zu Wort, im deutschen Nationalverein wie im preußischen Abgeordnetenhaus. Ihre Forderungen nach einem demokratischen Wahlrecht und einem parlamentarischen Regierungssystem bezeichnete Friedrich Wilhelm als ultra-liberalistisch und ungesund; und als taktlos das Verlangen des Abgeordnetenhauses, jene konservativen Beamten aus der Verantwortung zu entfernen, welche die fortschrittlichen Anordnungen des Innenministeriums sabotierten.

Vorwärts zu einem liberalen Konstitutionalismus schien Friedrich Wilhelm nicht mehr zu streben und schon im Gleichschritt mit dem Vater sich von den vorgeschobenen Positionen der »Neuen Ära« zurückzuziehen. Vorsorglich vermied es der Prinz-Regent, ihn zu Regierungsgeschäften heranzuziehen. Dem Thronerben wurde lediglich gestattet, bei Kabinettssitzungen anwesend zu sein und ab und zu im Herrenhaus oder im Abgeordnetenhaus vorbeizuschauen.

Die Hohenzollern hatten von jeher die Regentenausbildung der Thronfolger vernachlässigt, um so größeren Wert auf deren militärische Dienstleistung gelegt. Das tat auch Wilhelm, überdies in der Absicht, dem Filius den in ihm für seinen Geschmack zu heftig gärenden Liberalismus auszutreiben. Im Frühjahr 1859 erhielt der siebenundzwanzigjährige Generalmajor das Kommando der

1. Gardeinfanterie-Division. Damit waren Pflichten verbunden, die einem Hohenzollern angemessen waren, und er wurde in eine Umgebung gestellt, die ein Ausbrechen in zivile Bereiche erschwerte.

Die Rechnung ging weitgehend auf. Als 1859 Preußen in den Krieg zwischen Frankreich und Österreich hineingezogen zu werden drohte, wäre der Divisionskommandeur nur allzu gerne in das Feld gezogen. Bereits 1856, als der zwischen Preußen und der Schweiz entbrannte Streit um Neuenburg eine Kriegsgefahr heraufbeschwor, hatte sich der junge Oberst danach gesehnt, »endlich einmal Pulver zu riechen, Feuertaufe zu erhalten und andere Kugeln pfeifen zu hören als die vom März 1848«.

Nun erschien auch ihm Napoleon III. als Erbfeind, den am Po wie am Rhein zu besiegen nationale Ehrensache wäre. Wie sein Vater wollte er Preußen an der Spitze des deutschen Bundesheeres sehen, aber er zog daraus nicht so weitreichende Konsequenzen wie der Nationalverein, der dem militärischen Führer auch die politische Führung in einem liberalen und demokratischen Nationalstaat übertragen wollte. Als die Verständigung zwischen Napoleon III. und Franz Joseph I. in Villafranca preußischen Kriegsplänen wie nationaldeutschen Spekulationen den Boden entzog, schimpfte der verhinderte Krieger Friedrich Wilhelm über das perfide Österreich.

An militärische Eroberungen war vorerst nicht zu denken. Es galt, die Mängel im preußischen Heer zu beheben, welche die Mobilmachung von 1859 aufgedeckt hatte, das Schwert zu schleifen und das Pulver trocken zu halten. Zu dieser einem preußischen Thronerben geziemenden Tätigkeit zog man ihn heran. Im Oktober 1859 wurde er Mitglied der militärischen Kommission zur Umgestaltung des Heerwesens. In ihr stellte er den Antrag, man müsse den Vorschlag des Vaters – Erhöhung der jährlichen Rekrutenziffer von 40 000 auf 63 000 Mann und Wiedereinführung der dreijährigen Dienstzeit – in Loyalität und ohne Diskussion annehmen. Wozu man überhaupt eine Kommission brauche? fragte der alte Generalfeldmarschall Wrangel.

Der Vater honorierte seinen Fritz am 4. Juni 1860, am Erinnerungstag der Schlacht von Hohenfriedberg, mit der Ernennung zum Chef des 1. Infanterieregiments. »So führte ich es denn bei beiden Parademärschen mit gezogenem Säbel vorbei«, brüstete sich Friedrich Wilhelm, »und war in einem solchen Dusel vor Freude, daß ich eigentlich etwas rappelig war«. Kurz darauf wurde er zum Generalleutnant befördert. Die Konservativen glaubten, ihn für sich gewonnen zu haben, meinten annehmen zu dürfen, daß er seine liberalen Jugendsünden bereue.

Indessen war Friedrich Wilhelm mit seinem Einerseits-Andererseits beschäftigt. Es befriedigte ihn, daß er mit der im Gefolge des Vaters vollzogenen Rechtswendung in die altpreußischen Reihen eingeschwenkt war. Aber er bedauerte es, daß er dabei seine liberale Gesinnung desavouiert hatte. Und es beunruhigte ihn, daß er damit vielleicht seine Zukunft aufs Spiel setzte, die – wie es ihm von links vorgestellt wurde – nicht dem preußischen Militärstaat, sondern einem deutschen Verfassungsstaat gehören würde.

Das war das Ceterum censeo des liberalen Historikers und Publizisten Max Duncker, der ihm als »Vortragender Rat in Staatsangelegenheiten« attachiert wurde. Der Sohn eines Berliner Verlegers und einer jüdischen Bankierstochter hatte mehrere Stationen des deutschen Liberalismus aktiv und passiv durchlaufen. Im Vormärz wurde er als Burschenschaftler verfolgt. In der Frankfurter Nationalversammlung wie im Erfurter Parlament gehörte er zur rechten Mitte um Dahlmann. In der »Neuen Ära« wurde das ehemalige Mitglied des preußischen Abgeordnetenhauses als Geheimrat mit der Leitung des staatlichen Presseamtes beauftragt und schließlich mit der politischen Beratung des Thronerben betraut.

Auf seinem liberalen Weg war Duncker an einer Kreuzung angelangt. Nach links zu gehen, lag nicht in der Konsequenz seines bisherigen Werdeganges. Sich nach rechts zu wenden, barg die Gefahr, daß freiheitliche Grundsätze auf der Strecke blieben, bot jedoch die Chance, daß mit den heute in Preußen und morgen in Deutschland herrschenden Gewalten liberale Teilziele erreicht werden könnten. Der Ratgeber Friedrich Wilhelms schlug diesen Weg ein, nicht ohne sich ständig nach dem Vorbild von 1848 umzusehen und zu versuchen, die Etappenziele möglichst weit zu stecken.

Damit kam er Friedrich Wilhelm entgegen, der auf dem umgekehrten Weg vom Konservativen zum Liberalen ein Stück weit vorangekommen, dann steckengeblieben war und wieder kehrtzumachen schien. Duncker suchte ihn an den Rockschößen zurückzuhalten und ihn für Ziviles zu interessieren. Das gelang ihm, zumindest solange er da war und nicht locker ließ.

Duncker vertrat einen moderaten, schon einen deutschen National-Liberalismus. Vicky, die Princess Royal, verfocht einen entschiedenen, am englischen Vorbild orientierten Liberalismus. Mit Unterstützung des schweren Kalibers ihres Vaters, des Prinzgemahls Albert, und des kleineren – weil nicht an das Format des alten Stockmar heranreichenden – Kalibers ihres Privatsekretärs Ernst von Stockmar, deckte sie ihren Gatten mit liberalen Geschossen ein. Dem Preußen sollte ein Überlaufen in das angestammte konservative Lager erschwert, ja unmöglich gemacht werden.

Die Engländerin war ihrem Mann nach Preußen gefolgt, aber Preußin werden wollte und konnte sie nicht. Vicky gab sich zwar Mühe, ihre Pflichten an der Seite des Thronerben zu erfüllen. Aber es gelang ihr kaum, ihre Abneigung gegen das Land, dem sie galten, genauer gesagt gegen das System, das auf ihm lastete, zu verbergen.

»Hier riecht's nach Preußen«, sagte sie einmal bei der Rückkehr aus England, das sie so oft wie möglich besuchte. »Sie können sich nicht vorstellen«, schrieb sie nach Haus, »wie langweilig, melancholisch und sonderbar mir hier alles vorkommt, da ich von Ihnen allen und meinem geliebten England getrennt bin.« Sogar den Nebel, die Zugluft und die einseitige Kaminwärme vermißte sie.

Im Babelsberger Tudorschloß, wo das junge Paar zunächst wohnte, fühlte sie sich noch am ehesten daheim. Das Kronprinzliche Palais in Berlin, in dem der Geist Friedrich Wilhelms III. hauste, war ihr zu karg und zu klein. Es wurde vergrößert und verschönert, erreichte aber nicht den Komfort und die Gediegenheit eines englischen Palace. Das Neue Palais in Potsdam, der Sommersitz, gefiel ihr schon besser, die Gärten, die sie nach dem Muster Osbornes gestaltete, die Rokokosäle, die sie viktorianisch wohnlich machte. Indessen dachte sie stets daran, daß mit diesem Prachtbau Friedrich der Große einst demonstrieren wollte, was sich der Parvenü unter den europäischen Mächten Großartiges leisten könne.

Die Prinzessin einer Weltmacht hatte nach Preußen geheiratet, das sich noch nicht zu Deutschland erweitert hatte, eine auf den Zehenspitzen stehende Macht zweiter Größe war. Um eine wirkliche Großmacht zu werden, spannte Preußen alle seine Kräfte an, konzentrierte sich auf das Militär und die Staatsautorität, auf Kosten der Annehmlichkeiten des Lebens und unter Ausschaltung des freien Spiels der Kräfte, wie es Liberale verlangten.

England war dadurch stark und reich geworden, im praktizierten Glauben an den Liberalismus. Dessen Segnungen gönnte es auch anderen, zumal die Weltmission Machterhöhung und Handelsgewinn versprach. Die englische Außenpolitik half den unterdrückten Nationen in Lateinamerika, Griechenland und Italien. Die englische Prinzessin in Preußen glaubte, ein liberal unterentwickeltes Land bekehren zu müssen.

»Wie die Hefe den Teig hebt«, meinte sie, »sollte Kultur die Ansichten der Masse durchdringen, sollten Regierung und Volk zusammenarbeiten an dem Werk des Fortschritts, der Zivilisation und Humanisierung!« Die Engländerin Vicky beließ es nicht, wie mehr oder weniger ihre deutsche Mitstreiterin Augusta, bei einem »allgemeinen Ahnen und Erraten, daß die edlere und klügere Richtung diejenige der hervorragendsten Geister sein müsse«. Sie brachte auf Studium und Erfahrung gegründete politische Prinzipien und Regeln mit, die sie auf die preußischen Verhältnisse übertragen sehen wollte.

Wie es ihr vom Vater beigebracht worden war, griff sie zur Feder, um Beabsichtigtes zu begründen. Die zwanzigjährige Vicky verfaßte ein Memorandum über die Ministerverantwortlichkeit, eine Grundforderung des Liberalismus und eine Voraussetzung des parlamentarischen Regierungssystems. Prinzgemahl Albert, dem sie es zur Begutachtung gesandt hatte, lobte:»Das Memoire über die Ministerverantwortlichkeit war eine ganz vortreffliche Arbeit, die man einer Dame kaum zutrauen würde.«

Der Vater, der sie ständig schriftlich und gelegentlich – bei Begegnungen in England oder in Deutschland – in Gesprächen steuerte, traute es seiner Tochter zu, daß sie ihren Gatten vor Rückfällen in altpreußischen Trott bewahren und zu Fortschritten auf der Bahn des Liberalismus bewegen könnte.

Noch herrschten, namentlich in Preußen, Auffassungen über die Rollenverteilung der Geschlechter, die derartige Erwartungen kaum begünstigten. Aber der Coburger kannte seinen Pappenheimer. Unter dem Uniformrock Friedrich Wilhelms schlug ein gutes

Das kronprinzliche Palais in Berlin

Herz, das niemand, schon gar nicht der Liebsten, wehtun wollte, steckte ein weiches Gemüt, das zu beeindrucken war, verbarg sich Unentschlossenheit, die sich einer entschiedenen Meinung nicht verschließen und einer entschlossenen Haltung angleichen würde.

Vicky war ihrem Mann nicht nur an Allgemeinbildung und Common sense, sondern auch an Willensstärke und Durchsetzungskraft überlegen. Klein und untersetzt, resolut, quirlig und umtriebig wie sie war, hatte sie etwas von einem Kugelblitz an sich, der sich elektrisch entlud und elementar einschlug.

Ihr Ehrgeiz war idealistisch, ihr Machtdrang ideologisch motiviert, beschwert mit Doktrinen und nicht ohne eine für rechtens gehaltene, weil dem richtigen Zwecke dienende Heuchelei. Und ihre Herrschsucht war mit Hingabe gepaart.

»Wie wird es mir heute abend zumute sein«, schrieb sie dem Gatten, den militärische Pflichten ihr entführt hatten, »wenn ich ohne meinen Engel zu Bett gehen muß; Du mein Alles, mein Herzensmann, ich sehe wohl, daß ich nicht ohne Dich existieren kann.« Sie rief ihn telegraphisch aus dem Manöver zurück, und er kam.

Der Dreißigjährige, der vielen Preußen wie ein junger Kriegsgott erschien, sei daheim, wie am Hofe geflüstert wurde, ein Pantoffelheld gewesen. War er der Tochter der Queen Victoria nicht nur intellektuell unterlegen und im Temperament nicht gewachsen, sondern auch sexuell verfallen?

»Wir wissen nichts von dem intimen Leben des Kronprinzen und der Kronprinzessin«, konstatierte der Historiker Michael Freund. Im Zeitalter des Viktorianismus war dieses Gebiet mit einem Mantel aus Dezenz und Prüderie bedeckt worden. Einiges indessen darf vermutet werden. Friedrich Wilhelm schien den sexuellen Appetit seines Vaters geerbt zu haben. Da Wilhelm ihn bei Augusta nicht sättigen konnte, sei es – wie selbst die auf Diskretion bedachte Marie von Bunsen durchblicken ließ – zu »nicht unhäufigen, nicht gänzlich verhüllten Liebschaften« des »kraftvollen Mannes« gekommen.

Die Beziehung zwischen Vickys Eltern erinnerte an das Verhältnis der Österreicherin Maria Theresia zu ihrem Gatten Franz von Lothringen. Auch Prinzgemahl Albert war ein Lebemann, dem seine lebenshungrige, heißblütige Frau nicht genügte. Diese Erbanlagen waren bei der Tochter zweifellos vorhanden, auch wenn Bismarck, ihr späterer Todfeind, mit seiner Bemerkung übertrieben haben mochte: Vicky sei eine »wilde Frau«; wenn er ihr Bild ansehe, so grause ihm oft vor der ungebrochenen Sinnlichkeit, die aus ihren Augen spreche.

Nach außen hin wurde natürlich die viktorianische Wohlanständigkeit gewahrt. Aus dem Neuen Palais ließ Vicky galante Darstellungen aus der Rokokozeit entfernen. Und wenn sie sich schriftlich äußerten, turtelten das »liebe Frauchen« und »dear poor Fritz« wie zwei Biedermeiertäubchen oder ein Gartenlaubenpärchen.

»Du wirst nun auch das Joch einer verheirateten Frau zu spüren bekommen, die Schattenseite, die besonders das erste und zweite Mal bitter ist, weswegen ich unser Geschlecht für wenig beneidenswert halte«, schrieb ihr die Mutter, als Vicky angedeutet hatte, daß sie in anderen Umständen sei.

Die Geburt des ersten Kindes, am 27. Januar 1859, war schwer und gefahrvoll. Die Mutter war halbtot, dem Kind war der linke Arm beinahe aus dem Gelenk gerissen worden: Er blieb zeitlebens kürzer als der rechte.

Immerhin war es ein Sohn; die Thronfolge war gesichert. Nach seinem Großvater, dem Prinz-Regenten, erhielt er den Namen Wilhelm. Erwachsen sollte er den Eltern noch größeren Kummer bereiten, als Wilhelm II. der letzte König von Preußen und letzte Deutsche Kaiser werden.

Der Vater war auf den Thronerben so stolz, daß er schon am Säugling preußische Eigenschaften wahrzunehmen meinte: »Aus der gewölbten Brust schnarrt eine volltönige Stimme.« Als sich der einjährige Prinz die Uhr eines Mitglieds einer Berliner Bürgerdeputation griff, lachte Friedrich Wilhelm: »Da sehen Sie, was ein Hohenzoller einmal in seinen Händen hat, läßt er nicht mehr los!« Aber er glaubte auch eher zivile Anlagen erkennen zu können: »Aus den klaren, blauen Augen« spreche »ein sprudelnder, kleiner Verstand«.

Bereits am 24. Juli 1860 gebar Vicky zum zweitenmal, eine Tochter, die den Namen Charlotte erhielt und später mit dem Erbprinzen Bernhard von Sachsen-Meiningen vermählt wurde. Die Geburt verlief diesmal glücklicher, doch Vicky fand, daß ihr Mann die Schwierigkeiten des Kinderkriegens unterschätzte. Die weiteren Kinder kamen im Zweijahresrhythmus: 1862 Heinrich, 1864 Sigismund, der nur zwei Jahre alt wurde, 1866 Victoria, 1868 Waldemar, der mit elf verstarb, 1870 Sophie und 1872 Margarethe.

Sie kamen als Kinder des Kronprinzen und der Kronprinzessin von Preußen zur Welt. Am 2. Januar 1861 standen Fritz und Vicky am Sterbebett König Friedrich Wilhelms IV., der kurz nach Mitternacht seinem Gehirnleiden erlag. Der Vater, nun König Wilhelm I. von Preußen, war bereits vierundsechzig, hatte vor drei Jahren, bei der Übernahme der Regentschaft, erklärt: »Was kann ich noch tun, als meinem Sohn den Weg zu bereiten?« Für den neunundzwanzigjährigen Kronprinzen schien der Thron in greifbare Nähe gerückt zu sein.

7

Schicksalsjahr 1862

Die Richtung gab Wilhelm I. am 18. Januar 1861 an. Vor dem Denkmal Friedrichs des Großen in Berlin weihte er 142 Fahnen und Standarten der neu aufgestellten Bataillone und Regimenter. Das war ein Ergebnis seiner Heeresorganisation, die er als Prinz-Regent begonnen hatte und als König durchsetzen wollte – mit oder ohne Abgeordnetenhaus, das die Mittel für die Heeresvermehrung erst provisorisch genehmigt hatte.

Die zur Fahnenweihe aufmarschierten Truppen befehligte Kronprinz und Generalleutnant Friedrich Wilhelm von Preußen. Der Thronfolger eines Soldatenstaates billigte die Verstärkung des Heeres. Da er aber einen Verfassungsstaat anvisierte, hätte er auf die Zustimmung der Volksvertreter Wert gelegt.

Bekenntnisse zum Rechtsstaat legte der Kronprinz bei seinen ersten zivilen Amtshandlungen ab. Vor den Räten des Berliner Kammergerichts erklärte er, daß »nur durch die höchste Achtung vor dem Gesetze eine sichere Grundlage für ein gesundes Staatsleben geschaffen werden kann«. Bei seiner Ernennung zum Statthalter von Pommern – ein preußischen Thronfolgern übertragenes Repräsentationsamt – bekräftigte er: »Für mich wird das Gesetz stets als oberste Richtschnur gelten.« Damit meinte er auch das Verfassungsgesetz, in dem Volksrechte festgeschrieben und der Weg des Zustandekommens von Staatsgesetzen vorgeschrieben war.

Und er dachte an einen von Freisinn erfüllten Kulturstaat. Der in Vergessenheit geratene Grundsatz Friedrichs des Großen, in seinem Lande könne jeder nach seiner Façon selig werden, sollte wieder beherzigt werden, mit der Einschränkung, daß die Fassonierung von den Kirchen nicht zu Lasten von Nichtgläubigen oder Andersgläubigen mißbraucht würde.

Toleranz sollte in Preußen geübt werden, in dem der Pietismus Friedrich Wilhelms IV. nachhallte und schon, von neuen Rassenlehren angestimmt, antisemitische Töne laut wurden. Der Kronprinz, ein Freimaurer, erreichte es, daß Israeliten, die von auswärtigen Logen aufgenommen worden waren, in den preußischen Großlogen Zutritt erhielten. Eine direkte Aufnahme von Staatsangehörigen jüdischen Glaubens vermochte er bei seinen preußischen Logenbrüdern nicht durchzusetzen.

Diese Essentials eines liberalen Staates waren ihm vornehmlich vom englischen Prinzgemahl nahegelegt worden. Der Coburger Albert verstärkte seine Bemühungen, nachdem der Schwiegersohn als Kronprinz dem Thron und damit die Aussicht auf eine Anwendung des Gelernten nähergerückt war. Aber noch im selben Jahre, am 14. Dezember 1861, starb der Mentor, in einem Moment, da sich in Preußen der Streit um die Heeresreorganisation zugespitzt hatte.

Die Tochter des Verblichenen, die preußische Kronprinzessin, die Princess Royal von England, hatte bisher die Rolle eines Transformators der väterlichen Intentionen gespielt. Nun meinte sie, die Hauptrolle übernehmen, selber die Kraftquelle sein zu müssen. In der Folgezeit gingen von ihr die stärksten Impulse aus, mit denen der Kronprinz, ihr Gemahl, auf liberalem Kurs gehalten und vorangebracht werden sollte.

Die anderen Berater des Kronprinzen wirkten eher retardierend. Ernst von Stockmar war kein Weltmann wie sein Vater, sondern ein gelehrter Stubenhocker, der Prototyp eines deutschen Altliberalen, dem mehr an der Demonstration von Überzeugungen als an deren Umsetzung in politische Macht gelegen war. Max Duncker hielt den Mittelweg für golden, auch wenn er in eiserne Zeiten führte, die aber dem überzeugten Preußen nicht von vornherein unsympathisch waren. Der ehemalige Kieler Rechtsprofessor Karl Friedrich Samwer, der Mitglied des Staatsministeriums Herzog Ernsts II. von Sachsen-Coburg-Gotha geworden war, dachte primär daran und sprach immer davon, daß das stammverwandte Schleswig-Holstein heim in ein freilich noch zu gründendes deutsches Nationalreich geholt werden müsse.

Doch die nationalen und liberalen Hoffnungen wurden 1861 gedämpft. Als Prinz-Regent hatte Wilhelm moralische Eroberungen in Deutschland versprochen. Kaum König geworden, schien er eher an militärische Eroberungen zu denken, den Soldatenkönig zu spielen.

Die Heeresvermehrung von 150 000 auf 220 000 Mann Präsenzstärke wäre von deutschen Liberalen hingenommen, von preußischen Liberalen vielleicht sogar begrüßt worden, wenn sie nicht unter Mißachtung des Parlaments und unter Rückwendung zu Prinzipien und Praktiken des altpreußischen Militärstaates erfolgt wäre.

Mitglieder des Nationalvereins setzten auf eine starke preußische Zentralgewalt und Militärmacht. Liberaldemokraten erinnerten sich an das Vorbild der allgemeinen Wehrpflicht in Preußen, die »Levée en masse« der Französischen Revolution, der man nun durch mehr Wehrgerechtigkeit – durch die jährliche Einziehung von 63 000 statt bisher 40 000 Rekruten – näherkommen wollte.

Diesem Fortschritt folgten jedoch Rückschritte im umgekehrten Rhythmus der Echternacher Springprozession, nämlich auf den einen Schritt vorwärts zwei Schritte zurück. Die bürgerliche Landwehr wurde aus dem Feldheer ausgeschieden, das nun wieder, wie vor der preußischen Militärreform in der Napoleonischen Zeit, ein von Elementen eines Volksheeres gesäubertes Königsheer sein sollte – eine auf den monarchischen Kriegsherrn ausgerichtete, vom adeligen Offizierskorps auf preußischer Linie gehaltene Linientruppe.

Deshalb bestand Wilhelm I. auf der dreijährigen Dienstzeit. In zwei Jahren, meinte er, könne man aus einem Rekruten einen Gemeinen machen, aber erst im dritten Jahre »bekäme er Sinn für die Würde des Rocks, für den Ernst des Berufes und zöge der Standesgeist bei ihm ein«, den jede Armee, vor allem die königlich preußische Armee, brauche.

Widerspruch wurde laut. Bürger, die schon genug Steuern bezahlten, beklagten die Mehrkosten von 9,5 Millionen Talern im Jahr. Unternehmer hätten die zusätzlich Eingezogenen lieber im Arbeitsprozeß als im Kasernendienst gesehen. Liberale aller Schattierungen kritisierten Geist wie Inhalt der Heeresorganisation, wollten den Abbau der Landwehr vermeiden und die Dienstzeit auf zwei Jahre herabsetzen.

Doch preußische Liberale wollten sich nicht Militärfeindlichkeit nachsagen lassen. Das Abgeordnetenhaus, in dem die Liberalen die absolute Mehrheit besaßen, bewilligte zweimal das neue Heeresbudget – aber nur als Provisorium. Nach dessen Ablauf sollte die Reorganisation reorganisiert werden. Wilhelm I. hingegen betrachtete das Provisorium als Definitivum und schuf vollendete Tatsachen.

Das brachte Liberale nicht nur gegen den König auf, sondern auch gegen jene Kollegen im Abgeordnetenhaus, die ihm nicht entschieden genug zu widersprechen wagten. Die Regierung »nicht drängeln« zu Reformen, hatte seit Beginn der »Neuen Ära« Georg von Vincke seiner Fraktion gesagt. Nun, da die Ära vom Monarchen beendet wurde, sah sie sich selber in die Ecke gedrängt.

Von Vinckes Altliberalen trennten sich »entschiedene Liberale«, vor allem aus Ostpreußen und Danzig, taten sich mit Berliner Demokraten und linken Mitgliedern des Nationalvereins zusammen und gründeten im Juni 1861 die Deutsche Fortschrittspartei. Ihr Aktionsprogramm forderte für Preußen »eine feste liberale Regierung, welche ihre Stärke in der Achtung der verfassungsmäßigen Rechte der Bürger sieht«, im einzelnen Ministerverantwortlichkeit, Selbstverwaltung, eine liberale Wirtschaftsgesetzgebung und eine gerechte Verteilung der Steuerlast, Zivilehe, zweijährige Militärdienstzeit und Erhaltung der Landwehr. Ein solches liberales Preußen müßte und könnte Deutschland unter preußischer Zentralgewalt und mit einer deutschen Volksvertretung einigen.

Hier der Altliberalismus, der sich in Deklamationen erschöpfte, auf Ausgleich mit Monarchismus und Feudalismus bedacht blieb – und dort der Fortschrittsliberalismus, der zur Tat drängte, zum politischen Kampf um staatliche Macht: Die Anfang der sechziger Jahre im preußischen Liberalismus aufgebrochenen Gegensätze trug Friedrich Wilhelm in sich selbst, und ihr Widerstreit hemmte den Widerspruch des Kronprinzen gegen die altpreußische Reaktion, mit der er in Tuchfühlung stand.

»Das Reformwerk ist eine Existenzfrage für Preußen, es muß vollbracht werden«, erklärte Kriegsminister Albrecht von Roon. Seine »reaktionäre Gesinnung« hatte er bereits 1848 der nunmehrigen Königin Augusta offenbart, die der irrigen Meinung gewesen war, er könnte ihren Sohn in fortschrittlichem Sinne erziehen. Nun bedeutete Roon dem Kronprinzen, daß von der Durchsetzung der

Heeresreorganisation mit der Zukunft der Monarchie auch dessen eigene als Thronfolger abhänge. Preußen, das von seinen Königen geschaffen worden war, müsse von ihnen zusammengehalten werden, und dazu sei es notwendig, daß die Machtmittel, vor allem das Heer, in ihren Händen blieben. Schon war in Militärkreisen zu hören: Ein Kronprinz, der nicht ein Soldatenkönig werden wolle, müsse vom Thron ferngehalten werden.

Andererseits gab ihm die liberale Umgebung zu verstehen, daß seine Zukunft als Monarch erst recht gefährdet wäre, wenn das Volk, jedenfalls dessen liberale Elite, nicht im Staate mitbestimmen, bei Hauptsachen, wie der Heeresreorganisation, nicht mitentscheiden dürfte. Wer Reformen verhindere, beschwöre Revolutionen herauf; die Alternative zur konstitutionellen Monarchie sei die demokratische Republik. Nur ein Bürgerkönig, kein Soldatenkönig könnte die erstere bewahren und die letztere verhindern.

Seine Frau hielt ihm das englische Beispiel vor Augen. Dort war einmal ein König geköpft worden, der sich dem Volke nicht gebeugt hatte. Und seine Nachfolger hatten Kopf wie Krone behalten, weil sie sich mit dem Volke arrangiert hatten. Vicky ging weiter als Max Duncker: Nicht der konstitutionellen, sondern der parlamentarischen Monarchie gehöre die Zukunft. Von Fortschritten in diese Richtung hänge das Schicksal ihres Mannes und ihrer Kinder ab.

Soldatenkönig, Bürgerkönig oder Parlamentskönig – ein König jedenfalls wollte Friedrich Wilhelm werden, der nicht nur Macht ausübte, sondern auch Würde ausstrahlte, dem das »Hurra« der Soldaten wie das »Hoch« der Zivilisten galt. Das Königsbild des preußischen Romantikers war von mittelalterlichen Vorstellungen mitbestimmt: In prachtvollem Rahmen sollte es erscheinen, mit Krone und Zepter, in Purpur und Hermelin, in der Aureole des Gottesgnadentums und nicht ohne Reichsschwert.

Der Vater, Wilhelm I., schien auf solche Attribute ebenfalls Wert zu legen. Der neue König wollte sein Amt nicht ohne Demonstration der Königsherrlichkeit antreten. Zuerst dachte er an eine Erbhuldigung durch die Stände der Provinzen, eine aus feudalen Zeiten überkommene Zeremonie, in denen es noch keine Konstitution und keine Kammer gegeben hatte. Die liberalen Minister erhoben Einspruch, dem sich der Kronprinz anschloß. Der König müsse wie ein mittelalterlicher Kaiser gekrönt werden, meinte er, in Berlin, der Hauptstadt des erträumten Nationalreiches.

Wilhelm I. entschloß sich zu einer Krönung, die jedoch in Königsberg stattfinden sollte, wo sich der erste preußische König, Friedrich I., die Krone selber auf das Haupt gesetzt hatte. Das war 1701, im Zeitalter des Absolutismus, gewesen. Die Erinnerung an diese wahrhaft königlichen Zeiten war ihm das Geld wert, das er dafür seiner Privatschatulle entnehmen mußte; denn das Abgeordnetenhaus hätte für eine derartige Kundgebung traditioneller Königsmacht keinen roten Heller genehmigt.

Friedrich Wilhelm war zufrieden, daß es überhaupt eine Krönung geben sollte, und er half mit, sie so feierlich wie möglich zu gestalten. Selbst Vicky, die zunächst von solchem Zinnober nichts wissen wollte, wurde eingespannt, zeichnete Entwürfe für den Krönungsmantel der Königin sowie für Kleider und Schleppen der Hofdamen. Schließlich fand sie Gefallen an einer Feierlichkeit, die ihr Gelegenheit bot, ihr künstlerisches Talent zu zeigen, sich ihrem Faible für Eleganz hinzugeben, und die ihr einen Vorgeschmack auf ihre wohl in nicht allzu ferner Zukunft liegende eigene Krönung gab.

Der Kronprinz betonte das Mittelalterlich-Deutsche, legte Wert auf eine gewisse Distanz zum Königlich-Preußischen und leistete sich einen zivilen Akzent. Im Krönungszug am 18. Oktober 1861 schreitet er ohne Pickelhaube. Den Krönungsort, die Schloßkirche, findet er »in evangelischer Würde«, bei der Krönungszeremonie fasziniert ihn, »wie der König die Altarstufen emporsteigt, die Krone an den Bügeln erfaßt und sich aufs Haupt setzt, mit dem Antlitz nach dem Altar, wie er dann das Reichsschwert ergreift und sich der tausendköpfigen Versammlung zuwendet«, wie er das Schwert schwingt – »unbeschreiblich schön«.

Liberale fanden es unglaublich geschmacklos, hielten es für eine Drohung gegen alle, die der zeitgemäßen Auffassung waren, daß ein König seine Macht weniger unter Berufung auf Gott als mit Zustimmung seines Volkes ausüben sollte. Die Wähler gaben Wilhelm I. im Dezember 1861 einen Denkzettel. Die Konservativen schmolzen auf 14 Mandate zusammen. An die Spitze der Liberalen setzte sich mit 109 Abgeordneten die Fortschrittspartei, vor den Altliberalen mit 91 und der liberalen Mitte mit 50 Sitzen.

Die Mehrheit lehnte es ab, die Mittel für die Heeresreorganisation wiederum provisorisch zu bewilligen. Wilhelm I., der sich nicht zum »Sklaven des Parlaments« machen lassen wollte, löste am 11. März 1862 das widerspenstige Abgeordnetenhaus auf und hoffte, durch Neuwahlen ein gefügigeres zu bekommen. Die liberalen Minister, die verblieben waren und nun wegen »Unterlassung eines gesetzlichen energischen Einflusses auf die Wahlen« gerüffelt wurden, traten zurück. Der Monarch berief ein konservatives Ministerium unter dem Prinzen Adolf von Hohenlohe-Ingelfingen, das erfolglos Landräte und Rittergutsbesitzer mobilisierte und vergeblich auf eine der Obrigkeit nützende Auswirkung des Dreiklassenwahlrechts hoffte.

Die Neuwahlen am 6. Mai 1862 brachten den Gegnern der Heeresreorganisation und Gegenspielern der monarchischen Allmacht einen glänzenden Sieg, den Befürwortern und Beschwichtigern eine vernichtende Niederlage. Die Konservativen behielten lediglich 11, die Altliberalen nur noch 19 Mandate. Die Fortschrittspartei erhielt 133, die liberale Mitte 96 Sitze.

Wenn Preußen ein parlamentarisches Regierungssystem gehabt hätte, wäre eine Umwälzung fällig gewesen. Immerhin war eine parlamentarische Gesetzgebung in der Verfassung vorgeschrieben. Dies bedeutete, daß ohne einen von der Volksvertretung bewilligten Haushalt nicht regiert werden durfte. Obwohl er auf die Verfassung geschworen hatte, neigte Wilhelm, von den Stockpreußen gedrängt, immer mehr dazu, auch ohne parlamentarisch genehmigtes Budget weiterzumachen.

Bei den Liberalen wuchs die Sorge, daß er dies tatsächlich tun könnte, mehr geführt als unterstützt von einem starken Mann. Schon wurde der Name des in der »Neuen Ära« als Gesandter am Frankfurter Bundestag abgelösten und nach St. Petersburg versetzten Otto von Bismarck genannt. Dieser Junker sei nur zu gebrauchen, wo das Bajonett schrankenlos walte, hatte seinerzeit Friedrich Wilhelm IV. gemeint und eine Berufung in das Ministerium abgelehnt. In einem Preußen aber, das wieder auf Bajonettspitzen gestellt werden sollte, schien Bismarck der rechte Mann am schwierigen Platz zu sein.

»Man fängt an zu sagen, der Kandidat für ein neues konservatives Ministerium sei Bismarck-Schönhausen«, hatte der Kronprinz

*Karikatur aus dem »Kladderadatsch« 1862:
Bismarcks Haltung zur Verfassung*

bereits am 11. März 1862 der in England weilenden Kronprinzessin mitgeteilt. »Ich kann mich zu diesen Möglichkeiten nicht bequemen, wiewohl faktisch keine Kapazitäten vorhanden sind, man blicke, wohin man will. Welche Aussichten! Und dennoch überschlagen sich Männer wie Duncker nicht bei diesem Namen, weil dessen Träger unternehmenden Charakters und ein Schrecken der Mittelstaaten ist.«

»Nur um Gottes willen *den nicht* zum Minister«, schrieb Vicky postwendend zurück. »Es ist eine ganz falsche Rechnung zu glauben, daß ein Mann wie Bismarck unserem Land dienen kann, der gewiß alles wagt und der Schrecken aller ist, weil er keine Grundsätze hat!« Sie wiederholte zum hundertsten Mal die Prinzipien, die es in Preußen zu verwirklichen gelte, zu dessen Nutzen und zum Segen für Deutschland: Freisinn, Freiheit, Rechtlichkeit und Verfassungstreue. Und sie beschwor ihn zum tausendsten Mal: »Bitte, bitte, Herzensmann, höre auf Dein kleines Frauchen...«

Vicky kannte die Schwachstelle ihres Siegfrieds. »Ich fürchte, daß Du zu gut bist und denkst, Deine Pflicht zu erfüllen, wenn Du Deine Meinung dem lieben Papa opferst. Du hast denn doch andere Pflichten, die, meine ich, vorgehen.«

Friedrich Wilhelm war Preuße genug geblieben, um zu wissen, daß ein Kronprinz in Loyalität zum König zu stehen hatte. Überdies hatte der Sohn Respekt vor seinem Vater, bewunderte seine Entschlossenheit und Tatkraft, die er, der so wenig davon besaß, für weit größer hielt, als sie es tatsächlich waren. Eine Widerrede, befürchtete er, könnte ihn das väterliche Wohlwollen kosten, und ein offener Widerstand die Aussicht auf den Thron. Schon wurde in Militärkreisen erwogen, seinen Vetter Friedrich Karl als Thronfolger aufzubauen.

Seine liberalen Prinzipien wollte er sich freilich nicht nehmen lassen, aber er hielt sie so hoch, daß ihm der königlich preußische Weg nicht versperrt wurde. Skrupeln, die ihn dabei überkamen, suchte Duncker mit dem Hinweis zu begegnen, daß er auch im stillen für den Liberalismus wirken könne, bis seine Stunde gekommen sei. Die Gewissensbisse, die er darüber nicht verlor, wurden durch seine Frau verschärft: »Wenn Du nur Dir selber treu bleibst und nicht vergissest qu'il faut avoir le courage de ses opinions.«

Zivilcourage zeigten in dieser Soldatendynastie nur die Frauen. Königin Augusta, die weiterhin die Einigung Deutschlands durch ein liberales Preußen anstrebte, scheute keine Auseinandersetzung mit ihrem Mann, der dieses Ziel zu verbauen schien. Friedrich Wilhelm, der seiner Frau versicherte, er sei völlig eins mit der von ihr empfohlenen »notwendigen freiheitlichen Politik nach innen wie nach außen«, verlor alle Sicherheit, wenn ihm der Vater eine liberale Gesinnung vorwarf.

Die »freiere Auffassung« des Kronprinzen werde von den demokratischen Zeitungen als Opposition gegen den König hingestellt, tadelte der Vater und ermahnte den Sohn, künftig in der Wahl seines Umganges vorsichtiger zu sein. »Es ist doch wahrlich ein himmelhoher Unterschied zwischen der freien Ansichtsäußerung eines unbefangenen Menschen und einem Opponieren, so daß man faktisch gegen seinen König und Herrn auftritt«, klagte Friedrich Wilhelm seiner Frau. »Papa ist sonst gut für mich wie immer, aber wie ich den Abend vor dem Schlafengehen geheult und geschluchzt habe, glaubst Du nicht.«

Selbst Vicky ließ sich, wenigstens für einen Augenblick, erweichen: Friedrich Wilhelm möge sich die nächste Zeit von den Geschäften fernhalten und Auseinandersetzungen mit dem König aus dem Wege gehen. »Gegen ihn opponieren *kannst und sollst* Du nicht, und Deine liberalen Ansichten opfern *darfst* Du nicht, es gibt also nur ein Mittel, die beiden zu vereinigen: schweigen!«

So warteten die Liberalen vergebens auf ein Wort des Kronprinzen, auf den sie einige Hoffnungen gesetzt hatten, und das in einer Situation, in der sich der Streit zwischen den durch die Neuwahlen gestärkten Liberalen und der konservativen Regierung Hohenlohe-Ingelfingen zuspitzte.

Die Minister, selbst Roon, hatten einen Kompromiß, die zweijährige Dienstzeit, erwogen und im Abgeordnetenhaus Entgegenkommen gefunden. Doch Wilhelm I. hielt – in der Ministerratssitzung am 17. September 1862 – mit dem Starrsinn eines Militärexperten und der Unbeugsamkeit eines altpreußischen Königs an der dreijährigen Dienstzeit fest.

Roon beugte sich, Hohenlohe-Ingelfingen und einige seiner Minister boten den Rücktritt an. Das düpierte Abgeordnetenhaus verweigerte die Mittel für die Heeresreorganisation.

Jetzt könne nur noch Bismarck helfen, meinte Roon. Der König zögerte, »einen Mann, der alles auf den Kopf stellen wird«, zu berufen. Telegraphisch beorderte er den Kronprinzen, der sich in Reinhardtsbrunn bei Gotha mit der dort auf Besuch weilenden Queen Victoria besprach, nach Berlin. Er werde dem Parlament nicht nachgeben, keinen Fingerbreit vom Königswege abweichen, eröffnete er dem Sohn am Morgen des 19. September 1862. Sein Ministerium habe ihn alleingelassen. Bismarck gedenke er nicht zum Ministerpräsidenten zu machen, denn »er hege einen geheimen Widerwillen gegen diesen Menschen«. So bliebe nur ein Ausweg: Abdanken und die Krone »dem recht- und gesetzmäßigen Nachfolger zu übergeben, der noch keine geschichtliche und bindende Vergangenheit hat«.

Die Abdankungsurkunde – so der König zum Kronprinzen – sei bereits aufgesetzt. Es fehle nur noch das Datum und die Unterschrift. Friedrich Wilhelm möge sie lesen und billigen. Doch der Sohn weigerte sich, die Urkunde auch nur einzusehen. Ein Nachgeben in der Heeresfrage würde einigen Schaden bringen, eine Abdankung des Königs aber einen weit größeren, stellte er dem Vater vor. Es wäre ein gefährlicher Präzedenzfall für die Zukunft, wenn ein Monarch wegen Parlamentsbeschlüssen abdanke.

Der König aber beharrte auf seinem Vorhaben. Der Kronprinz eilte zu den Ministern Schleinitz, Bernstorff und von der Heydt, beschwor sie, dem Monarchen vorzuhalten, in welche Verlegenheit eine Abdankung den Nachfolger stürzen würde. So oder so, man komme um das Zugeständnis der zweijährigen Dienstzeit nicht herum, erhielt er zur Antwort.

»Die Lage ist wirklich ganz schrecklich«, schrieb er seiner in Reinhardtsbrunn gebliebenen Frau. »Meine Meinung ist die, daß, wenn der König nicht abdiciert, es kein Haar besser wird«, erwiderte Vicky und beschwor ihn, auf das Thronangebot einzugehen. »Wenn Du es nicht annimmst, glaube ich, daß Du es einst bereuen wirst, jedenfalls möchte ich nicht die Verantwortung auf mich nehmen, abgeraten zu haben.«

Einen Monat vor seinem 31. Geburtstag stand Friedrich Wilhelm vor der wichtigsten Entscheidung seines Lebens. Wenn er die Krone angenommen hätte, wäre dem Liberalismus, den er hegte, eine Gasse in Preußen geöffnet worden, und das Parlament, dessen verfassungsmäßige Rechte er respektierte, »einer der Regierungsfaktoren« geworden, die er für notwendig hielt. Preußen hätte in Deutschland »moralische Eroberungen« machen können, ohne auf die Ultima ratio der Heeresmacht verzichten zu müssen. Denn, wie Vicky es wahrscheinlich richtig sah: Wenn er auf den Thron gekommen wäre und ein liberales Ministerium berufen hätte, wäre die Reorganisation der Armee ohne Verletzung des Verfassungsrechts vonstatten gegangen.

Er hätte Liberales und Nationales erreichen können, ohne Preußisches und Militärisches aufgeben zu müssen. In zeitgemäßer Form wären Krone und Parlament, Dynastie und Volk verbunden worden. Preußen wie Deutsche hätten seine Thronbesteigung als Signal für das Avancieren der fortschrittlichen Kräfte in Richtung des Jahrhundertziels »Nation und Verfassung« begrüßt.

Aber – und hier begannen seine Bedenken – hätte dieser Weg, an dessen Anfang eine Niederlage der Monarchensouveränität gestanden wäre, nicht zum Sieg der Volkssouveränität geführt, über die Etappen der konstitutionellen und parlamentarischen Monarchie hinaus zu einer demokratischen Republik? Wäre der neue König, der unter solchen Umständen die Herrschaft erlangt hätte, nicht mit dem Brandmal eines Königsstürzers gezeichnet, von vornherein geschwächt gewesen?

Über den gefallenen Vater hinweg wollte er den Thron nicht besteigen. Dies wäre ihm von der Junkerpartei und dem Offizierskorps, die unter einem Bürgerkönig ihre Herrschaft gefährdet gesehen hätten, wahrscheinlich gar nicht gestattet worden. Selbst wenn sie es hingenommen hätten – ein preußisches Königtum, das sich auf das Bürgertum statt auf den Adel gestützt hätte, wäre auf Sand gebaut gewesen.

Wollte Friedrich Wilhelm überhaupt die Macht? Er war vom Liberalismus alter Schule geprägt, für den Macht an sich böse und Machtausübung selbst für ideale Zwecke problematisch war. Die Skrupel wäre er nie losgeworden, selbst wenn er die Energie aufgebracht hätte, Herrschergewalt zu erringen und festzuhalten. Das Attribut der Macht, die Herrlichkeit, hätte er gerne genossen, aber er scheute die Anstrengungen, mit der sie gewonnen werden mußte, und fürchtete die Konflikte, die bei ihrer Aufrechterhaltung nicht ausbleiben konnten.

Er war keine Kämpfernatur. Vicky kannte ihren Friedrich Wilhelm. »An sich selbst darf man jetzt nicht denken und was *wir* beide für schwere Tage haben würden und welch unangenehme Pflicht, ist ganz einerlei«, bedeutete sie ihm am 20. September 1862, »wir müssen nur an das Land denken und an unsere Kinder, die einst wiedergutzumachen haben werden, was wir verfehlen.«

Doch am Tage zuvor hatte sich Friedrich Wilhelm gegen die Annahme der Krone entschieden und damit, was er nicht ahnte, für eine endlos lange, zermürbende Kronprinzenzeit. Der 19. September 1862 war nicht nur sein schwarzer Tag, sondern auch, was manche voraussahen, ein Schicksalstag des deutschen Liberalismus, der eine Chance verlor.

»Was wäre gewesen, wenn...« – die Frage, die seit 1888, nach der nur 99tägigen Regierungszeit Friedrichs III., gestellt wurde, hatte sich bereits 1862 erhoben, als er die vom Vater gebotene Krone nicht annahm. Eine Beantwortung hätte schon damals berücksichtigen müssen, daß Deutschlands liberaler Hoffnungsträger einer Machtübernahme wenig geneigt und zur Machtausübung kaum geeignet war.

Am 19. September 1862 hatte Friedrich Wilhelm das Feld geräumt, am 20. September 1862 trat der Machtpolitiker auf den Plan. Otto von Bismarck war von Roon aus Paris herbeigerufen worden, um sich Wilhelm I. als Verteidiger des Monarchenregiments gegen den Angriff der Parlamentarier zur Verfügung zu stellen.

Bevor er zum König ging, wollte ihn der Kronprinz sehen. Friedrich Wilhelm erklärte, daß auch er für die Heeresreorganisation eintrete, betonte jedoch, daß eine solche einschneidende Maßnahme nicht ohne Zustimmung der Volksvertretung ergriffen werden dürfe. Bismarck wollte sich dazu vor der Begegnung mit dem König nicht äußern. Wilhelm I. gefiel es nicht, daß er der Einladung des Kronprinzen gefolgt war. »Mit dem ist auch nichts«, sagte Roon, »er ist ja schon bei meinem Sohne gewesen.«

Am 22. September ließ sich Wilhelm I. von Bismarck in Babelsberg überzeugen, daß der altmärkische Junker das Zeug dazu hätte, die Liberalen in die Schranken zu weisen, und den Schneid, auch ohne und gegen die Mehrheit des Abgeordnetenhauses zu regieren, notfalls unter Umgehung der Verfassung. »Dann ist es meine Pflicht«, erklärte der König, »mit Ihnen die Weiterführung des Kampfes zu versuchen, und ich abdiziere nicht.« Noch am 22. September 1862 wurde Bismarck zum interimistischen Vorsitzenden des Staatsministeriums, zwei Tage später zum Ministerpräsidenten ernannt.

Nun hatte ihn der König also doch berufen. Alle Welt wittere Reaktion, kommentierte der Kronprinz, die Opposition verhärte sich und dem Vater wie ihm stünden angesichts des »unwahren Charakters« wie des herrischen Wesens Bismarcks schwere Stunden bevor. »Arme Mama, wie bitter wird gerade dieses ihres Todfeindes Ernennung sie schmerzen!« Und was würde erst Vicky sagen! Er fuhr zu ihr nach Reinhardtsbrunn zurück, hörte sich ihre Ausfälle gegen den »wicked man« an und warnte Bismarck schriftlich vor einem Verfassungsbruch.

Der neue Ministerpräsident trat vor die Budgetkommission des Abgeordnetenhauses, das aus dem Haushalt die Mittel für die Heeresreorganisation gestrichen hatte, sagte den Kampf an und verwies auf sein Ziel: »Nicht auf Preußens Liberalismus sieht Deutschland, sondern auf seine Macht; Bayern, Württemberg, Baden mögen dem Liberalismus indulgieren, darum wird ihnen doch keiner Preußens Rolle anweisen; Preußen muß seine Kraft zusammenfassen und zusammenhalten auf den günstigen Augenblick, der schon einige Male verpaßt ist; Preußens Grenzen nach den Wiener Verträgen sind zu einem gesunden Staatsleben nicht günstig; nicht durch Reden und Majoritätsbeschlüsse werden die großen Fragen der Zeit entschieden – das ist der große Fehler von 1848 und 1849 gewesen –, sondern durch Eisen und Blut.«

Friedrich Wilhelm schauderte, und es schlug ihm das Gewissen. Hätte er nicht doch die Krone annehmen sollen, um diese Wendung zu verhüten? Hätte er nicht für die liberale Sache eintreten müssen, anstatt liberale Minister im Stich zu lassen und liberale Abgeordnete vor den Kopf zu stoßen? Er verwünsche alles, bekannte er, was er getan habe, um die Gegensätze zwischen seinem Vater und dem liberalen Ministerium zu verkleistern.

Der Reue aber folgte kein Vorsatz. Er hörte nicht auf Max Duncker, der auf ihn einredete, er müsse nun wenigstens die übriggebliebenen liberalen Minister unterstützen. Das habe nun keinen Sinn mehr, meinte Friedrich Wilhelm. Er hatte Bismarck gesehen, dem der Wille zur Macht aus den Augen blitzte. Mit einem solchen Manne wagte er sich nicht zu messen.

So beschloß er, dem Ministerpräsidenten, wenigstens für die nächste Zeit, aus dem Wege, politisch in Deckung, außer Landes zu gehen. Mit dem, was nun in Preußen anhob, wollte er nicht in Verbindung gebracht werden. Das Alibi, daß er sich dabei verschaffte, hoffte er für ein Comeback nützen zu können.

Mit diesem Rückzug hatte er freilich, wie der liberale Historiker Martin Philippson resümierte, »Bismarck den Weg völlig frei gemacht. Ohne es zu ahnen, hatte er sich auf ein Vierteljahrhundert hin, ja auf immer zur politischen Bedeutungslosigkeit verurteilt.«

»Wenn ich ein Mann wäre, würde ich mich nicht ein bißchen fürchten, weil ich nicht im Zweifel wäre, welche Haltung ich einnehmen müßte, und mich wenig um den Widerspruch kümmern würde, den ich fände«, bemerkte Vicky. »Aber mit Fritz ist es anders.« Er sei eben nicht »als freier Engländer geboren, und nicht alle Preußen besitzen das Gefühl der Unabhängigkeit, die Liebe zu Gerechtigkeit und verfassungsmäßiger Freiheit, die sie haben sollten«.

Auf einem englischen Schiff, der königlichen Yacht »Osborne«, ging sie mit ihrem Preußen auf die Reise, in Begleitung ihres Bruders Albert Eduard, des Prinzen von Wales. Im Herbst des Schicksalsjahres 1862 fuhr Friedrich Wilhelm in das Mittelmeer, an dessen Ufern seit jeher deutsche Schwärmer und Romantiker Zuflucht gesucht hatten.

8

Recht oder Macht

Die Ruinen von Karthago besichtigte Friedrich Wilhelm, nachdem sein politisches Traumreich zusammengebrochen war. Er bestieg den Vesuv, während in Preußen der Vulkan Bismarck ausbrach. In Rom gedachte er des verstorbenen Onkels, Friedrich Wilhelms IV., der als Kronprinz lieber in der Ewigen Stadt geblieben wäre, als in die preußische Gegenwart zurückzukehren.

In Berlin war der Verfassungskonflikt entbrannt. Bismarck hatte ohne bewilligtes Budget zu regieren begonnen. Den Verfassungsbruch kaschierte er mit seiner »Lückentheorie«: Die Auseinandersetzung um die Heeresreorganisation habe eine Lücke in der Verfassung offenbart, welche die Regierung ausfüllen müsse, indem sie einmal bewilligte Steuern weiter erhebe, die Staatsausgaben decke und die Staatsaufgaben erfülle, auch wenn kein Haushalt verabschiedet worden sei.

Damit werde Verfassungsrecht verletzt, die Volksvertretung ausgeschaltet, entgegneten die Liberalen. Das Abgeordnetenhaus stellte mit 255 gegen 68 Stimmen einen Verfassungsbruch fest. Bismarck erwiderte: Die Verfassung beruhe auf dem Gleichgewicht von König und Kammern, das durch Kompromisse im Lot gehalten werden müsse. »Wird der Kompromiß dadurch vereitelt, daß eine der beteiligten Gewalten ihre eigene Ansicht mit doktrinärem Absolutismus durchführen will, so wird die Reihe der Kompromisse unterbrochen, und an ihre Stelle treten Konflikte, und Konflikte, da das Staatsleben nicht stillzustehen vermag, werden zu Machtfragen; wer die Macht in Händen hat, geht dann in seinem Sinne vor.«

Den Kompromiß habe nicht ein Doktrinarismus der Kammermehrheit, sondern der Absolutismus der Krongewalt vereitelt, erwiderten die Liberalen. Sie alle empörte Bismarcks Zynismus der Macht. Linksliberale hätten sie freilich gerne selber in Händen gehabt, um in ihrem Sinne verfahren zu können, gegebenenfalls wie das englische Parlament, das seinerzeit kurzen Prozeß mit Karl I. gemacht hatte. Altliberale, die an so etwas nicht einmal im Traume dachten, riefen beide Seiten zum Maßhalten auf, erinnerten daran, daß die Legalität das Grundgesetz des monarchischen Legitimismus wie des Konstitutionalismus sei.

Ein sehr gemäßigter Achtundvierziger, Maximilian Graf von Schwerin-Putzar, der nicht mit der Fortschrittspartei, sondern mit den Konservativen gestimmt hatte, hielt andererseits Bismarck vor: »Der Satz, in dem die Rede des Ministerpräsidenten kulminiert – Macht geht vor Recht, sprecht was ihr wollt, wir haben die Macht, also werden wir unsere Theorie durchführen –, dies ist kein Satz, der die Dynastie in Preußen dauernd stützen kann. Der Satz, auf dem unsere Politik beruht, lautet umgekehrt: Recht geht vor Macht!«

Das war Kronprinz Friedrich Wilhelm aus der Seele gesprochen. Wie Schwerin-Putzar hielt er das Recht hoch, aber wie dieser wollte er nicht gegen die Regierung votieren, die das Recht beugte, und erst recht nicht gegen den König opponieren, der den Rechtsbrecher Bismarck schalten und walten ließ. Der Kronprinz verehrte seinen Vater, respektierte den König und Herrn, stand zur Armee, der Stütze des Thrones, den er in Bälde zu besteigen hoffte.

Dann könnte er im liberalen Sinne disponieren, doch hier und heute exponieren wollte er sich nicht. Dies dürfe der Kronprinz auch gar nicht, riet ihm Duncker, aber – wenn auch nicht coram publico – für die liberale Sache engagieren sollte er sich schon. Samwer, der andere Berater, meinte hingegen, Friedrich Wilhelm sollte sich absentieren, möglichst weit von Berlin entfernt Wartestellung beziehen, sich örtlich wie politisch der Neo-Reaktion fernhalten, um sich als »unabgenützte Kraft« zu erhalten.

Samwers Rat entsprach Friedrich Wilhelm mehr, weil er es ihm erlaubte, sein Bestreben, möglichst weit weg vom Schuß zu sein, als politische Klugheit, als staatsmännische Tugend des Abwartenkönnens auszugeben. Nur eine konsequente Entfernung von Berlin – ließ er Duncker wissen – könnte der Welt seine wahre Gesinnung zeigen. Denn – was anzunehmen sei – wenn er den

König nicht umzustimmen und Bismarck nicht aufzuhalten vermöchte, seine internen Widerreden jedoch dem Volk verschwiegen werden sollten und müßten, würde er in dessen Augen als Mitschuldiger dastehen. Ginge er aber auf räumliche Distanz, beweise er damit seine politische Distanzierung.

Emigrieren konnte er freilich nicht. Er war schon lange genug im Süden gewesen, von Oktober bis kurz vor Weihnachten 1862. Anfang März 1863 reiste er schon wieder, diesmal nach England. Vicky war vorausgefahren, hatte ihren vierjährigen Sohn Wilhelm mitgenommen, als könnte sie ihn nicht früh genug an die freiere Luft bringen. Ihr Gemahl führte auf Wunsch der Queen den Prinzen von Wales – den späteren König Eduard VII. – zur Trauung mit Alexandra von Dänemark. Für diesen Anlaß hatte er sich den Hosenbandorden mit Diamanten verzieren lassen. Auf Glanz brauchte er wenigstens nicht zu verzichten.

Bald mußte er wieder zurück, »hinter die Gitter«. Er schloß sich selber ein, ging gewissermaßen in die innere Emigration. Bei Sitzungen des Ministerrats, denen er sich nicht entziehen konnte, saß er wie eine Statue da, als »Memento mori«, wie Samwer bemerkte. Duncker bedauerte es, daß er nicht einmal hinter verschlossenen Türen den Mund aufmachte. Der Kronprinz verweigerte sich Versuchen der Minister, ihn zu Meinungsäußerungen zu bewegen. Er schwieg, weil er bei der Regierung nicht anecken und sich bei der Opposition nichts verbauen wollte. Er protestierte stumm gegen das, was ihm nicht paßte – in das er sich jedoch stillschweigend fügte.

Der Kronprinz setzte sich von den Regierungsgeschäften, sonderte sich von der Hofgesellschaft ab, zog sich nun aus der preußischen Gegenwart in die preußische Geschichte zurück. Namentlich die Zeit und die Figur des Großen Kurfürsten sprachen ihn an. Er ließ sich einen Siegelring des Ahnen zeigen. Wenn er ihn an den Finger steckte, gab ihm ein Hofbeamter zu verstehen, würde die Willenskraft des Großen Kurfürsten auf ihn übergehen.

Sie spotteten über ihn und fürchteten immer noch seinen Liberalismus, die Aktivisten und Mitläufer der neuen Reaktion. Als der sechsundsechzigjährige Wilhelm I. Ende Januar und wiederum Ende Mai 1863 ernsthaft erkrankte, wurde erwogen, für den Fall der Notwendigkeit einer Stellvertretung nicht den Kronprinzen einzusetzen, sondern den Bruder des Königs, Prinz Karl, dessen stockpreußische Gesinnung über jeden Zweifel erhaben war.

Seit der Berufung Bismarcks im September 1862 hatte der König mit dem Kronprinzen kein Wort über Politik gesprochen. Es wurmte ihn, daß er mit dem Gedanken an Abdankung Schwäche gezeigt hatte, er beglückwünschte sich, die Krone nicht seinem mit der Opposition liebäugelnden Sohn ausgeliefert zu haben, und es fuchste ihn, daß Friedrich Wilhelm zwar äußerlich Ordre parierte, aber innerlich obstinat blieb.

Und die Volksgunst, die der König verlor, schien der Kronprinz zu gewinnen. Am 17. März 1863, bei der Grundsteinlegung des Denkmals für Friedrich Wilhelm III., empfingen die Berliner den Vater mit Schweigen, den Sohn jedoch, der die aufmarschierenden Truppen befehligte, mit Beifall. Es störte sie nicht, daß der Kronprinz als General paradierte, aber sie zeigten ihre Unzufriedenheit mit Wilhelm I., der den Verfassungsbruch sanktionierte und seinen Vater, Friedrich Wilhelm III., feierte, der sein Verfassungsversprechen nicht eingehalten hatte.

Kurz darauf las der Vater in der »Vossischen Zeitung«, daß im Königlichen Schauspielhaus bei der Aufführung von Friedrich Wilhelm Hackländers »Geheimagenten« das Publikum bei der Stelle geklatscht habe: »Die Herzogin möge ihre Minister entlassen, damit ihr Gatte jüngere Männer beriefe, die ihre Zeit verständen, weil er das Wohl seines Landes fördern wolle.« War der Beifall, fragte er sich, auch als Aufmunterung für seinen Sohn gedacht, der bei der Vorstellung anwesend war?

Der Sohn verstand zwar die Zeit besser als der Vater, aber liberale Zeitgenossen hatten kein Verständnis dafür, daß er keinerlei Anstalten traf, seine modernere Auffassung zu vertreten, geschweige denn durchzusetzen.

Das Fernbleiben und Abwarten, die Taktik, die ihm nahegelegt worden war und die seinem Naturell entsprach, führte nicht zu dem gewünschten Ergebnis, ihm ein Alibi zu verschaffen und ihn als »unabgenützte Kraft« für den Liberalismus zu erhalten. Mehr und mehr Liberale meinten, bei ihm auf das falsche Pferd gesetzt zu haben.

Der liberale Geschichtsprofessor Hermann Baumgarten, der sich wenige Jahre später mit Bismarck arrangierte, erwartete nichts mehr von diesem Kronprinzen, dessen Geist ebenso unbedeutend sei wie sein Charakter. Der liberale Schriftsteller Gustav Freytag, der dem Kronprinzen später preußische Defizite vorrechnete, monierte 1863 das fehlende Soll an liberalem Engagement, wodurch das Bürgertum der Krone entfremdet werde. Schon faßten Kritiker Friedrich Wilhelms seinen Schwager, Großherzog Friedrich von Baden, der sich in seinem Musterländle profiliert hatte, als liberalen Kandidaten für die Thronfolge ins Auge.

Sie hatten gut reden, denn sie steckten nicht im königlich preußischen Milieu, dem zu entrinnen für einen Kronprinzen schier unmöglich war. Immerhin hörte er auf Liberale, in deren Kreisen er sich gerne bewegt hätte. Die Ratschläge waren freilich nicht eindeutig. Duncker beharrte auf passivem Widerstand, Freytag drängte zu aktivem Widerstand. Der erste Weg lag ihm näher, den

Bismarck im Abgeordnetenhaus 1863

zweiten gedachte er nicht auszuschließen. Freytag habe recht, ließ er in dessen Richtung verlauten: Es sei zu begrüßen, wenn man durch die Verhältnisse gezwungen werde, halbe Maßnahmen zugunsten ganzer aufzugeben.

Dieser Umstand sollte bald auftreten und die Umsetzung dieser theoretischen Erkenntnis in die Praxis ihm Gewissenspein und Entscheidungqual bereiten. Am 27. Mai 1863 wurde die Sitzungsperiode des Abgeordnetenhauses beendet, ohne daß über den Haushalt abgestimmt worden war. Bismarck regierte mit Notverordnungen. Am 1. Juni wurde, um die Opposition einzudämmen, die Preßordonnanz erlassen, die Behörden ermächtigte, Zeitungen oder Zeitschriften nach zweimaliger Verwarnung »wegen fortdauernder, die öffentliche Wohlfahrt gefährdender Haltung« zu verbieten. Bismarck stützte sich dabei auf den Notstandsparagraphen der Verfassung. Drei Juristenfakultäten konnten indessen keinen Notstand erkennen, bezeichneten die Berufung auf diesen Paragraphen als unrechtmäßig und die Preßordonnanz als verfassungswidrig.

Wieder einmal war Macht vor Recht gegangen. Bismarck traf den Nerv des deutschen Liberalismus, denn er hatte ein Grundrecht verletzt, die Pressefreiheit, und damit die wichtigste Artikulationsmöglichkeit deutscher Liberaler, die sich am liebsten schriftlich engagierten, in Frage gestellt.

Ein Sturm der Entrüstung erhob sich, durch den Friedrich Wilhelm ein Stück weit mitgerissen wurde. Im Mai hatte er im Ministerrat von Bismarcks Absicht gehört, ohne sich dazu zu äußern. Immer noch saß er als stummer Zeuge da. Doch ihm war bewußt geworden, daß er bald nicht mehr darum herumkommen würde, Zeugnis wider die Reaktion und für den Fortschritt abzulegen.

Er bat den badischen Schwager um Entscheidungshilfe: Selbst wenn eine Preßordonnanz durch den Notstandsparagraphen gedeckt wäre, könnte sie im Lande als Verfassungsverletzung angesehen werden. In diesem Falle sei seine Position sehr schwierig, weil er dann nicht umhin könnte, Protest einzulegen. Aber, welche Seite wäre eindeutig im Recht? Was solle er nur machen? So zu handeln, daß das Volk neue Hoffnung schöpfe, antwortete Großherzog Friedrich. Auf alle Fälle müsse der Kronprinz den König vor einem Erlaß der Preßordonnanz warnen.

Sowie eine Verfassungsverletzung offenkundig würde, werde es Friedrich Wilhelms »Pflicht sein, sich zu äußern«, und zwar öffentlich, meinte Vicky. Sie hielt nicht viel von einem Mahnbrief an den König: »Ich bin der festen Überzeugung, daß bei dem König weder Warnungen noch Bitten, noch Vorstellungen das allergeringste helfen«, schrieb sie am 30. Mai 1863 an ihre Schwiegermutter, die Königin Augusta. »Alles dringt in Fritz, er möchte seinen Einfluß auf den Vater geltend machen und versuchen, ihn zu bekehren. An eine solche Möglichkeit zu denken, ist aber reine Illusion.«

Dennoch schrieb ihr Gatte am nächsten Tag, am 31. Mai 1863, einen Brief an Wilhelm I., der weniger ein Appell an den König als ein Wunschzettel für den Vater war.

»Du weißt es, lieber Papa, wie ich mit ganzer Seele an Dir hänge, wie es keinen Menschen auf der Erde gibt, der Dir treuer ergeben ist, als ich, und wie Deine Wünsche immer Befehle für mich sind.« So habe er, als ihm im März 1862 gesagt worden war, »ich möchte mich in acht nehmen, ich sei liberaler als Du«, es fortan für seine Pflicht gehalten, zu schweigen. »Ich habe seit jenem Zeitpunkt nie über irgend eine Regierungsmaßregel ein Urteil ausgesprochen und mein ganzes Benehmen so zurückhaltend wie möglich eingerichtet, damit nicht eine Art Oppositions-Coterie, sich meines Namens bedienend, ein in anderen Ländern häufig vorgekommenes unheilvolles Zerwürfnis zwischen dem Souverän und seinem Nachfolger herbeiführe.«

Jetzt aber sei eine Situation eingetreten, in der er »Unheil über Deinem teuersten Haupte drohen sehe« und er als »Dein erster Untertan« es wagen müsse, ihn zu warnen, »selbst auf die Gefahr hin, Deine Ungnade zu erwecken«.

Es komme ihm nicht zu, Maßnahmen des königlichen Ministeriums zu kritisieren, Urteile zu fällen und Vorschläge zu machen, »denn dazu habe ich weder das unbedingte Recht noch die Verantwortung. Nur eine flehentliche Bitte will ich aussprechen. Ich beschwöre Dich nämlich, nie Deine Einwilligung zu irgend einem Verfassungsbruch oder zu einer Verfassungsumgehung zu erteilen.« Damit könne nie etwas gewonnen werden. »Ja, ich wage es zu sagen, ein solcher Schritt wäre Preußens König unwürdig – die Ruhe des Landes und die Fortdauer der Dynastie wären tief gefährdet.«

Diesen Brief schickte er am 31. Mai 1863 ab, wenige Stunden bevor er sich mit seiner Frau auf eine Inspektionsreise nach Ostpreußen begab. Am Tage darauf wurde die Preßordonnanz erlassen. Der Vater antwortete dem Sohn: Die Notverordnung sei durch den einschlägigen Verfassungsparagraphen gedeckt. Friedrich Wilhelm habe den Fehler aller Kronprinzen begangen, durch Bekundung liberaler Neigungen nach Popularität zu haschen. Er möge ihn durch entschiedene Äußerungen in regierungsfreundlichem Sinne wiedergutmachen.

»Gott stehe uns bei«, notierte Friedrich Wilhelm in sein Tagebuch und schrieb einen Protestbrief an Bismarck: »Ich halte die Verordnung für ungesetzlich und gefährlich, für mein Haus und die Zukunft des Staates. Ich sage mich los von jeder Teilnahme an solchen Maßregeln.« Dem König schrieb er, niemals werde er die Gesetzlichkeit der Preßordonnanz anerkennen, doch läge ihm nichts ferner, als eine oppositionelle Stellung zu beziehen.

Das müsse er aber tun, drängte ihn Vicky, die in diesen Tagen nicht von seiner Seite wich. Vertrauliche Verwahrungen genügten nicht, ein öffentlicher Protest sei notwendig. »Frauchen« stütze und tröste ihn, notierte Fritz. »Unsere Stellung ist aber furchtbar.«

Am 5. Juni 1863 kam er nach Danzig, in eine liberale Hochburg. Der Empfang war kühl. Dies sei der Preßordonnanz zuzuschreiben, die das Volk bedrücke, gab ihm Oberbürgermeister Leopold von Winter zu verstehen. Ein klärendes Wort des Kronprinzen sei am Platze.

Friedrich Wilhelm wurde wieder einmal ein »Raub des mächtigen Augenblicks«, der Vorhaltungen seiner Frau, der Aufforderung des Oberbürgermeisters, all dessen, was er in den Gesichtern bei der offiziellen Begrüßung im Rathaus las. So konnte er nicht anders, als zu erklären: »Auch ich beklage, daß ich zu einer Zeit hergekommen bin, in welcher zwischen Regierung und Volk ein Zerwürfnis eingetreten ist, welches zu erfahren, mich in hohem Grade überrascht hat. Ich habe von den Verordnungen, die dazu geführt haben, nichts gewußt. Ich war abwesend. Ich habe keinen Anteil an den Ratschlägen gehabt, die dazu geführt haben.«

Nun, er hatte davon gewußt, hatte im Ministerrat nicht widersprochen und erst, als es schon zu spät war, dagegen Verwahrung eingelegt. Jetzt hatte er – mehr hingesunken als hingezogen – in der

Öffentlichkeit eine Stellung bezogen, die der Opposition nicht weit genug und der Regierung viel zu weit vorgeschoben war. Er hatte sich dem Zweifel ausgeliefert, ob er richtig gehandelt habe, und einer Konfrontation mit dem König ausgesetzt, die er hatte vermeiden wollen.

»Ich habe mich also laut als Gegner Bismarcks und seiner unheilvollen Theorien bekannt und habe also der Welt bewiesen, daß ich sein System nicht angenommen oder gebilligt habe«, lobte er sich. Es sei seine Absicht gewesen, das Ministerium zu treffen. Was aber, wenn sich der König getroffen fühlte? Der Gedanke an einen Konflikt mit dem Vater setzte ihm zu. Selbst Vicky schien Angst vor der eigenen Courage bekommen zu haben. Sie würde sich nicht wundern, wenn ihr Fritz arretiert würde, schrieb sie der Queen. »Wir können beide vor Aufregung und Sorge nicht schlafen. Fritz ist ganz krank davon.«

Der erhoffte Zuspruch der Opposition aber blieb aus. Die liberalen Berater waren nicht mit auf die Reise gegangen, und liberale Blätter waren geknebelt worden. Begeisterte Leitartikel wären kaum angebracht gewesen. Denn in Danzig hatte kein Marquis Posa von einem Philipp II. Gedankenfreiheit gefordert, sondern – so schien es entschiedenen Liberalen – ein Don Carlos mehr gesagt, als er eigentlich hatte sagen wollen, auf jeden Fall das Wenige zu spät vorgebracht, und ohne Chance, bei Wilhelm I. Gehör zu finden.

Die erste Reaktion des Königs war eine Verwarnung: »Ich verpflichte Dich, keine einzige derartige Äußerung mehr zu tun. Sollte dies doch geschehen, so erfolgt Abberufung nach Berlin, wo dann bestimmt wird, ob Du Deine Kommandostelle noch behalten kannst.«

Er bitte um Verzeihung, wenn er gefehlt habe, antwortete der Sohn. Aber er könne die in Danzig gesprochenen Worte nicht zurücknehmen. Er sei es längst seinem Gewissen und seiner Stellung schuldig gewesen, sich zu der Meinung zu bekennen, deren Wahrheit er täglich deutlicher fühle. Deshalb könne er nicht revozieren, nur resignieren. »Ich bitte nun um gnädige Bestimmung eines Aufenthaltes, wo ich der Politik gänzlich fernbleiben kann.«

Zu dieser Antwort hatte ihn Vicky veranlaßt, aber auch die eigene Auffassung, daß ein Soldat für das, was er getan habe, den

Kopf hinhalten müsse. Und war das nicht eine Gelegenheit, das Kampffeld, das er widerwillig betreten hatte, in aufrechter Haltung zu verlassen?

Der König zürnte dem aufsässigen Kronprinzen und der Vater dem schwächlichen Sohn. Er erinnerte sich an den Soldatenkönig Friedrich Wilhelm I., der seinen Sohn Friedrich, der seinen Befehlen nicht gehorchte und seinen Anforderungen nicht entsprach, auf Festung setzte. Bismarck dachte daran, daß dieser Friedrich später der Große genannt wurde. Damit rechnete er bei Friedrich Wilhelm kaum, doch einen Märtyrer des Liberalismus wollte er nicht aus ihm machen.

Die Majestät möge säuberlich mit dem Knaben Absalom verfahren, riet der Ministerpräsident in Anspielung auf den alttestamentlichen Königssohn, der sich gegen seinen Vater David erhoben hatte und beseitigt wurde. Wilhelm I. beließ es bei einem scharfen Verweis, entband jedoch den Kronprinzen nicht, wie angeboten, von seinen staatlichen und militärischen Pflichten, ließ ihn nicht nach England ziehen, wovon er und vornehmlich Vicky geträumt hatten.

»So bleiben wir«, klagte Vicky, »von Leuten umgeben, die entschlossen sind, vor allem, was wir in freiheitlichem Sinne unternehmen wollen, eine unüberwindliche Schranke aufzurichten und uns förmlich das Leben aus dem Leibe zu quälen.« Ihr Gatte, der aufatmete, daß der Konflikt mit dem König beendet war, ohne daß er recht begonnen hatte, legte Vater seinen Dank zu Füßen. Mit Bismarck freilich wollte er noch ein Wörtchen reden.

Im Brief vom 30. Juni 1863, den Vicky und Stockmar mitformuliert hatten, sagte er dem Majordomus all das, was er dem königlichen Herrn gegenüber nicht mehr zu erwähnen wagte: Bismarck werde so lange an der Verfassung deuteln, bis dieselbe ihren Wert in den Augen des Volkes verloren habe und revolutionäre Bestrebungen wachgerufen würden. »Diejenigen, die S. M. den König, meinen allergnädigsten Herrn Vater, auf solche Wege führen, betrachte ich als die allergefährlichsten Ratgeber für Krone und Vaterland.«

Bei Ministerratssitzungen, in denen Bismarck den Vorsitz führe, wolle er nicht mehr erscheinen, eröffnete er dem Vater, allenfalls bei Konferenzen des Conseil, denen der Monarch präsidiere. Die

Unterredung vom 3. September 1863 – einen Tag nach abermaliger Auflösung des Abgeordnetenhauses – verlief stürmisch. Der König bestand darauf, daß der Kronprinz auch an Bismarcks Sitzungen teilnehme, Friedrich Wilhelm aber gedachte dies, wenn überhaupt, nur mit Vorbehalt zu tun. »Ist's allgemeine innere Politik, so bleibe ich stumm«, suchte er Vicky zu beruhigen. »Ist's die deutsche, könnte ich unter Umständen reden, doch habe ich gar keine Lust dazu.«

Dem Vater sandte er eine dreizehn Folioseiten umfassende Denkschrift, in der er seine Auffassungen zum Verfassungskonflikt und seine Haltung gegenüber dem Ministerium zusammenfaßte. Bismarcks Kollisionskurs gefährde Dynastie und Staat; damit dürfe sich der Thronfolger nicht identifizieren, der von der Verfassung »als dem nicht zu verrückenden Kern- und Mittelpunkt unseres ganzen Staats- und Rechtslebens« ausgehe. Deshalb trage er erneut seine Bitte vor, »von den Beratungen im Staatsministerium fernbleiben und eine passive Haltung bewahren zu dürfen«.

Unmittelbar nach Absendung der Denkschrift, Ende September 1863, fuhr Friedrich Wilhelm mit seiner ganzen Familie nach England. In Balmoral bewegte er sich im Schottenrock, besuchte die Stelle, wo er sich mit Vicky verlobte, gedachte der liberalen Vorsätze, die er damals gefaßt hatte. Und fürchtete, sie im Preußen Bismarcks niemals verwirklichen zu können.

9

Zwei Wege nach Deutschland

Zur Landtagseröffnung am 9. November 1863 wurde der Kronprinz aus dem britischen Asyl in die preußische Arena zurückbeordert. Die Regierung hatte die Wahlen mit obrigkeitlichen Mitteln zu beeinflussen versucht. Zeitungen wurden unterdrückt, liberale Kandidaten schikaniert, nicht parierende Beamte disziplinarisch verfolgt.

Dennoch oder gerade deswegen erhielt die Opposition bei den Wahlen am 28. Oktober 1863 beinahe eine Zweidrittelmehrheit. Im neuen Abgeordnetenhaus besaß die Fortschrittspartei nun 141 statt 133, die liberale Mitte 106 statt 96 Mandate. Die Regierung sah sich gezwungen, ihre Notverordnung, die Preßordonnanz, rückgängig zu machen.

Der König war mehr denn je gegen das »hundsföttische konstitutionelle System«, die »Kanaillen der Opposition« aufgebracht, auch gegen den Kronprinzen, der zur Verfassung stand und zu den Liberalen hielt, in England neu munitioniert worden war und nach dem Wahlerfolg der Fortschrittlichen Morgenluft zu wittern schien.

Der Vater forderte vom Sohn eine Erklärung, daß er sich aller öffentlichen Opposition enthalten und von den Vorgängen im Conseil nichts nach außen tragen werde. Dann könne er seinetwegen den Ministerratssitzungen, denen Bismarck präsidiere, fernbleiben. Unter diesen Umständen wolle er auch nicht mehr an dem vom König präsidierten Conseil teilnehmen, erwiderte Friedrich Wilhelm und kündigte an, sein Verhalten erst zu ändern, wenn das jetzige Ministerium entlassen und ein neues berufen worden sei, das die Verfassung respektiere.

Wilhelm I. war indessen willens, mit Bismarck durch dick und dünn zu gehen, eher den Kronprinzen als den Ministerpräsidenten fallen zu lassen. Er demonstrierte es bei der Landtagseröffnung: Während er den Sohn kühl empfing, drückte er Bismarck herzlich die Hand.

So sollte es ein Vierteljahrhundert lang weitergehen. Friedrich Wilhelm mußte bis 1888 auf seine Thronbesteigung warten. Bis dahin blieb der Kronprinz von Bismarck, den Wilhelm I. gewähren ließ, politisch ausgeschaltet. Mit dem liberalen Thronfolger sollte auch der deutsche Liberalismus keine Chance zur rechten Zeit und für richtige Resultate bekommen.

Das lag auch an Friedrich Wilhelm selber, der, zwischen Weimar und Potsdam pendelnd, nicht einmal genau wußte, was er eigentlich wollte. Und der, unsicher und unselbständig wie er war, selbst wenn ihm ein Ziel vor Augen stand, einen Weg dorthin nicht zu finden vermochte.

Sein Liberalismus war vom alten Schlag, auf das Festhalten an Prinzipien bedacht. Bismarck hingegen verfuhr nach seiner Erkenntnis, daß man, die Prinzipienstange quer im Munde haltend, nie durch den politischen Hohlweg kommen könne.

Empirisches Denken und pragmatisches Handeln hatte Friedrich Wilhelm in England nicht gelernt. Er schätzte die idealistischen Begründungen der britischen Macht und übersah deren realistische Bedingungen wie die realpolitischen Methoden, mit denen sie errungen worden war und erhalten wurde. Ihn schauderte vor Bismarck, der sich nicht die Mühe gab, seine Machtpolitik ideologisch zu verbrämen, sein »right or wrong, my country« ohne viel Federlesens praktizierte.

Der Tatmensch Bismarck war ihm unheimlich – und diesem der willensschwache und unentschlossene Friedrich Wilhelm unausstehlich. Er schien dem Onkel Friedrich Wilhelm IV. nachzuschlagen, von dem Bismarck sagte, er sei »ein ganz schwankender Charakter gewesen, man konnte ihn nicht bei einer Sache festhalten; wenn man fest zugriff, blieb nur eine Handvoll Schleim«.

Solche Eigenschaften erleichterten die Ausschaltung des Kronprinzen, würden jedoch, wie zu befürchten war, den Umgang mit dem König erschweren. Bismarck hatte damit zu rechnen, daß er dies in wenigen Jahren sein könnte. Und da er Ministerpräsident zu bleiben gedachte, seine Politik fortführen wollte, mußte er versuchen, Friedrich Wilhelm in seinem Sinne zu präparieren.

Auf direktem Wege schien das wenig Erfolg zu versprechen. Selbst wenn er den Kapitän zum Einlenken auf seinen Kurs bewegen könnte, würden ihn die Steuerleute des kronprinzlichen Schiffes schnell wieder davon abbringen: seine Mutter Augusta, die Weimarerin, vor allem seine Frau Vicky, die Engländerin. Sie mußten von der Kommandobrücke geholt, der Politik ferngehalten werden, zu der – wie Bismarck meinte – allgemein nichts tauge, was lange Röcke trage, insbesondere nicht die Weiblichkeit, die seinen machtpreußischen Stil konterkarierte.

Friedrich Wilhelm müsse dem Einfluß der Mutter entzogen, der Thronerbe konservativ erzogen werden, hatte Bismarck bereits 1853 gefordert. Seitdem hatte er sich ständig über Augusta geärgert, die ihrem Sohn liberale Flausen in den Kopf setzte und ihren Mann, den König, gegen den Ministerpräsidenten aufzuwiegeln suchte.

Augusta hatte bei Wilhelm keinen Erfolg, um so mehr Vicky bei Friedrich Wilhelm. Er war der Engländerin hörig, und nicht nur, wie Bismarck vermutete, in geschlechtlicher Beziehung, was nur sie beide betroffen hätte, sondern auch in der Politik, wobei Staatsangelegenheiten in einer Weise berührt wurden, die der Staatslenker nicht hinnehmen wollte.

Von Anfang an mochten sich Bismarck und Vicky nicht, und sie haßten einander bald. Für sie war er der »große böse Mann«, der aus der Junkerpartei entstiegene Koloß, der »mit seiner Faust und seiner List alles mit sich riß«. Die rechthaberische, ehrgeizige, geschäftige Frau fiel Bismarck auf die Nerven. Und es beunruhigte ihn, wie sie ihren Mann beeinflußte, wozu sie ihn verleiten wollte.

»Ihr Einfluß auf ihren Mann war zu allen Zeiten groß, nahm mit den Jahren zu«, stellte Bismarck fest. Friedrich Wilhelm neigte dazu, sich auf jene Seite zu stellen, die ihn am stärksten zu sich herüberzog. Seine Frau war dauernd um ihn herum, und wenn sie nicht mündlich auf ihn einwirken konnte, tat sie es schriftlich.

»Die alten liberalen und konstitutionellen Begriffe waren Dir weder klar noch geläufig, und dies war noch der Fall, als wir heirateten. Welch großen Sprung Du in diesen Jahren gemacht hast!« konstatierte Vicky im Frühjahr 1864.

»Ja, ich war damals unselbständig und träge und folgte mehr der Gewohnheit als dem vernünftigen Nachdenken«, pflichtete ihr Friedrich Wilhelm bei. »Der unsäglich heilbringende Einfluß Deines unvergeßlichen Vaters sowie Deine liebevolle, so selten früh gereifte richtige Anschauung und gute Einwirkung auf mich, hat mich dann in den letzten Jahren zur Vernunft gebracht.«

Die »freigeborene Engländerin«, wie sich die Princess Royal stolz nannte, hatte mit ihrem Titel und einem gesondert verwalteten Vermögen ein politisches Programm nach Preußen mitgebracht.

Kronprinz Friedrich Wilhelm im Arbeitszimmer seines Berliner Palais

Innenpolitisch erstrebte sie ein liberales Preußen und Deutschland, was Bismarck nicht gefiel, noch weniger die außenpolitische Absicht, die er ihr unterstellte: Von Anfang an habe sie versucht, »das Gewicht des preußisch-deutschen Einflusses in dem europäischen Kräftespiel in die Waagschale ihres Heimatlandes zu werfen«.

Stand sie nicht mit ihrer Mutter, Queen Victoria, in ständigem Briefverkehr? Reiste sie nicht, so oft es ging, nach Hause? »Sie hat nie aufgehört, England als ihr Vaterland zu betrachten«, erklärte Bismarck. Und benützte diese Behauptung als Vorwand, ihrem Mann, dem preußischen Kronprinzen, Interna der preußischen Regierung vorzuenthalten.

»Der schwierigste Punkt«, bemerkte Bismarck, »ist die Diskretion, besonders gegen das Ausland, solange nicht bei Seiner K. H. und bei Ihrer K. H. der Frau Kronprinzessin das Bewußtsein durchgedrungen ist, daß in regierenden Häusern die nächsten Verwandten nicht immer Landsleute sind, sondern notwendig und pflichtgemäß andere als die preußischen Interessen vertreten. Es ist hart, wenn zwischen Mutter und Tochter, zwischen Bruder und Schwester eine Landesgrenze als Scheidelinie der Interessen liegt; aber das Vergessen derselben ist immer gefährlich für den Staat.«

Die Kronprinzessin verfolge weiterhin englische Interessen, behauptete Bismarck, und der Kronprinz vertrete nicht die preußischen Interessen, wie sie der Ministerpräsident mit Einverständnis des Königs definiert habe. Bismarck ging davon aus, daß »die einzige gesunde Grundlage eines großen Staates« der »staatliche Egoismus und nicht die Romantik« sei. Deshalb dürfe sich Preußen »weder in eigenen, noch durch fremde Phrasen über ›deutsche Politik‹ fangen lassen«, müsse eine spezifisch preußische, eine »waffenmäßige Großmachtpolitik betreiben«, mit dem Ziel: »Aufgehen Deutschlands in Preußen und damit die Umgestaltung Preußens zu Deutschland«.

Ein durch Preußen zur Einheit geführtes Deutschland hatte auch der Kronprinz vor Augen. Aber ihre Zielvorstellungen stimmten nicht überein. Friedrich Wilhelm dachte eher an ein Aufgehen Preußens in Deutschland, das heißt eine Umgestaltung des alten Preußen im Sinne der liberalen Nationalstaatsbewegung und zum Zwecke seiner Führungsaufgabe in Deutschland.

Das war bereits im Revolutionsjahr versucht worden. »1848 ist das alte preußische Königtum untergegangen, um als verfassungsmäßiges wieder aufzuerstehen, während Titel und Formen blieben«, meinte Friedrich Wilhelm. Nun hauchte Bismarck der Monarchie wieder die altpreußische Seele ein, und die deutschen Liberalen, die auf den neuen Verfassungsstaat gesetzt hatten, begannen von dem wiedererstehenden Machtstaat abzurücken. »Das deutsche Volk sieht sich von Preußen verlassen«, klagte Herzog Ernst II. von Sachsen-Coburg-Gotha, der Fürstensprecher der Nationalbewegung.

Friedrich Wilhelm sah sein Ziel gefährdet, mit einem liberalisierten Preußen eines Tages an der Spitze eines liberalen Deutschland zu stehen. Sein Onkel, Friedrich Wilhelm IV., hatte die ihm von der Frankfurter Nationalversammlung angetragene Kaiserwürde abgelehnt, weil er nicht »ein Diadem, aus dem Dreck und Letten der Revolution, des Treubruchs und des Hochverrats geknetet«, tragen wollte. Der Neffe hingegen hätte sie angenommen und gedachte sie jederzeit anzunehmen, aus der Hand von Bürgern, die nicht Revolution, sondern Evolution im Sinn hatten.

Eine Chance, sich als König von Preußen über die deutschen Zaunkönige zu erheben, würde er sich nicht entgehen lassen. Bereits von Ernst Moritz Arndt hatte er gehört, daß die Vielzahl der deutschen Fürsten das Haupthindernis für die deutsche Einheit sei. Mit der preußischen Einzahl rechnete auch der Nationalverein. Selbst ein liberaler Fürst wie der Coburger hätte gerne seine Stellung als Souverän im Deutschen Bund mit einem Platz im Oberhaus des von einem erneuerten Preußen geschaffenen neuen Deutschlands vertauscht.

»Er spottet über die kleinen Herren«, berichtete 1860 Theodor von Bernhardi über ein Gespräch mit Friedrich Wilhelm, »meint, daß sie selbst in ihrer persönlichen Stellung gewinnen, wenn sie sich einem großen Staate unterordnen: kurz, er hat gar keine legitimistische Abneigung, das Experiment zu versuchen, wenn sich die Gelegenheit bieten sollte.« Die kleinen Staaten sollten ihre Souveränität verlieren, das große Preußen freilich die seinige behalten. In diesem Punkte wagte Friedrich Wilhelm sogar seinem Schwiegervater Albert zu widersprechen, der meinte, es wäre recht und billig, wenn auch die Einigungsmacht nach vollbrachtem Einigungswerk ihre Souveränität auf dem Altar des deutschen Vaterlandes opfere.

Kaiser von Deutschland wollte er werden, dabei aber König von Preußen bleiben. Denn auch diesem Hohenzoller lag an Macht, allerdings mehr am Genuß ihres Glanzes als an der Mühe ihrer Ausübung. Und die Macht müßte vom Volke legitimiert und von der deutschen Geschichte geweiht sein. Der Reichsromantiker fühlte sich in der Nachfolge Friedrich Barbarossas zur Erneuerung des alten Reiches berufen, träumte von der Aureole der Kaiserkrone, die den Schein der Königskrone überstrahlte.

Bismarck sah die Geschichte realistischer. Das römisch-deutsche Kaisertum war dahingegangen, aber die deutschen Fürsten waren geblieben. Davon mußte eine Neugestaltung Deutschlands ausgehen, deshalb versprach nur eine föderative Lösung Erfolg. Die Zahl der Fürsten sollte allerdings verringert werden. Und der Kaiser von Österreich, der Preußen in Deutschland im Wege stand, der Habsburger, der den Primat im Deutschen Bund und die Tradition der Hohenstaufen beanspruchte, mußte aus dem deutschen Staatenverband ausgeschlossen werden.

Die preußische Staatsräson sah Bismarck durch die Reichsemotion gestört, durch den Nebel getrübt, der »aus den Doktrinen deutscher Gefühlspolitik aufsteigt«. Was sich in der liberalen Nationalbewegung zusammenbraute, verdichtete sich im Kronprinzen von Preußen. Im »deutschen Schwindel« umarmte er die bürgerliche Opposition in Berlin wie den Rivalen Preußens in Wien – Kaiser Franz Joseph, der ihm das Du angeboten hatte – als deutsche Brüder. Im deutschen Ziel stimmten sie nicht überein, noch weniger in der Wahl des Weges. Bismarck war zu der Überzeugung gelangt, daß eine Lösung der deutschen Frage im preußischen Sinne nur durch Eisen und Blut möglich sei. Da Österreich nicht freiwillig Preußen in Deutschland Platz machen würde, müßte es mit militärischen Mitteln hinausgedrängt werden.

Friedrich Wilhelm hingegen gab sich der Hoffnung hin, Deutschland könnte friedlich und schiedlich geeinigt werden: durch moralische, nicht militärische Mittel, mit den Stimmen der Liberalen und der Zustimmung der Fürsten, vielleicht sogar des Habsburgers. Jedenfalls wollte er Österreich nicht von vornherein von den Beratungen über eine Neugestaltung Deutschlands ausschließen.

Die Sympathien der Nationalbewegung, die das neo-reaktionäre Preußen verlor, schien – vor allem in Süddeutschland – Österreich zu gewinnen. Das bewog Kaiser Franz Joseph, eine Reform des 1815 gegründeten und 1851 bestätigten Deutschen Bundes vorzuschlagen. Der österreichische Vorsitzende lud im August 1863 die deutschen Fürsten ein, mit ihm einen gemeinsamen Weg zu suchen.

Termin und Ort waren gut gewählt. Der Deutsche Bund, der von der Restauration als mitteleuropäischer Verein souveräner Staaten gegründet worden war, genügte weder nationalen noch liberalen Anforderungen. Eine Neugestaltung war überfällig, und es bestand die Chance, daß sie nach österreichischen, großdeutschen Vorstellungen in einem Moment erfolgen könnte, da die Kleindeutschen sich von verfassungsbrüchigen Preußen abzuwenden schienen. Schon der Name der Konferenzstadt ließ deutsche Herzen höher schlagen: In Frankfurt am Main waren römisch-deutsche Kaiser gewählt und gekrönt worden, hatte die Nationalversammlung getagt.

Bismarck sah die Kreise seiner großpreußischen Politik gestört, drängte Wilhelm I., sich dem Fürstenzirkel Franz Josephs I. fernzuhalten. Friedrich Wilhelm hingegen beschwor den Monarchen, nach den bürgerlichen Liberalen nicht auch noch die deutschen Bundesfürsten, die alle die Einladung angenommen hatten, zu verstimmen. Die Politik des leeren Stuhles, die der Kronprinz im Ministerrat betrieb, schien ihm für den König im Fürstenrat keinesfalls angebracht zu sein.

Der unschlüssige Vater hatte den Sohn nach Bad Gastein beordert, um sich mit ihm in dieser Angelegenheit zu besprechen. Schließlich hörte er weder auf ihn noch auf seine Frau, die Königin Augusta, die in Baden-Baden die behutsamen Bemühungen des Sohnes in der ihr eigenen penetranten Weise fortsetzte. Wie immer folgte Wilhelm seinem Ministerpräsidenten, der es diesmal nicht leicht hatte und ihn letztlich – wie Bismarck sagte – an den Rockschößen zurückhalten mußte.

Ohne den König von Preußen waren die Bemühungen um eine Bundesreform zum Scheitern verurteilt. Dennoch begann der Deutsche Fürstentag in Frankfurt seine Beratungen. Dies wiederum mißfiel dem Kronprinzen. Er hatte sie sich mit Preußen gewünscht, doch ohne Preußen sollten sie nicht stattfinden. Vor allem verurteilte er das Ergebnis, die von 24 der 30 Versammelten angenommene Frankfurter Reformakte. Sie sah ein Bundesdirektorium vor, dem außer Österreich und Preußen auch Mittelstaaten angehören sollten.

»Ich finde in dem bloßen Gedanken eines mehrköpfigen Direktoriums schon den unvertilgbaren Keim der Unhaltbarkeit«, schrieb Friedrich Wilhelm an Ernst von Sachsen-Coburg-Gotha. »Ein gemeinsames Hand-in-Hand-Gehen von Preußen und Österreich, um Deutschlands Geschicke zu entscheiden, ist ein unfaßbarer Gedanke. Man nenne es Alternat, Koordinierung oder wie man es wolle, nie wird Deutschland Segen von jenen beiden Rivalen einernten, solange beide ihren Einfluß gleich geltend machen wollen.«

War nun auch er auf Bismarck eingeschwenkt? Beide wollten, daß Preußen in Deutschland keinen anderen Herrn neben sich oder gar über sich habe. Um dies zu erreichen, gedachte Bismarck die Preußen in Reih und Glied zu stellen, in geschlossener Formation gegen Deutsche zu marschieren. Friedrich Wilhelm hingegen wünschte, ein Dirigent, der einzige freilich, zu sein, der das Zusammenspiel des deutschen Orchesters nach preußisch-liberaler Partitur leitete.

Die Unterschiede zwischen dem Kronprinzen und dem Ministerpräsidenten wurden bereits in den nächsten Monaten wieder deutlicher – in der Frage der Herzogtümer Schleswig und Holstein, die zu einem deutschen und europäischen Problem geworden war. Beide Herzogtümer hatten sich im Spätmittelalter in Personalunion mit dem dänischen Königtum verbunden, gegen die Zusicherung, »up ewig ungedeelt« zu bleiben. Zum römisch-deutschen Reich hatte nur Holstein, nicht das von Dänen mitbesiedelte Schleswig gehört. Holstein, vertreten durch den dänischen König, war Mitglied des Deutschen Bundes geworden.

Das ging einigermaßen gut, bis der moderne Nationalismus – in Deutschland wie in Dänemark – an dieser übernationalen Konstruktion zu rütteln begann. Die Frankfurter Nationalversammlung versuchte vergebens, die Deutschen in Schleswig-Holstein heim in ihr Nationalreich zu holen. 1863 wollten umgekehrt die Dänen zumindest Schleswig ihrem Nationalstaat einverleiben.

*Erbprinz Friedrich von Augustenburg
und seine Gemahlin Adelheid*

Zur nationalen Frage kam ein dynastisches Problem. 1852 hatten die Großmächte im Londoner Protokoll den Status quo bestätigt und die Erbfolge geregelt. Nach dem Tode des kinderlosen Königs Friedrich VII. sollte der Prinz von Sonderburg-Glücksburg König von Dänemark und des mit ihm in Personalunion verbundenen Schleswig-Holsteins werden. Der Herzog von Augustenburg hatte auf seine Erbansprüche gegen eine finanzielle Abfindung verzichtet.

Am 15. November 1863 bestieg der Sonderburg-Glücksburger als Christian IX. den Thron und nahm die neue dänische Verfassung an, die den Anschluß Schleswigs an den dänischen Einheitsstaat verfügte. In ganz Deutschland wurde dagegen protestiert, das Eingreifen des Deutschen Bundes gefordert. Von einer Woge nationaler Zustimmung getragen, proklamierte sich Erbprinz Friedrich von Augustenburg, ungeachtet des Verzichtes seines

Vaters, als Friedrich VIII. zum Herzog von Schleswig-Holstein und annoncierte den Beitritt des ungeteilten Schleswig-Holstein in den Deutschen Bund.

Friedrich Wilhelm erfuhr davon in England und ergriff sofort Partei für den Augustenburger. Er hatte mit ihm in Bonn studiert, ließ sich wie er von dem Schleswig-Holsteiner Karl Samwer beraten. Beide gehörten zum Coburger Clan, der englische Verhältnisse auf Deutschland übertragen wollte. Friedrich konnte sich auf Friedrich Wilhelm verlassen. Der Kronprinz trat – in Übereinstimmung mit der Öffentlichkeit – für den Augustenburger und das Deutschtum ein, forderte den Beitritt des von einem fortschrittlichen Fürsten regierten Schleswig-Holsteins in den Deutschen Bund, dem – wie er meinte – eine solche Blutzufuhr nur guttun könnte.

Er war nach England gegangen, um sich von Preußen abzusetzen; nun kehrte er zurück, um sich für Deutschland einzusetzen. Für den liberalen Augustenburger und ein deutsches Schleswig-Holstein erhob er in Ministerratssitzungen nun endlich die Stimme. Dem Abgesandten Herzog Friedrichs, Karl Samwer, vermittelte er ein Gespräch mit Wilhelm I., das beim Kronprinzen, im Beisein Vickys, stattfand und den Vater nicht unbeeindruckt ließ.

Der Augustenburger war dem König nicht unsympathisch, und seine Erbansprüche hielt er nicht für unberechtigt. Was ihn störte, war dessen fortschrittliche Gesinnung, und stutzig machte ihn, daß dem Aspiranten von seinem Sohne sekundiert wurde, der die Kumpanei mit nationalen Liberalen nicht lassen konnte.

Andererseits war Bismarck zu weit vorgeprescht. Der König hielt seinen Ministerpräsidenten für betrunken, als dieser ihn daran gemahnte, daß noch jeder König von Preußen für seinen Staat einen Gebietszuwachs gewonnen habe, und ihm vorschlug, sich Schleswig-Holsteins zu bemächtigen. Eine Angliederung der Herzogtümer an Preußen, argumentierte Bismarck, sei einer Auslieferung an den liberalen Augustenburger und an die deutsche Nationalbewegung vorzuziehen. Ein neuer Mittelstaat in seinem Rücken gefährde Preußen und stärke den Deutschen Bund, in dem doch Österreich den Vorsitz führe.

Als Friedrich Wilhelm davon hörte, erhob er die Hände zum Himmel, als wollte er Gottvater darum bitten, Blitz und Donner auf den Frevler herabzusenden. Er beschwor den Vater, sich nicht auf Abwege verleiten zu lassen, die in den Abgrund führten: Wenn Preußen, faßte er seine Meinung zusammen, nach Schleswig-Holstein greife, würde es sich Europa zum Feind machen und Deutschland als Freund verlieren. Im Gleichklang mit den Forderungen und in Vertretung der Interessen der Nation müsse Preußen in ihrem Namen die Herzogtümer befreien und sie unter der Herrschaft des Augustenburgers als unabhängigen Staat dem deutschen Vaterlande unterstellen. Wenn Preußen so handle, hieß es in seinem Memorandum vom 3. Januar 1864, werde es die Führung in Deutschland erlangen.

Friedrich Wilhelm glaubte und hoffte mit der deutschen Nation, aber ihn bedrückte die Ahnung, daß – wie bisher – die »undeutsche« Politik Bismarcks obsiegen würde. Wilhelm I., so hatte er bereits am 23. Dezember 1863 in sein Tagebuch geschrieben, »befindet sich inmitten eines Lügengewebes«, beherrscht von Bismarck, dem Generaladjutanten Manteuffel und Kriegsminister Roon.

Der Ministerpräsident, fügte er am 28. Dezember hinzu, »setzte mir auseinander, daß er den Bund sprengen und Krieg gegen Mittelstaaten führen möchte (!), worauf ich schließlich abbrach, weil ich dieser Deduktion zu folgen nicht vermochte«.

Auf Betreiben der Mittelstaaten hatte die Frankfurter Bundesversammlung eine Bundesexekution, die Entsendung von Bundestruppen in das zum Deutschen Bund gehörende Holstein beschlossen. Damit war Holstein dem Zugriff Dänemarks entzogen. Schleswig jedoch blieb in seiner Gewalt. Nur durch einen Krieg war es ihm zu entreißen.

Dazu stand der preußische Kronprinz wie fast jeder deutsche Patriot bereit. Vor Eisen und Blut schreckten deutsche Liberale nicht zurück, wenn sie für hehre Ziele, ihre eigenen, eingesetzt werden sollten. Wenn es um die sogenannten höchsten Güter der Nation ging, schienen sie ihre Skrupel vor Anwendung nackter Gewalt zu verlieren, zu vergessen, daß sie Recht vor Macht verlangt, die Einhaltung von Verträgen wie Verfassungen gefordert hatten, und ihre Überzeugung zu verdrängen, daß das nationale wie internationale Leben auf vernünftigem Denken und vernünftigem Handeln aufgeklärter Menschen gegründet sein müßte.

Das Londoner Protokoll, in dem die Großmächte die Personalunion der Herzogtümer mit dem dänischen Königtum bestätigt hatten, war ein völkerrechtlicher Vertrag. Wer ihn brach, Schleswig-Holstein als eigenen Staat dem Deutschen Bund angliederte oder als Provinz dem preußischen Staate einverleibte, hatte mit dem Einspruch der europäischen Mächte zu rechnen, die einen Vertragsbruch beziehungsweise eine Verschiebung der Machtverhältnisse nicht ohne weiteres hinnehmen wollten.

Aber bereits 1848 hatte der nationale Liberale Friedrich Christoph Dahlmann, der Bonner Lehrer Friedrich Wilhelms, in einer ähnlichen Situation auf entsprechende, in der Frankfurter Nationalversammlung erhobene Einwände entgegnet: »Diese Verrückung des Gleichgewichtes von Europa wollen wir aber haben und festhalten, bis der letzte Tropfen Blutes uns entströmt ist.«

Indessen war auch die Einbeziehung Schleswigs in die Verfassung des dänischen Einheitsstaates als Rechtsbruch zu werten. Ob dies aber einen Krieg rechtfertigte? Friedrich Wilhelm meinte: ja – mit der Emphase, mit der noch alle sogenannten »gerechten Kriege« gerechtfertigt worden sind. Selbst Vicky bedauerte es »zum erstenmale im Leben, nicht ein junger Mann zu sein und nicht mit gegen die Dänen ins Feld ziehen zu können«. Ihre Mutter, die Queen, hatte sie freilich gewarnt: »Treibe nur nicht zum Kriege, wie immer Deine Gefühle und Deine Begeisterung für eine bis zu einem gewissen Grade gerechte Sache seien.«

Bismarck sorgte dafür, daß der Krieg gegen Dänemark kein uferloser Volkskrieg, sondern ein kalkulierbarer Staatenkrieg wurde. Er brachte Österreich dazu, an der Seite Preußens zu marschieren. Franz Joseph wollte nationale Sympathien nicht verlieren. Bismarck, der sie derzeit ohnehin nicht besaß, wollte das gemeinsam für Deutschland befreite Schleswig-Holstein allein für Preußen behalten. Und er hoffte, dabei einen Kriegsgrund gegen Österreich zu finden, wodurch er die Sympathien der Nationalbewegung gewinnen könnte. Denn die liberalen Kleindeutschen wünschten sich ebenso wie der konservative Großpreuße ein Deutschland ohne das Vielvölkerreich.

Der Krieg Preußens und Österreichs gegen Dänemark, der später der erste deutsche Einigungskrieg genannt wurde, begann am 1. Februar 1864 mit dem Einmarsch in Schleswig. »Mit Gott drauf!«

*Prinz Friedrich Karl von Preußen,
Vetter des Kronprinzen Friedrich Wilhelm*

hieß es im Armeebefehl des Oberkommandierenden der verbündeten Heere, des achtzigjährigen Generalfeldmarschalls von Wrangel. 1848 hatte er seine Soldaten gegen Demokraten eingesetzt; nun galt es, die Dänen zu Paaren zu treiben.

Friedrich Wilhelm, der königlich preußische General, wollte unbedingt mit dabei sein. Sein Vetter, Prinz Friedrich Karl, den Altpreußen gerne als Kronprinzen gehabt hätten, führte preußische Truppen. Er selber erhielt kein Kommando, wurde dem Stabe Wrangels beigegeben. Zum Verbindungsmann zwischen Preußen und Österreichern schien er geeignet zu sein. Auch als eine Art Truppenbetreuer war er zu gebrauchen. Im schlichten Feldmantel, die Pfeife im Mund, zeigte er Österreichern, daß es auch kommode Preußen gab, und preußischen Soldaten, daß der Thronfolger der Volkstümlichkeit nicht entbehre.

Die Generalität gewahrte, daß in diesem uniformierten Zivilisten ein preußischer Kerl steckte. Wenn er Pulver roch, schien er ein echter Hohenzoller zu werden, seinen Liberalismus zu vergessen und das Volk in Waffen für die einzig wahre Demokratie zu halten. Der

König honorierte den guten Willen mit der Ordre an Wrangel, den Kronprinzen nicht nur als Hospitanten zu betrachten, sondern ihn zur Leitung der Operationen heranzuziehen.

Seine Feuertaufe erhielt er am 18. April 1864, als er die Erstürmung der Düppeler Schanzen vom Feldherrenhügel aus beobachtete. Er hatte zu denen gehört, die zu einem Frontalangriff auf das Festungswerk gedrängt hatten. Er kostete die Preußen 1188 Tote und Verwundete, zwang jedoch die Dänen zur Räumung Schleswigs.

»Dein Name tönt«, telegraphierte er seiner Victoria: »3000 Gefangene, 20 Geschütze!« – »Gott hat uns sichtlich seinen Beistand geschenkt«, schrieb er in sein Tagebuch, »wir können ihm nicht genug hierfür danken; dabei ist mein Herz voller Wonne und Stolz über unsere Truppen, daß ich immer mit Freudentränen kämpfe.« Max Duncker, den liberalen Berater, ließ er wissen: »Ich habe Gott gedankt, daß 1864 Preußen nach fünfzig Jahren dasselbe Volk in Waffen geblieben ist wie zur großen Freiheitszeit, so daß die aus einem ganz einzig in der Welt dastehenden Material gebildete Armee ihre Schuldigkeit getan, dem in sie gesetzten Vertrauen vollständig entsprochen hat.«

Sein Vater freilich war mit ihm noch lange nicht zufrieden. Während Prinz Friedrich Karl hoch dekoriert wurde und den Oberbefehl über die im Felde stehenden preußischen Truppen erhielt, wurde der Kronprinz lediglich zum Kommandierenden General des nichtmobilen zweiten – pommerschen – Armeekorps in Stettin ernannt.

In Berlin blieb Bismarck am Machthebel. »Wohl besitzen wir eine wirklich herrliche Armee«, schrieb Friedrich Wilhelm am Tage von Düppel. »Was wird aber das Resultat ihrer Siege unter einem Bismarck sein? Diese Frage wirkt niederschmetternd.«

10

Friedrich Wilhelms Sadowa

Die Siegesfeiern im Dezember 1864 absolvierte der Kronprinz teils als preußischer Soldat, der er geworden, teils als liberaler Zivilist, der er geblieben war. An der Seite des Generalfeldmarschalls Wrangel zog er an der Spitze der Truppen in Berlin ein. Er ritt stolz einher, nicht ohne sich zu fragen, ob wegen des leichten Triumphes über das kleine Dänemark nicht zu viel Aufhebens gemacht würde. Beim Galadiner trank er nicht, wie alle, Bismarck zu, und er sprach mit ihm kein Wort.

Was dem Ministerpräsidenten zu sagen war, hatte er ihm bereits am 17. April 1864 schriftlich mitgeteilt, zu dessen »Hintergedanken einer preußischen Vergrößerungspolitik« geäußert, »daß deren Verfolgung unsere ganze deutsche Politik völlig verfälschen und daß sie, Europa gegenüber, uns wahrscheinlich eine Niederlage bereiten würden.«

Europa nahm indessen die Verletzung des Londoner Protokolls hin und fand sich damit ab, daß Dänemark die Herzogtümer Schleswig und Holstein an den Kaiser von Österreich und den König von Preußen abtrat. Würde es aber auch stillhalten, wenn das vorläufig von beiden deutschen Großmächten gemeinsam verwaltete, vom Herzog von Augustenburg beansprucht und vom Deutschen Bund als unabhängiger Mitgliedsstaat reklamierte Schleswig-Holstein von Preußen annektiert würde?

In Deutschland jedenfalls, meinte Friedrich Wilhelm, würde sich Preußen auch noch die letzten Sympathien verscherzen und die ohnehin gering gewordenen Chancen verspielen, von der liberalen Nationalbewegung an die Spitze Deutschlands getragen zu werden. Der Verfassungskonflikt hatte während des Krieges mit Dänemark weiter geschwelt, war nach dessen Beendigung neu entflammt und erhitzte die Gemüter innerhalb wie außerhalb Preußens. Eine Annexion Schleswig-Holsteins, befürchtete Friedrich Wilhelm, würde nicht nur die deutschen Patrioten, sondern auch die andere deutsche Großmacht mobilisieren. Einem machtpolitischen wie einem ideologischen Gegner würde sich Preußen gegenübersehen: Österreich, das Schleswig-Holstein gemeinsam mit Preußen erobert hatte und über die Beute mitverfügen wollte, und den deutschen Patrioten, welche den Gewinn für Deutschland einforderten.

Bismarck wollte den Bundesgenossen übervorteilen und den Einspruch des Betrogenen mit Gewalt abweisen. Und die Volksgenossen, die sich darüber entrüsten würden, drastisch belehren, daß nur auf seine Weise zu erreichen sein werde, was sie anstrebten: ein deutscher Nationalstaat mit Preußen und ohne Österreich.

»Ich habe bei Übernahme meines Amtes den festen Vorsatz gehabt, Preußen zum Kriege mit Österreich zu bringen«, gestand der Ministerpräsident dem Kronprinzen im Jahre 1870, als dieser eingesehen hatte, daß Bismarcks Weg zwar nicht der sauberste, aber der erfolgreiche war. Bereits 1864 gedachte der Ministerpräsident, dem Thronfolger, der schon bald der König und Herr sein könnte, seine Politik nahezubringen. Friedrich Wilhelm reagierte wie ein Christenmensch, dem der Teufel seine Seele abzukaufen versucht. Fortan schnitt Bismarck diesen Chorknaben noch mehr, suchte ihn verstärkt den Staatsgeschäften fernzuhalten und behielt diese Gewohnheit dann auch bei, als Friedrich Wilhelm nach seinen Noten zu singen gelernt hatte.

Der Ministerpräsident konnte es nicht verhindern, daß der Kronprinz im Conseil erschien und in Gegenwart des Königs seine abweichenden Meinungen kundgab. Die Sitzung am 29. Mai 1865 eröffnete Wilhelm I. mit der Bemerkung, daß Preußen für seine Blutopfer entschädigt werden müsse, entweder durch die Einverleibung Schleswig-Holsteins oder zumindest mit dem Protektorat über die Herzogtümer. Die Mehrheit der Minister war für Einverleibung, schloß sich der Auffassung Bismarcks an, daß Österreich zunächst in Schleswig-Holstein Platz für Preußen zu machen habe, auch wenn dadurch ein Krieg heraufbeschworen würde.

Der Kronprinz meldete sich zu Wort: Ein Krieg mit Österreich würde Deutschland zerfleischen und zur Beute des Auslandes machen. Mit einem selbständigen Schleswig-Holstein unter Herzog Friedrich würde Deutschland gestärkt und Preußen keineswegs geschwächt werden; denn der Augustenburger sei preußisch gesinnt. Aber auch liberal gestimmt, ergänzte der König. Immerhin wollte er sich noch nicht festlegen.

Inzwischen führte sich der Augustenburger, der die deutsche Öffentlichkeit wie den Kronprinzen von Preußen hinter sich wußte, in Schleswig-Holstein bereits als ein Herr auf, der mehr auf die Zustimmung des Volkes als auf die Bestätigung durch die Besatzungsmächte Wert legte. Der österreichische Teilhaber an der gemeinsamen Verwaltung schien dieses demokratische Treiben zu dulden. So beschloß der Conseil am 21. Juli 1865 – gegen die Stimme des Kronprinzen – ein Ultimatum an Wien: Wenn es beiden Mächten nicht gemeinsam gelänge, den Augustenburger zur Räson zu bringen, müßte Preußen allein die Ordnung wiederherstellen.

»Man will ja nicht einen Konflikt, um durch einen Krieg den inneren, unhaltbaren Zwist beizulegen«, meinte Friedrich Wilhelm. »Und wenn Herzog Friedrich wirklich nachgäbe, und wenn er noch stärkere Bedingungen annähme, man würde bei uns schon verstehen, die Dinge so zu betreiben, daß neue Komplikationen entständen, um den Krieg zu bekommen.«

Bismarck hätte gerne durch einen Staatskonflikt vom Verfassungskonflikt abgelenkt. Den König hatte er noch nicht so weit gebracht. Am 14. August 1865 verständigte sich Wilhelm I. mit Franz Joseph I. im Vertrag von Gastein über den Ausweg einer Teilung, auf den Rivalen ja immer wieder verfallen, wenn sie das Ganze nicht bekommen können. Unter Vorbehalt der gemeinschaftlichen Souveränität über Schleswig-Holstein wurde dessen Verwaltung provisorisch geteilt: Preußen übernahm sie in Schleswig, Österreich in Holstein.

Auf der Strecke blieb der Augustenburger, den nun auch Franz Joseph fallen ließ. Deutsche Patrioten beklagten einen nationalen Rückschritt, deutsche Liberale einen Rückfall in egoistische Großmachtpolitik.

Der Kronprinz von Preußen atmete auf, daß die Kriegswolken vorübergezogen waren, doch er ahnte, daß es sich nur um eine vorübergehende Wetterbesserung handelte.

»Man wittert den Krieg, den Bismarck um jeden Preis will«, bemerkte er ein halbes Jahr später, am 23. Februar 1866. Seine Frau befürchtete, »die Pläne des bösen Bismarck« würden nicht nur Preußen, sondern ganz Deutschland ins Unglück stürzen. Frankreich werde der lachende Dritte sein. Die Engländerin verabscheute den Krieg an sich, und der kriegerische Bedarf des Preußen war fürs erste gedeckt. Schließlich war es etwas anderes, gegen Dänen, die Deutsche unterdrückten, in das Feld zu ziehen, als einen Bürgerkrieg gegen die deutschen Brüder in Österreich zu führen.

Andererseits war dieses Österreich ein Vielvölkerreich, das einem »rein deutschen« Nationalstaat entgegenstand. Denn die Deutsch-Österreicher konnten nicht – was 1848 bewiesen worden war – ihren Staatsverband verlassen und sich einem Nationalreich anschließen. Und der Habsburger würde nicht – wie es 1850 das Scheitern der kleindeutschen Fürstenunion erwiesen hatte – freiwillig dem Hohenzollern in Deutschland weichen.

In Wien wie in Berlin regierte die Reaktion, aber in Österreich schien sie von doppeltem Übel zu sein. Nicht nur seine Konstitution war von einer modernen Verfassung weit entfernt, auch der Anspruch, verschiedene Nationalitäten in einem Reich zusammenzufassen, galt als antiquiert. In Preußen stand ein Thronfolger bereit, der sein Land zum Liberalismus zurückzuführen und Deutschland zu einem nationalen Verfassungsstaat hinzuführen gedachte.

Auch Friedrich Wilhelm hatte erkannt, daß Österreich ein Hindernis auf dem Wege zum Doppelziel »Nation und Verfassung« war. Mußte man es aber unbedingt durch Krieg zu überwinden suchen, durch einen Krieg, den Preußen verlieren könnte und – wie der Kronprinz und die Kronprinzessin befürchteten – verlieren würde? Österreich besaß eine starke Armee, verfügte über Bundesgenossen in Deutschland, hoffte auf Alliierte in Europa, die einen Aggressor nicht ertragen und eine Verschiebung des Mächtegleichgewichts nicht dulden wollten.

Mit dem Schicksal Preußens stand die Zukunft des Kronprinzenpaares auf dem Spiel. Diese Sorge war nicht der geringste Beweggrund für seine Parteinahme im Verfassungskonflikt gewesen. Sie wurde nun die Haupttriebkraft seiner Bemühungen, einen Krieg mit Österreich zu verhindern. Dabei blieb er nicht allein. Königin

Augusta spielte mehr denn je das wandelnde Gewissen König Wilhelms. Queen Victoria suchte mit der Balance of powers den europäischen Frieden zu erhalten. Der ganze Coburg-Clan, dirigiert von Herzog Ernst, war im Einsatz.

In der liberalen Partei gab es noch prinzipielle Gegner der preußischen Machtpolitik und schon Realisten, die sich Schritt für Schritt der Überzeugung näherten, daß ohne Krieg mit Österreich ein deutscher Nationalstaat nicht zu ermöglichen sei. Dessen Inhalt freilich wollten sie nach wie vor anders gestalten als Bismarck, aber um die äußere Form zu erreichen, meinten sie mit ihm ein Stück Weges gehen zu müssen.

Die Liberalen, argumentierte Hermann Baumgarten, sollten sich Bismarck geradezu aufdrängen, damit sie ihn, wenn sie ihn zu ihrem Nationalziel getrieben hätten, zu ihrem Verfassungsziel hindrängen könnten. Deshalb, meinte der Professor wie sein Freundeskreis, dürften jetzt keine Bedingungen gestellt werden. Hier und heute sei mit Bismarck Preußen gegen Österreich an die Spitze Deutschlands zu bringen. Wenn der Kronprinz erst einmal König wäre, sei es dafür zu spät, jedoch für eine liberale Ausgestaltung des machtpolitisch Erreichten immer noch früh genug.

Kein Liberaler, der seine fünf Sinne beisammen habe, könne sich durch Bismarcks Krieg Fortschritte im Sinne des nationalen Liberalismus versprechen, meinte hingegen Friedrich Wilhelm. Doch selbst Duncker, dem er lange Zeit, freilich mit wachsendem Widerstreben gefolgt war, empfahl das Einschwenken auf Bismarcks Kurs.

Auch Franz von Roggenbach, der Bonner Studienfreund und liberale Weggenosse des Kronprinzen, plädierte für die Annexion Schleswig-Holsteins durch Preußen als Auslöser einer kriegerischen Auseinandersetzung mit Österreich. Als badischer Außenminister hatte er sich auf dem Frankfurter Fürstentag gegen Franz Joseph I. gestellt, gewissermaßen in Geschäftsführung des ferngebliebenen Wilhelm I. ohne dessen Auftrag. Ein Freund Bismarcks war der süddeutsche Liberale keineswegs, aber nur mit dem preußischen Junker schien die Vorbedingung der kleindeutschen Einheit, der Ausschluß Österreichs, erfüllbar zu sein. Roggenbach trat als Minister zurück, als sich Großherzog Friedrich von Baden, ein Liberaler auch er, für das Bundesrecht entschied.

Friedrich Wilhelm opponiere gegen eine aggressive Außenpolitik, die aus einer rechtsbrecherischen Innenpolitik hervorgehe, bemerkte Friedrich von Baden, der Schwager des Kronprinzen von Preußen und des Herzogs von Sachsen-Coburg-Gotha. Nichtsdestotrotz lasse er Anzeichen von Niedergeschlagenheit und Hilflosigkeit erkennen.

In der Tat: Von Liberalen wurde der Kronprinz verlassen, und im Conseil war er isoliert. In der Sitzung vom 28. Februar 1866 blieb er – abgesehen vom Finanzminister von Bodelschwingh, der mehr an die Kasse als an das Prinzip dachte – der einzige, der einem Krieg gegen Österreich widersprach. Er könne Se. Majestät, hieß es in der Niederschrift des Kronprinzen, »nur auf das Allerdringendste ersuchen, Bismarck zu beauftragen, keinen Schritt unversucht zu lassen, der eine Ausgleichung mit Wien ermögliche. Ich knüpfte an mein Wort vom ›Bruderkriege‹ im Frühjahr an und sähe kein Heil in dem beabsichtigten Kriege, der Napoleon den allerwillkommensten Dienst leiste.«

Noch ließ er nicht locker. Er bestärkte den Vater, der immer noch vor einem Krieg gegen einen konservativen Monarchen und deutschen Bundesgenossen zurückscheute, England um eine Vermittlung zwischen Preußen und Österreich anzugehen. »Ich habe den Eindruck«, schrieb der Schwiegersohn der Schwiegermutter, Queen Victoria, »daß der König mit äußerstem Widerstreben sich an den Gedanken des Krieges mit seinen furchtbaren, seinen unberechenbaren Folgen gewöhnen kann und daß es in Deiner Hand liegt, zunächst den Konflikt zwischen uns und dem so viele deutsche Untertanen zählenden Kaiserstaat zu beseitigen und damit Europa vor einem Krieg zu bewahren, der notwendig einen chaotischen Zustand hervorrufen würde.«

Die Queen war in einem parlamentarischen System nicht unbedingt die richtige Adresse. Die britische Regierung wandte sich an den Botschafter Preußens in London, der abwiegelte. Die diplomatischen Mittel hatte Bismarck in Händen, und er setzte sie im großen zur Vorbereitung des Krieges gegen Österreich und im kleinen zur Ausschaltung Friedrich Wilhelms ein. Der Kronprinz, sagte er dem französischen Botschafter in Berlin, beschäftige sich mit Politik, die er nicht verstehe, spreche von Dingen, die er nicht kenne, und öffne Bücher, die er nicht lese.

*Der Badener Franz von Roggenbach,
ein Gegner Bismarcks und Anhänger Friedrichs III.*

Um die Opposition aus den Angeln zu heben, setzte Bismarck einen deutschlandpolitischen Hebel an. Am 9. April 1866 ließ er im Frankfurter Bundestag den Antrag stellen, »eine aus direkten Wahlen und allgemeinem Stimmrecht der ganzen Nation hervorgehende Versammlung einzuberufen, um die Vorlagen der deutschen Regierungen über eine Reform der Bundesverfassung zu beraten«. Damit wollte er gleichzeitig das am Bundesvertrag festhaltende Österreich treffen und die kleindeutschen Liberalen für sich einnehmen.

Mit diesem »Schelmenantrag« fand Bismarck, der in Preußen ja gegen die Volksvertretung regierte, nicht – noch nicht – das gewünschte Echo. Friedrich Wilhelm erblickte darin ein »frevelhaftes Spiel mit den heiligsten Dingen, das zu einer traurigen Katastrophe führen müsse«. Er werde nichts unversucht lassen, »um dem Unheil abzuwehren, zu warnen und zu verhindern. Du weißt aber, wie wenig ich vermag«, schrieb er an Herzog Ernst. »Mein innerstes Gefühl sagt mir, daß Du einen Krieg vermeiden würdest, dessen Beschließung gleichzeitig die Entscheidung über das Schicksal Preußens und Deutschlands sowie über Dein eigenes und das Deiner Kinder und Enkel in sich schließt«, schrieb er dem Vater. »Laß mich Dich noch einmal dringend anflehen, kein Mittel unversucht zu lassen, um uns alle vor dem völlig unberechenbaren Ausgange eines Ereignisses zu bewahren, welches ein Vernichtungskampf zwischen uns und Österreich werden muß, der Europa in Brand stecken wird.«

Doch Bismarck stand dem König näher, vermochte ihn weit mehr als der Kronprinz zu beeinflussen. »Bismarck setzt eben alles bei Sr. M. durch«, klagte Friedrich Wilhelm und bedauerte den Vater: »Nicht oft genug kann ich Dir sagen, daß es mir erscheint, als ob ein Verhängnis Dich umgebe.«

Der Sohn, der wieder einmal den kürzeren gezogen hatte, machte seinem Herzen mit der Bemerkung Luft: Wenn Bismarck dem konservativen König eine Allianz mit dem italienischen Revolutionär Mazzini vorschlüge, würde Wilhelm I. verzweifelt im Zimmer herumgehen und ausrufen: »Bismarck, Bismarck, was machen Sie aus mir!«, schließlich mitten im Zimmer stehenbleiben und sagen: »Wenn Sie jedoch meinen, daß das im Interesse des Staates unerläßlich sei, so läßt sich am Ende nichts dagegen einwenden.«

Wilhelm I. war diesmal lange im Zimmer auf- und abgegangen, bis er Bismarck nachgab. Erleichtert wurde ihm der Entschluß zum Kriege durch die Weigerung Franz Josephs I., Schleswig-Holstein herauszurücken und Preußen die ihm gebührende Stellung in Deutschland einzuräumen.

Nun blieb Friedrich Wilhelm mitten im Zimmer stehen, stellte sich auf den Boden der Tatsachen, beendete – bis auf weiteres – seine liberalen Gedankengänge und wandte sich seiner hohenzollernschen Berufung und seinem militärischen Berufe zu. »Man kann eben nichts mehr tun«, meldete er sich beim Coburger ab, »als unter den gegebenen Verhältnissen, zu denen man nicht beigetragen hat, sehen, dem Vaterlande zu dienen und zu zeigen, daß man trachtet, innerhalb der von Bismarck heraufbeschworenen Katastrophe großes Unheil nach eigenen Kräften fernzuhalten.«

Beim Kriegsrat am 25. Mai 1866 überraschte er den König, Bismarck und die Generalität mit soldatischem Auftreten und martia-

*Leonhard von Blumenthal,
Chef des Generalstabs der Armee des Kronprinzen von Preußen*

lischer Entschlossenheit. Der Angriff – so Friedrich Wilhelm nun – müsse sofort beginnen, der Krieg ein Eroberungskrieg werden.

Der Kronprinz wurde zum Oberbefehlshaber der Zweiten Armee in Schlesien ernannt. Prinz Friedrich Karl erhielt das Oberkommando über die Erste Armee in der Lausitz, Herwarth von Bittenfeld über die Elbarmee in Thüringen. Der Kriegsplan von Generalstabschef Moltke sah vor, daß die drei Armeen getrennt in Böhmen einmarschierten, die österreichische Hauptarmee umfaßten und, rechtzeitig und am richtigen Platz sich treffend, mit vereinten Kräften schlugen.

Die Hauptaufgabe war der Ersten Armee des Prinzen Friedrich Karl zugedacht, den Moltke als Truppenführer für weit begabter und viel erfahrener als den Kronprinzen hielt. Friedrich Wilhelm, der zum erstenmal eine Armee kommandieren sollte, wurde mit Leonhard von Blumenthal ein tüchtiger und bewährter Generalstabschef beigegeben. Der Feldherr war ohnehin Moltke.

Von all dem war der frischgebackene Armeeführer nicht gerade erbaut. Der Kronprinz fühlte sich hinter den Prinzen Friedrich Karl zurückgesetzt. Seine Armee bestand nur aus zwei Korps, und der Kriegsplan wies ihr lediglich eine zweitrangige Rolle zu. Mit Blumenthal konnte er zufrieden sein, nicht zuletzt deshalb, weil auch er Moltkes Plan kritisierte. Gemeinsam setzten sie es durch, daß die Zweite Armee um zwei Korps, darunter die Garde, verstärkt und bis Oberschlesien ausgedehnt wurde.

In Schloß Fürstenstein bei Schweidnitz schlug der Kronprinz sein erstes Hauptquartier auf. Manchem Untergebenen, vornehmlich sich selber, erschien er wie ein junger Kriegsgott, mit reckenhafter Gestalt und blitzenden blauen Augen, der sich und sein fuchsfarbenes Roß kaum zügeln konnte, im Galopp dem Feinde entgegenzustürmen.

Seine Frau hielt ihn für einen Schwanenritter, der den Gralsfrieden verlassen und auf den Turnierplatz ziehen mußte. Bevor er entschwand, entwarf sie mit ihm den Aufruf an seine Armee, in dem nicht nur vom Krieg, den man schweren Herzens beginne, sondern auch vom Kriegsziel, der Neugestaltung Deutschlands, die Rede war.

Sie habe von einem Schlachtfeld geträumt, »wo lauter Köpfe, Arme und Beine herumlagen«, schrieb sie ihm nach Fürstenstein. Friedrich Wilhelm antwortete mit Briefen, in denen die alte Kriegsverdrossenheit mit neuer Siegeszuversicht gepaart war. »Ich fühle in mir die Überzeugung, daß wir nicht zum Verderben bestimmt sind«, äußerte er am 11. Juni, und am 16. Juni 1866: »Eben telegraphiert Moltke, daß wir den Krieg an Sachsen, Hannover und Kurhessen erklärt haben – also der eigentliche deutsche Bürgerkrieg. Wohin man blickt, nichts als Unerhörtes, Folgenschweres, seit Bismarck es will, weil er die einfacheren, näherliegenden Mittel von der Hand wies.«

Nachdem preußische Truppen im österreichisch verwalteten Holstein eingerückt waren, erklärte Österreich den Bundesfrieden für gebrochen, beschloß der Bundestag in Frankfurt mit 9 gegen 5 Stimmen die Mobilisierung des Bundesheeres. Daraufhin erklärte Preußen seinen Austritt aus dem Deutschen Bund und eröffnete den Krieg gegen dessen Präsidialmacht Österreich und die deutschen Staaten, die am Bundesrecht festhielten: Sachsen, Hannover, Kurhessen, Bayern, Württemberg, Baden, Hessen-Darmstadt, Nassau und Frankfurt.

Er sei kein kleines Kind, er habe selber erkannt, was seiner Armee drohe, wenn sie über die schlesischen Gebirgspässe gegen die auf der böhmischen Seite stehende österreichische Übermacht vorrücke, fuhr er seinen Generalstabschef Blumenthal an, der ihn auf die Gefahren aufmerksam machte. »Doch was liegt an der einen Armee? Steht doch ganz Preußen in diesem Kriege auf dem Spiel. Wird meine Armee geschlagen, so kehre ich lebend nicht nach Schlesien zurück!«

»Es ist wahrlich nicht leicht, Feldherr zu sein«, bekannte er seiner Frau, nachdem er das erste Gefecht bei Trautenau verloren hatte, »der Unfall« jedoch bei Skalitz und Soor »repariert« worden war. »Die körperliche Anstrengung ist ein Kinderspiel im Vergleich zur geistigen. Möge dies der letzte Krieg sein, den wir erleben.«

Den Siegestag des 28. Juni hatte er auf der Höhe von Kosteletz verbracht. »Rechts schlägt sich eins meiner Armeekorps, links ein anderes«, sagte er Prinz Kraft zu Hohenlohe-Ingelfingen, dem Kommandeur der Garde-Artilleriebrigade. »Der heutige Tag ist entscheidend für die Armee, und ich bin verurteilt, hier nichts zu tun, als eine Pfeife nach der anderen zu rauchen, denn ich habe angegeben, daß Meldungen mich auf dieser Höhe treffen, und wenn ich sie verlasse, bringe ich Konfusion in die ganze Armeeleitung.«

Beinahe hätte er Moltkes strategische Fäden verwirrt. Friedrich Wilhelm und Blumenthal, durch ihren Erfolg angespornt, wollten mit ihren 120 000 Mann direkt die Österreicher in ihrer festen Stellung bei Dubenetz angreifen, den Übergang auf das rechte Ufer der Elbe erzwingen und sich bereits am 2. Juli mit der Ersten Armee vereinigen. Dies wurde durch Moltke verhindert. Sein Operationsplan war darauf angelegt, daß die getrennt vorgehenden Armeen zu gegebener Zeit am vorgesehenen Ort zur Umfassungsschlacht einträfen. Deswegen hielt er die beiden Armeen noch getrennt, setzte sie erst am 3. Juli 1866 konzentrisch auf die bei Königgrätz stehende Hauptarmee der Österreicher an.

Die Erste Armee sollte frontal angreifen, die Zweite Armee in die rechte, die Elbarmee in die linke Flanke des Feindes stoßen. Das setzte allerdings voraus, daß Friedrich Wilhelm wie Herwarth von Bittenfeld, die einige Meilen zu marschieren hatten, bis sie in die Schlacht eingreifen konnten, rechtzeitig eintrafen.

Nach der Schlacht bei Königgrätz am 3. Juli 1866: König Wilhelm I.

verleiht Kronprinz Friedrich Wilhelm den Orden Pour le mérite

»Ich will den Hund in den Schwanz kneifen«, schwadronierte Friedrich Wilhelm und setzte seine Armee in Marsch. Doch auf den durch Regen aufgeweichten Wegen kam sie langsamer voran, als gedacht. Inzwischen war der Frontalangriff der Ersten Armee ins Stocken geraten. Die Elbarmee rückte zu zögernd heran. Und der Kronprinz kam und kam nicht. Auf dem Feldherrnhügel bei Sadowa gab Wilhelm I. die Schlacht schon verloren. Moltke bewahrte kaltes Blut, blickte mit dem Fernglas in die Richtung, aus der die Zweite Armee kommen mußte, meldete um 13.30 Uhr: »Die Armee Seiner Königlichen Hoheit des Kronprinzen greift ein. Euere Majestät haben die Schlacht gewonnen.«

Die Österreicher hatten ihre rechte Flanke fast gänzlich entblößt. Dennoch stieß die Zweite Armee nicht so tief in den Rücken des Feindes, daß sie ihm den Rückzug hätte abschneiden können. Die Elbarmee vermochte den linken Flügel der Österreicher nicht zu umfassen. Die Hauptmasse des feindlichen Heeres entkam. Eine Vernichtungsschlacht war es nicht geworden, aber bei Königgrätz und Sadowa wurde am 3. Juli 1866 der den Krieg entscheidende Sieg errungen.

»Wir haben einen sehr tapferen Feind geschlagen«, meldete Friedrich Wilhelm seiner Frau, »und ich habe mit meinen braven Truppen die Entscheidung herbeigeführt.« Die Kehrseite der Medaille übersah er nicht. »Das Schlachtfeld zu bereiten«, schrieb er in sein Tagebuch, »war grauenvoll, und es lassen sich die entsetzlichen Verstümmelungen, die sich dem Blicke darstellten, gar nicht beschreiben. Der Krieg ist doch etwas Furchtbares, und derjenige Nichtmilitär, der mit einem Federstrich am grünen Tisch denselben herbeiführt, ahnt nicht, was er heraufbeschwört.«

Das war gegen Bismarck gerichtet. »Und nun, wofür diese Verluste, wofür diese Siege – ich weiß es nicht«, schrieb er seiner Frau. »Bismarck wohnte mit Papa der Schlacht und unserem Wiedersehen bei, sagte mir kein Wort. Wäre er nicht zu unserem Unheil Minister, was könnten wir in Deutschland jetzt leisten im nationalen, liberalen Sinn, so aber möchte man nur trauern!«

Als ihm der König am Abend der Schlacht den Pour le mérite verlieh, hatte der Kronprinz Tränen in den Augen, doch dies waren Freudentränen. Auch der Vater zeigte sich gerührt. War der Sohn nicht doch ein Hohenzoller von echtem Schrot und Korn? Für alle

Fälle bekam er den Pour le mérite mit einem Medaillonbildnis Friedrichs des Großen, damit er dieses preußische Vorbild stets mit sich trage.

»Lebhaft habe ich die Nacht von meiner Frau und meinen Kindern geträumt«, notierte Friedrich Wilhelm in sein Tagebuch. Wachend dachte er an das, was geschehen war und was daraus werden mochte.

Die preußische Armee war nicht, wie er schwarzgesehen hatte, der österreichischen Armee unterlegen. Deren Oberbefehlshaber Benedek war ein Fehler nach dem anderen unterlaufen. Moltke hatte einen genialen Operationsplan und die besseren Nerven gehabt. Mit dem preußischen Zündnadelgewehr, einem Hinterlader, konnten in der Minute fünf Schüsse abgegeben werden, während das österreichische Lorenzgewehr, ein Vorderlader, nur einen Schuß schaffte.

Die preußische Heeresreorganisation hatte ihre Feuerprobe bestanden. Friedrich Wilhelm war ihr mit gemischten Gefühlen begegnet: Der Militär billigte die Verstärkung des Heeres, der Zivilist beklagte die Art und Weise, wie sie durchgesetzt wurde. Aber rechtfertigte das Ergebnis nicht im nachhinein die Mittel? Waren Bismarcks gewalttätige Methoden nicht erfolgreich gewesen? Ohne Übergehen des Abgeordnetenhauses hätte es kaum die Armeen von Königgrätz gegeben. Ohne die Aggression hätte man Österreich nicht die Nachteile des Angegriffenen und Preußen die Vorteile des Angreifers zuschanzen können. Ohne den Krieg vom Zaune zu brechen, wäre der Weg für ein neues Deutschland unter Preußens Führung nicht frei gemacht worden.

An der Sonne von Königgrätz schmolzen Friedrich Wilhelms Bedenken gegen Bismarck dahin. Selbst Vicky schien von Preußens Gloria geblendet zu sein. »Es ist ein Schritt vorwärts zur Einigung Deutschlands und als solchen begrüße ich unsere Erfolge mit Freude und Dankbarkeit«, schrieb sie ihm ins Feld. »Vor allen Dingen muß Österreich vollständig untergeduckt und klein und unschädlich gemacht werden. Dann können wir die andern doch sämtlich dominieren.« Und: »Ich fühle, daß ich nun jeden Zoll ebenso stolz bin, eine Preußin, als ich es bin, eine Engländerin zu sein.«

Lieber wäre es ihr freilich gewesen, wenn Preußen nicht durch »Blut und Eisen«, sondern »mit dem Schwerte des Geistes« so weit gekommen wäre. Keinesfalls dürfe der Weg zu einem »Junkerstaat« weiterführen, welcher »der Zeitrichtung unserer Tage und der ganzen modernen Welt trotzt«. Es gelte, zu einem deutschen »Bundesstaat unter Preußens Führung mit einem deutschen Parlament und einer Reichsverfassung« fortzuschreiten. Ihr Mann, der genug militärischen Mut bewiesen habe, müsse mit ziviler Courage vorangehen.

»Deine politischen Ansichten sind auch die meinigen«, schrieb ihr Friedrich Wilhelm sechs Tage nach Königgrätz. »Gestern und vorgestern hatte ich lange, eingehende Gespräche mit Bismarck, wobei ich stets hervorhob, wie ich meine liberalen Ansichten nicht aufgeben werde.« Der Sieger von Königgrätz, für den er sich hielt, näherte sich dem Ministerpräsidenten in der Absicht, mit ihm den Krieg zu einem für Preußen ersprießlichen Ende zu führen. Und in der Hoffnung, den Junker auf die vom Kronprinzenpaar gewünschte Bahn zu bringen.

Der Krieg war nach Königgrätz weitergegangen. Die Österreicher zogen sich zurück, die Preußen marschierten ihnen nach, in Richtung Wien. Noch hatten sie den Stephansturm nicht erblickt, als sich Napoleon III. einmischte. Der Bonapartist gönnte den Deutschen einen Nationalstaat, der Kaiser der Franzosen blieb darauf bedacht, Preußen nicht zu stark werden zu lassen. Ein Ausscheiden Österreichs aus dem deutschen Staatenverband und eine Hegemonie Preußens über Norddeutschland wollte er hinnehmen; die süddeutschen Staaten jedoch müßten unversehrt und selbständig bleiben, ließ er Bismarck wissen, und drohte: Wenn dieser die französischen Bedingungen nicht annähme, könnte sich die diplomatische Vermittlung zu einem militärischen Eingreifen ausweiten.

In der Hochstimmung des Sieges hatte Friedrich Wilhelm seine Sorge unterdrückt, daß der Krieg gegen Österreich den Kaiser der Franzosen auf den Plan rufen und Europa in Brand stecken könnte. »Bismarck muß nun zeigen, wie er uns aus diesem französisch-österreichischen Dilemma herausziehen will«, meinte er jetzt, erklärte sich jedoch bereit, dem Kriegsstifter zu helfen, vor dem Hereinbrechen eines Unwetters die Siegesfrüchte – die sie beide, wenn auch auf unterschiedliche Weise, genießen wollten – in die Friedensscheuer zu bringen.

Bismarck hatte um Unterstützung gebeten, den Kronprinzen ersucht, in das Hauptquartier Nikolsburg zu kommen. Auch der Vater verlangte nach ihm. Wilhelm I. und Bismarck waren wegen der Vermittlung Napoleons aneinandergeraten und brauchten nun ihrerseits einen Vermittler.

Der König, der halbherzig in den Krieg gezogen war, wollte nun, da sich ihm das Kriegsglück zugewandt hatte, aufs Ganze gehen, in Wien den Frieden diktieren und reiche Beute heimbringen: Teile von Böhmen und Sachsen, ganz Hannover, Kurhessen, Nassau und Frankfurt, Schleswig-Holstein sowieso und obendrein das bayerische Ansbach und Bayreuth. Preußen sollte in Nord- wie in Süddeutschland dominieren.

Bismarck versuchte ihm beizubringen, man müsse sich vorerst mit Annexionen in Norddeutschland und der Hegemonie diesseits der Mainlinie begnügen, dürfe nicht einen Zweifrontenkrieg gegen Österreich und Frankreich riskieren, in dem alles verlorengehen könnte. Dieser Ansicht war auch der Kronprinz, der den König und den Ministerpräsidenten, die sich nach heftigen Auseinandersetzungen in ihren Zimmern eingeschlossen hatten, auf dieser Linie zusammenführen wollte.

»Ich muß sagen, daß Bismarck in dieser Frage ganz korrekt handelt und ich ihm eine wesentliche Stütze leiste – es ist die umgekehrte Welt«, bemerkte Friedrich Wilhelm. Drei Tage lang bemühte sich der ehrliche Makler. Schließlich erklärte der König, da sich sein Sohn und Nachfolger auf die Seite des Ministerpräsidenten gestellt habe, bleibe ihm nichts anderes übrig, als Bismarcks Vorschläge für einen viel zu milden Friedensschluß anzunehmen.

Im Vorfrieden von Nikolsburg, der durch den Frieden von Prag bestätigt wurde, mußte Österreich die Auflösung des Deutschen Bundes anerkennen und einer Neugestaltung Deutschlands ohne das Habsburgerreich zustimmen. Preußen erhielt freie Hand zur Annexion der Herzogtümer Schleswig-Holstein, des Königreiches Hannover, des Kurfürstentums Hessen, des Herzogtums Nassau und der Freien Stadt Frankfurt sowie für die Zusammenfassung Norddeutschlands in einem von ihm beherrschten Bund.

»Sprich Du im Namen der Zukunft«, hatte der König zum Kronprinzen gesagt, zum erstenmal und zum letztenmal. Für deren Gestaltung hatte Friedrich Wilhelm Verantwortungsbewußtsein und Augenmaß bewiesen. Um des Friedens willen hatte er einen Waffenstillstand mit Bismarck geschlossen. Oder war es bereits ein Verständigungsfrieden mit dem Junker, obschon er seiner Frau versicherte, er werde an seinen liberalen Prinzipien jetzt und für immer festhalten?

Das Schwert hatte den deutschen Dualismus zugunsten Preußens gelöst. Auch wenn er es sich nicht eingestehen oder gar seiner Frau gestehen wollte: durch den militärischen Sieg bei Königgrätz und Sadowa wie den politischen Erfolg von Nikolsburg und Prag war auch Friedrich Wilhelms innerer Widerstreit zwischen Freiheit und Einheit, Recht und Macht entschieden worden – für die Macht, die durch den Erfolg recht bekommen zu haben schien, für die durch Preußen mögliche deutsche Einheit ohne die erträumte Freiheit.

Der liberale Kronprinz befand sich in Übereinstimmung mit der Mehrheit der liberalen Politiker. Friedrich Wilhelms Sadowa war auch das Sadowa des deutschen Liberalismus.

11

Der Nationalliberale

Im neuen Abgeordnetenhaus, das am Tage von Königgrätz und Sadowa gewählt worden war, saßen statt bisher 247 nur noch 148 Liberale der Fortschrittspartei und des linken Zentrums. Das Volk, das heißt die durch das Dreiklassenwahlrecht vorgenommene Auslese, honorierte den Erfolg, dessen Voraussetzung es kritisiert hatte. Die verbliebenen Mandate des Liberalismus beeilten sich, eine Verständigung mit dem Sieger zu finden und einen Vergleich mit der Macht zu schließen.

Als Bismarck den Krieg um die Vorherrschaft in Deutschland begann, eiferte sich der Rechtsprofessor Rudolf Jhering: »Das innerste Gefühl empört sich über einen solchen Frevel an allen Grundsätzen des Rechts und der Moral.« Als der Krieg gewonnen war, beugte sich Jhering »vor dem Genie eines Bismarck«, vergab ihm alles, was er Unrechtes getan hatte: »Ich gebe für einen solchen Mann der Tat hundert Männer der machtlosen Ehrlichkeit.«

Dem Liberalismus sei das unverdiente Glück widerfahren, daß nicht er, sondern sein Widersacher triumphiert habe, meinte der Geschichtsprofessor Hermann Baumgarten. Denn mit liberalen Grundsätzen sei kein Staat zu machen. Der Bürger sei zur Arbeit und nicht zur Herrschaft geboren, die man, »nach den größten Erlebnissen, die unsere Augen gesehen«, getrost den Junkern überlassen könnte.

Der Hannoveraner Johannes Miquel, der sich vom radikalen Demokraten zum gemäßigten Liberalen gemausert hatte und nun das Federkleid des Nationalliberalismus anlegte, erklärte den Gesinnungswechsel zur realpolitischen Notwendigkeit: »Die Zeit der Ideale ist vorüber; die deutsche Einheit ist aus der Traumwelt in die prosaische Welt der Wirklichkeit hinuntergestiegen. Politiker haben heute weniger als je zu fragen, was wünschenswert als was erreichbar ist.«

Erreichbar erschien mit Bismarcks Preußen ein deutscher Nationalstaat, wünschenswert war er nicht nur aus politischen, sondern auch aus wirtschaftlichen und sozialen Gründen. Die Unternehmerwirtschaft brauchte den nationalen Markt, und das Bürgertum begehrte eine Absicherung des daraus gezogenen Gewinns und der damit gewonnenen gesellschaftlichen Position. Schon machte der Vierte Stand seine Ansprüche geltend. Deren Abwehr legte eine Allianz mit dem Adel nahe, die gemeinsame Aufrechterhaltung des Geburt und Besitz privilegierenden Dreiklassenwahlrechts und die gemeinsame Niederhaltung der Arbeiterschaft, die nicht nur einen sozialen Umsturz verlangte, sondern auch, wenigstens teilweise, ihre politischen Ziele jenseits der Nation suchte.

Eine Koalition zwischen Bourgeoisie und Aristokratie, Hochofen und Rittergut, Manchester und Potsdam war jedoch nur unter preußischen Bedingungen möglich. Ein Bündnis mit Bismarck zur Schaffung eines deutschen Nationalstaates mit preußischen Machtmitteln setzte eine Anerkennung der preußischen Machtstrukturen voraus. Es blieb die Hoffnung, daß die preußisch-deutsche Form, wenn sie erst einmal stand und sich gefestigt hatte, mit liberalem Inhalt angefüllt werden könnte.

»Die ganze große liberale Partei kann man jetzt haben«, hatte die Kronprinzessin nach Königgrätz und Sadowa erklärt. Vor den preußischen Wagen, zur Erreichung der deutschen und auch liberaler Ziele wollte der Kronprinz die gesamte Partei spannen. Wozu er sich selbst durchgerungen hatte, das glaubte er auch seinen Gefährten zumuten zu können. »Ich bin immer ein Gegner Bismarcks gewesen, aber jetzt ist es notwendig, diesen zu unterstützen«, sagte er dem Präsidenten des Abgeordnetenhauses, Max von Forckenbeck. Er mußte es ihm nicht zweimal sagen. Das Gründungsmitglied des Nationalvereins hatte als Referent der Budgetkommission den Verfassungskonflikt vermeiden wollen. Nun suchte er ihn zu beenden.

Bismarck baute ihm eine Brücke. Dazu zog er den hilfswilligen Kronprinzen heran. Der bewährte Vermittler zwischen König und Ministerpräsident sollte als Verbindungsmann zwischen Regierung und liberaler Fraktion ebenso positive, das heißt im Sinne Bismarcks liegende Resultate erbringen. Friedrich Wilhelm ging mit dem Feuereifer des Proselyten ans Werk.

Der Kompromiß sah vor, daß die Regierung den Rechtsstandpunkt der Opposition billigte, ohne daß sie eigenes Unrecht eingestand. Bismarck ersuchte um nachträgliche Genehmigung der in der Konfliktzeit vom Parlament nicht bewilligten Staatsausgaben. Die erbetene Indemnität – von lateinisch: indemnatum, unverdammt – wurde am 3. September 1866 vom Abgeordnetenhaus gewährt, mit 230 gegen 75 Stimmen.

Genau zwei Monate nach der Entscheidungsschlacht in Böhmen wurde in Berlin die Fortschrittspartei besiegt. Die Kampftruppe des deutschen Liberalismus zerbrach in ein Häuflein von Standhaften, die Namen und Grundsatzprogramm beibehielten, und in den Heerhaufen der Nationalliberalen Partei, die ohne das Gepäck des Parlamentarismus zur Hilfstruppe Bismarcks avancierte.

Zu ihr fühlte sich Friedrich Wilhelm hingezogen, der auf dem Weg vom nationalen Liberalismus zum Nationalliberalismus vorangegangen war. Führer der rechtsliberalen Partei – Eduard Lasker, Karl Twesten, Rudolf von Bennigsen, Max von Forckenbeck – erblickten im Kronprinzen eine Art Ehrenmitglied. Bismarck hielt ihn für eine Feudalausgabe des Nationalliberalismus, die er je nach Bedarf – gegen die Feudalpartei, die sich der Linksabweichung des Ministerpräsidenten widersetzte, oder gegen Nationalliberale, die vom rechten Wege abkamen – zu benützen gedachte.

Wilhelm I. aber wollte Friedrich Wilhelm weiterhin der Politik fernhalten. Im Hause Hohenzollern hatten Kronprinzen nichts zu melden. Seinen Sohn hielt er, obwohl er sich auf dem Schlachtfeld den Pour le mérite verdient hatte, immer noch für einen uniformierten Zivilisten. Das Königreich Preußen, in dem die monarchischen und feudalen Barrieren schwerlich wegzuräumen waren, bot dem Kronprinzen nicht den gewünschten Auslauf. Er meinte ihn bei der Gestaltung des Norddeutschen Bundes, der Vorform eines auch Süddeutschland umfassenden Deutschen Reiches, zu finden.

Die Verfassung des Norddeutschen Bundes sollte nicht, wie die Reichsverfassung der Frankfurter Nationalversammlung, aus einer Konstituante hervorgehen, nicht auf die Volkssouveränität, sondern auf die Monarchensouveränität begründet sein. Damit hatten sich die Nationalliberalen abgefunden. Doch der Verfassungsentwurf, den Bismarck dem »verfassungsberatenden Reichstag« vorlegte, blieb ihnen doch allzuweit von einem parlamentarischen Regierungssystem entfernt.

Der Reichstag ging zwar aus allgemeinen, gleichen, direkten und geheimen, also – im Gegensatz zum preußischen Abgeordnetenhaus – aus demokratischen Wahlen hervor. Doch diese Volksvertretung erhielt nicht die Kompetenzen eines modernen Parlaments. Statt eines dem Reichstag verantwortlichen Bundesministeriums gab es den Bundesrat, das Organ der Fürsten, die den »ewigen Bund« gebildet hatten. Er war gleichberechtigt an der Gesetzgebung beteiligt und zugleich Träger der Bundesexekutive. Eine Gewaltenteilung, wie sie auch deutsche Liberale gefordert hatten, war das nicht. An der Spitze des Bundesrates stand als Bundeskanzler der Ministerpräsident der Hegemonialmacht Preußen.

Max von Forckenbeck, Mitgründer der Nationalliberalen Partei

Und über allen thronte der König von Preußen als Bundespräsident und Bundesfeldherr.

Die Nationalliberalen verlangten Änderungen im Sinne des ursprünglichen liberalen Programms. Ihre Führer auf der einen wie Bismarck auf der anderen Seite bemühten den Kronprinzen als Makler. Friedrich Wilhelm forderte beide Seiten zum Nachgeben auf, mit dem Ergebnis, daß die Partei viel und Bismarck wenig nachgab. Es blieb beim preußisch-deutschen Konstitutionalismus, auch wenn einige kosmetische Veränderungen vorgenommen wurden, beispielsweise in der Frage der Diätenerhöhung.

Die Zuständigkeit des Bundes konnte im unitarischen Sinne ausgedehnt werden. Danach verlangte es Friedrich Wilhelm am meisten, und auch die Nationalliberalen, die vom Nationalverein zwar nicht den Wunsch nach einer parlamentarischen Verfassung, aber die Forderung nach einer starken Zentralgewalt übernommen hatten.

Diese Selektion nahm auch der ehemalige Protektor des Nationalvereins vor, Herzog Ernst II. von Sachsen-Coburg-Gotha, der Onkel der Kronprinzessin und ein Mentor des Kronprinzen. 1866 hatte der Fürst, dessen Kleinstaat zum Teil von preußischen Gebieten umschlossen war, seine paar Soldaten dem preußischen Oberbefehl unterstellt. 1867 trat der Coburger, der immer schon – allerdings ein liberales – Preußen an der Spitze Deutschlands sehen wollte, dem von Bismarck geschaffenen und vom Hohenzollern beherrschten Norddeutschen Bund bei.

Dessen Verfassung war Ernst II. liberal genug, doch zu wenig unitarisch. In einer Denkschrift forderte er mehr Zentralisierung. Den Bundesstaaten wollte er nur die innere Verwaltung, die Polizei, die Kulturangelegenheiten und das Unterrichtswesen belassen. Andererseits verlangte er eine stärkere Beteiligung der insgesamt 23 Bundesmitglieder – auch der kleinen und kleinsten – an der Exekutivgewalt des Norddeutschen Bundes. Das war die aus der englischen Verfassung entlehnte Vorstellung von einem deutschen Oberhaus. In diese Richtung gingen auch Gedanken Friedrich Wilhelms, sogar so weit, daß er sich fragte: »Wenn etwas aus Deutschland werden soll, wird Preußen nicht darin aufgehen müssen? Wird es nicht die erste, große Provinz von Deutschland werden müssen?«

Statt dessen war der preußische Staat noch größer geworden, durch die Annexionen von 279 000 auf 352 000 Quadratkilometer, von 19,6 auf 24,4 Millionen Einwohner angewachsen. Wie sollte da noch, wie es Friedrich Wilhelm wünschte, Preußen in Deutschland aufgehen, wenn fast ganz Norddeutschland in Preußen aufgegangen war? Hier lag für ihn die Problematik der Annexionen, nicht in der Entthronung der Souveräne von Hannover, Kurhessen und Nassau, die – wie er meinte – einer deutschen Einheit nur im Wege gestanden hätten.

Seinen Freund, den Erbprinzen Friedrich von Augustenburg, hätte er gerne auf den Thron gebracht und ihn als Herzog von Schleswig-Holstein erhalten. Aber auch die Liberalen im Abgeordnetenhaus, die sich noch vor kurzem für den Augustenburger den Mund zerrissen hatten, befürworteten nun Bismarcks Annexion.

»Das, was ich vor dem Kriege für Recht hielt«, sei »nicht dadurch für mich hinterher zum Unrecht geworden, daß es sich undurchführbar gezeigt hat«, ließ Friedrich Wilhelm den Augustenburger wissen. »Aber ebenso offen spreche ich Dir mein Bedauern aus, daß ich in dieser Lage außerstande bin, etwas für Dein Interesse zu tun.« Wenn er zur Regierung komme, werde er ihm zwar Schleswig-Holstein nicht zurückgeben können, »aber ich denke mir als selbstverständlich, daß die Familie künftig in den Herzogtümern auf ihren alten Besitzungen lebt«.

Die Entthronung König Georgs V. von Hannover, ihres englischen Bluts- und Geistesverwandten, beklagte die Kronprinzessin Victoria. Und sie bedauerte die Hannoveraner, die nun Preußen werden mußten. »Die einzige Art, wie man sie mit ihrem harten Schicksal versöhnen kann, besteht darin, ihnen ihre Eigentümlichkeiten, an denen sie hängen, zu belassen, ihre Gesetze, ihre Stadt- und Gemeindeordnung und ihre Gerichtsbarkeit. Darum finde ich es tief zu beklagen, daß so viele unserer Abgeordneten und auch Minister unsere Verfassung den fremden Ländern aufpflanzen und die ganze Maschinerie unseres Beamtentums dort einführen wollen.«

Schon wurde erwogen, den Kronprinzen von Preußen zum Vizekönig in Hannover zu ernennen. Friedrich Wilhelm wäre dazu bereit gewesen, wenn er dort in seinem Sinne hätte schalten und walten können. Daran aber war nicht zu denken. Der König wollte nichts von seiner Monarchenmacht abgeben und Bismarck den Kronprinzenliberalismus nicht durch die hannoversche Hintertür nach Preußen hereinlassen.

Deutsches drang aus den annektierten Gebieten nach Preußen hinein, zur Genugtuung Friedrich Wilhelms, der befürchtet hatte, der Austausch würde sich auf den Export des Preußischen beschränken. Die Nationalliberale Partei hatte mehr neupreußische als altpreußische Mitglieder, die über die preußische Annexion hinaus zur deutschen Integration strebten.

Dieses Ziel verfolgten auch ihre Anhänger jenseits der Mainlinie. Die süddeutschen Staaten, die von Bismarck nicht als Gegner von gestern, sondern als Partner von morgen behandelt wurden, waren bereits durch Militärallianzen mit Preußen verbunden, und ihre Truppen wurden nach preußischem Vorbild organisiert und von preußischen Ausbildern einexerziert. Der Kronprinz wurde auf Inspektionsreisen nach Süddeutschland geschickt. Als General wie als Nationalliberaler schien er für diese Aufgabe geeignet zu sein. Aber nicht überall wurde seine Kombination von Militärappell und Einheitspredigt geschätzt, vor allem nicht in Bayern, wo ihn König Ludwig II. als Inbegriff des preußischen Militarismus und des deutschen Unitarismus verabscheute.

Wirtschaftsbürger und Nationalliberale im Süden drängten auf einen Anschluß an den Norden, der Kohle und Eisen besaß, die Unternehmer förderte und Freihandel betrieb, einen größeren Markt mit besseren Absatzchancen bot. Die Erneuerung des deutschen Zollvereins, eine Existenzfrage für die süddeutsche Wirtschaft, wurde ein wichtiger Integrationsfaktor.

Die Bedeutung der Nationalökonomie für die Nationaleinigung hatte Friedrich Wilhelm erkannt. Er begrüßte den von Bismarck durchgesetzten Zollvereinsvertrag, der einen Zollbundesstaat als Vorstufe eines deutschen Bundesstaates schuf. Schon gab es einen Zollbundespräsidenten, den König von Preußen, einen Zollbundesrat, in dem Bismarck dominierte, und ein Zollparlament, in dem neben 297 Abgeordneten des Norddeutschen Reichstages 85 Abgeordnete aus Süddeutschland saßen.

Den gesamtdeutschen Parlamentariern gab Friedrich Wilhelm am 23. Mai 1868 ein Gartenfest im Park des Neuen Palais zu Potsdam. Der Geist Friedrichs des Großen schwebte über und ein Kronprinz von Preußen weilte unter ihnen, der ein deutscher Herr und ein liberaler Meister zu werden versprach, einem durch Eisen und Blut geschaffenen und durch Kohle und Eisen zusammengehaltenen Gebilde staatliche Würde und nationalen Glanz zu geben vermöchte.

Zur Repräsentation setzten ihn König und Bundeskanzler ein. Von seinen liberalen Präsentationen, die über die von der konservativen Staatsräson gezogenen Grenzen hinausgingen, setzten sie sich ab. Als der Kronprinz die vom Norddeutschen Reichstag beabsichtigte Aufhebung der Todesstrafe bei Wilhelm I. und Bismarck befürwortete, holte er sich eine Abfuhr. Auch sein Kompromißvorschlag, sie wenigstens bei politischen Verbrechen nicht mehr auszusprechen, wurde abgelehnt. Von den Gegenvorstellungen war er so beeindruckt, daß er die nationalliberalen Führer dringend bat, auf ihr Vorhaben zu verzichten, was der Reichstag dann auch tat.

Bismarck hielt es für angebracht, den für seinen Geschmack immer noch zu liberalen und für die Politik viel zu diffusen Kronprinzen möglichst in die Ecke zu stellen. Beim Ausgleich mit den Nationalliberalen hatte er seine Schuldigkeit getan, bei der Auslegung des Kompromisses waren von ihm nur Schwierigkeiten zu erwarten.

Die Ecke war freilich weich und angenehm gepolstert. Der Kronprinz wurde mit Repräsentationsaufgaben betraut, die ihm lagen, und auf Reisen geschickt, wonach es ihn verlangte. Friedrich Wilhelm beurlaubte sich von Pflichten, die er in Preußen nicht nach bestem Wissen und Gewissen erfüllen durfte, ohne sich von der Pflicht zu entbinden, auch im Ausland und selbst in den Ferien dem Staat und der Nation auf seine Weise zu dienen.

Bereits im November 1866 war er in Sankt Petersburg gewesen, zur Hochzeit des Zarewitsch und späteren Zaren Alexander III. mit Dagmar von Dänemark. Sie war die Schwester Alexandras von Dänemark, der Gemahlin des Prinzen von Wales und späteren Königs Eduard VII. Nach England wie nach Rußland hatten dänische Prinzessinnen geheiratet, die den Raub Schleswigs und Holsteins nicht verwinden konnten.

Welche Gefahren dies für das dazwischen liegende Deutschland heraufbeschwören könnte, wurde dem Kronprinzen in Sankt

Petersburg bewußt. Der Zarewitsch holte ihn nicht vom Bahnhof ab, sprach kaum ein Wort mit ihm, ließ ihn seine Deutschfeindlichkeit spüren. Der Prince of Wales hingegen wurde vom Russen wie ein Bundesgenosse empfangen. Und der Bruder der preußischen Kronprinzessin verhehlte es dem Schwager nicht, wie »weh ums Herz« es ihm nach der Annexion Hannovers und der Entthronung eines Mitglieds der englischen Königsfamilie geworden sei.

*Friedrich Wilhelm als Earl of Surrey
bei einem Kostümfest im kronprinzlichen Palais*

Friedrich Wilhelm suchte solche Schmerzen zu lindern und Ressentiments zu dämpfen. Der Prinz von Wales kam ihm als Gentleman entgegen, die Dänin aber machte es ihm schwerer. Sie empfing ihn mit schroffer Miene, die sich kaum entspannte, als er sie bat, ihn »nur als einen Verwandten zu betrachten, der bloß in seinem und dem Namen seiner Frau die wärmsten Glückwünsche zur Hochzeit bringt«.

Der alte Alliierte, das stockkonservative Rußland, schien Preußen die kalte Schulter zu zeigen. Dies hätte den liberalen Kronprinzen wenig gestört, wenn ihm nicht die möglichen außenpolitischen Folgen für Deutschland bewußt geworden wären. Wohler fühlte er sich im April 1868 in Italien, beim neuen Alliierten Preußens.

Gemeinsam waren Preußen und Italien im Jahre 1866 gegen Österreich marschiert. Das italienische Heer hatte die Niederlage einstecken müssen, auf die es im Kampf gegen die Austriaci abonniert zu sein schien. Die Preußen hatten in Böhmen für die Italiener mitgesiegt, Venetien für sie gewonnen. Nun feierten sie Friedrich Wilhelm als »Helden und Sieger von Sadowa«.

»Mir sind solch warme Beweise der Sympathie seitens einer fremden Nation noch nie vorgekommen«, notierte er und schrieb dies nicht nur dem Temperament der Südländer, sondern auch seinen Verdiensten zu. Auch ihm waren die Italiener sympathisch, die als rot-weiß-grüne Nationalliberale gelten konnten. Ihr König, der Savoyer Victor Emanuel II., stand kurz vor dem Ziel, dem sich der Hohenzoller Wilhelm I. noch zögernd näherte: der Einigung der Nation durch deren Führungsmacht.

Friedrich Wilhelm war zur Hochzeit des italienischen Kronprinzen Umberto mit Margherita von Savoyen gekommen. Bismarck schien es dem Liebling der Italiener zuzutrauen, daß er den um die italienische Nation freienden Napoleon III. auszustechen vermöchte; jedenfalls hatte er ihm diesbezügliche Instruktionen mitgegeben. Der Franzose war ohnedies ins Hintertreffen geraten, nachdem er für seine Waffenhilfe im Jahre 1859 Savoyen und Nizza eingesteckt und Truppen nach Rom entsandt hatte, die dem Papst die Hauptstadt des Kirchenstaates erhielten und dem König von Italien seine Hauptstadt vorenthielten.

Napoleon III. umwarb auch Franz Joseph I. In Berlin wurde befürchtet, er könnte bei dem Besiegten von Königgrätz Gehör für eine »Rache für Sadowa« finden. Deshalb sah es Bismarck nicht ungern, daß Friedrich Wilhelm im Oktober 1869 nach Wien fuhr, um seine preußische Liebenswürdigkeit dem französischen Charme entgegenzusetzen. Der Kronprinz fühlte sich schon als halber Sieger, weil Kaiserin Elisabeth aus Ischl herbeigeeilt kam und ihn Kaiser Franz Joseph in preußischer Uniform empfing, wie es nun einmal die Etikette vorschrieb. Die Schmeicheleien des Österreichers ließen ihn fast vergessen, daß sie dazu dienten, politische Äußerungen zu vermeiden.

Österreich war nach seinem Ausscheiden aus Deutschland zur Donaumonarchie geworden, die dorthin blickte, wohin die Donau floß. Wien war deshalb ein günstiger Ausgangspunkt für die Orientreise Friedrich Wilhelms, die er im Anschluß an den Besuch in der Hofburg antrat.

Der Vater hatte ihn zunächst nicht reisen lassen wollen, der hohen Kosten wegen. Bismarck besorgte die Genehmigung. Er wußte den Kronprinzen am liebsten dort, wo der Pfeffer wuchs. Obendrein konnte er sich in der Ferne nützlich machen. Die Reise bot eine Gelegenheit, in Wien vorbeizuschauen, wohin Bismarck die Verbindung nicht abreißen lassen wollte. Durch die Anwesenheit des Kronprinzen bei der Eröffnung des Suezkanals – dies der eigentliche Grund der Reise – wäre Preußen in der Weltpolitik präsent und in der monarchischen Gesellschaft, die nach Ägypten eingeladen worden war, nicht schlecht repräsentiert.

Friedrich Wilhelm lockte der Orient mit seinen tausend Wundern und den Erinnerungen an die Kreuzfahrer. Er dachte auch an die Äußerung des Türkei-Experten Moltke, seines früheren Adjutanten: Auch Deutschland habe einen Platz im Orient zu beanspruchen.

Mit einem Geschwader von Kriegsschiffen des Norddeutschen Bundes fuhr er in den Orient. »Zum erstenmal seit einem halben Jahrtausend«, bemerkte ein Zeitgenosse, »erblickten die morgenländischen Völker eine deutsche Orlogflotte.« Unterwegs, auf Korfu, feierte Friedrich Wilhelm seinen achtunddreißigsten Geburtstag. In Athen besichtigte er die Akropolis, von der ihm sein Lehrer Ernst Curtius so viel erzählt hatte.

Am 24. Oktober 1869 erblickte er die Moscheekuppeln und Minaretts von Konstantinopel. Mitglieder der deutschen Kolonie waren ihm auf einem Dampfer entgegengefahren, auf dem die Flagge Schwarz-Weiß-Rot, die Fahne des Norddeutschen Bundes, wehte. Im Zeichen der deutschen Zukunft wurde draußen in der Welt der kommende Herrscher Deutschlands begrüßt. Er tauchte in die byzantinische Vergangenheit und die osmanische Gegenwart ein. Der Sultan empfing ihn wie Seinesgleichen, überließ ihm seine Prunkgemächer im Serail.

Dann ging es weiter nach Jerusalem, dem Ziel der Kreuzfahrer des Mittelalters, in deren Nachfolge sich der preußische Romantiker fühlte. Hoch zu Roß, in blauem Mantel, zog er durch das Damaskustor ein, von Palmzweige schwingenden Morgenländern begrüßt. Die Grabeskirche Christi besuchte er in Galauniform, mit dem Band des Schwarzen-Adler-Ordens über der Brust und dem Hosenbandorden am Knie. Die heilige Gedenkstätte fand er nicht so eindrucksvoll, wie er sie sich vorgestellt hatte, sondern verwinkelt, eng, dunkel und dumpf. Auf den Trümmern des Johanniterhospizes gründete er eine protestantische Kirche, ein modernes Gotteshaus, in dem ein deutscher Christ seinem Heiland in würdiger Form gegenübertreten könnte.

In Port Said gesellte sich der Kronprinz von Preußen zu den Spitzen der Monarchengesellschaft. Zur Eröffnung des Suezkanals waren Kaiser Franz Joseph und Kaiserin Eugénie gekommen, die beide dem Preußen die Schau stahlen, der Österreicher, der den Vortritt beanspruchte, und die Französin, die stets im Mittelpunkt stand, »in einem grauseidenen kurzen Spitzenkleid, halb decolletiert«, wie Friedrich Wilhelm notierte, oder »mit einer Marine-Offiziersmütze, nebst blauem Schleier coiffiert, und mit hellgelben Lederjambieres chaussiert«.

Die Franzosen hatten den Suezkanal gebaut, und die Engländer, die nun einen kürzeren Seeweg nach Indien bekamen, zogen den größten Gewinn daraus. Immerhin dampfte am 17. November 1869 der deutsche Aviso »Grille« als eines der ersten Schiffe durch den Kanal, und der Kronprinz von Preußen schrieb in sein Tagebuch: »Möchte doch Deutschland sich bald ähnlich großer Leistungen auf dem Gebiete der Verkehrswege rühmen können.«

Von Suez begab sich Friedrich Wilhelm nach Kairo und fuhr nach Oberägypten. »Eine Nilfahrt gehört vielleicht zu den ansprechendsten Erlebnissen einer Reise; verlangt aber unglaublich viel Zeit, sie hat wenigstens in mir das Gefühl zurückgelassen, daß ich trotz allen Genusses kein Verlangen empfinde, sie ein zweites Mal zu machen.«

Im »Tagebuch meiner Reise nach dem Morgenlande für mein teures liebes Frauchen« steht nichts über ein Vorkommnis, das ihm Ägypten vielleicht ein für allemal verleidete. »Ce qu'on ne peut dire à Berlin – Was man in Berlin nicht sagen darf« war das Buch von Jean de Bonnefon überschrieben, in dem behauptet wurde, daß sich der Kronprinz von Preußen in Ägypten eine Geschlechtskrankheit geholt habe. Der Gastgeber, Vizekönig Ismail Pascha, habe sich verpflichtet gefühlt, für Unterhaltung nicht nur bei Tage, sondern auch in der Nacht zu sorgen. Eine Spanierin habe Friedrich Wilhelm mit Syphilis angesteckt.

»Es gibt ähnliche Berichte wie die Bonnefons«, schrieb der Historiker Michael Freund, der sich eingehend mit dem kranken Kronprinzen und Kaiser beschäftigte, »journalistisch übertreibende Berichte, die in den Einzelheiten fast nie nachprüfbar sind, die aber nicht ohne ein Körnchen Wahrheit sein können.« Der Engländer Mackenzie, der nachmalige Arzt Friedrich Wilhelms, habe zu einem gemeinsamen Freund gesagt, der Kronprinz hätte sicherlich Syphilis gehabt, bevor der Krebs ausgebrochen sei, bemerkte Mackenzies Biograph Stevenson. Der Geheime Staatsrat Dr. Moritz Schmidt deutete 1887 in einem Vortrag in der Frankfurter Universität an, die Krebserkrankung des Kronprinzen sei auf ein kontagiöses Leiden, eine Infektionskrankheit zurückzuführen.

Der Ägyptenheimkehrer feierte das Weihnachtsfest 1869 mit Frau und Kindern in Cannes an der Côte d'Azur. Anschließend fuhren der Kronprinz und die Kronprinzessin nach Paris, wo sie vom französischen Kaiserpaar gastfreundlich aufgenommen wurden. Sie fanden Napoleon III. gelb im Gesicht, merklich gealtert, sichtlich niedergeschlagen.

Zwei Jahre vorher, auf der Pariser Weltausstellung 1867, hatte der Kaiser noch eine glänzende Figur gemacht. In der Metropole der Zivilisation, für die nicht nur Franzosen die Hauptstadt Frankreichs hielten, hatte er den Zaren, den Sultan, den Kaiser von Österreich und mehrere Könige, darunter Wilhelm I. von Preußen, empfangen, der in Begleitung Bismarcks und des Kronprinzenpaares gekommen war.

Friedrich Wilhelm führte 1867 den Vorsitz der preußischen Ausstellungskommission, die als Glanzstücke eine Reiterstatue Wilhelms I. und eine Riesenkanone aus Kruppstahl nach Paris geschickt hatte. Der Kronprinz widmete sich Wissenschaftlern und Künstlern als einziger unter den fremden Fürstlichkeiten, wie Ernest Renan hervorhob. Der französische Gelehrte wußte nicht, daß er auch der einzige war, der sich nicht mit Staatsangelegenheiten beschäftigen durfte.

Die Beziehungen zwischen Preußen und Frankreich waren viel zu diffizil, als daß Bismarck die Einmischung eines Dilettanten hätte dulden können. Die Niederlage Österreichs im Jahre 1866 war von der Grande Nation wie eine eigene empfunden worden, und den Norddeutschen Bund hielt sie für eine bedrohliche Machtballung an ihrer Ostgrenze, hinter der jahrhundertelang ein zersplittertes und notgedrungen friedliebendes Deutschland gelegen hatte.

Presse und Parlament drängten den Kaiser der Franzosen, er möge der preußischen Gefahr begegnen, eine Entschädigung verlangen. Bismarck hatte in Napoleon die Hoffnung zu wecken verstanden, daß er mit Kompensationen, etwa Gebietsabtretungen am Rhein, rechnen könnte, wenn er im preußisch-österreichischen Krieg neutral bliebe. Nachdem er es geblieben war, konnte sich Bismarck an nichts mehr erinnern. Als Napoleon wenigstens Luxemburg, das zum aufgelösten Deutschen Bund gehört hatte, dem König der Niederlande abkaufen wollte, scholl ihm aus Deutschland »Die Wacht am Rhein« entgegen.

Selbst die Kronprinzessin stimmte ein. Man dürfe den Franzosen kein Stückchen deutschen Landes geben, schrieb sie ihrer Mutter, der um den europäischen Frieden besorgten Queen. Das »große vereinigte Kaiserreich Deutschland« werde sich niemals bilden können, »bevor Frankreich nicht auf dem Festlande zu einer zweitrangigen Macht herabgedrückt ist«. Ein Krieg sei unvermeidlich, und es sei besser, ihn jetzt zu führen als später. »Das ist mein und Fritzens Gefühl . . .«

Der Verstand sagte Bismarck, daß die Einigung des ganzen Deutschland ohne einen Krieg mit Frankreich nicht möglich sein würde. Aber er wollte ihn noch nicht, und vor allem keinen Krieg, den er selber hätte erklären müssen. So kam es, auf der Londoner

Konferenz der europäischen Großmächte, zu einem Kompromiß: Das Großherzogtum Luxemburg wurde für neutral erklärt, die preußische Besatzung räumte die ehemalige Bundesfestung, die geschleift wurde.

Das Kronprinzenpaar atmete auf. Der Frieden war ihm doch lieber. Noch während der Luxemburger Krise hatte es Angst vor seiner zeitweiligen Kriegscourage bekommen. Friedrich Wilhelm plädierte für eine schiedliche Lösung. Vicky wagte sich sogar in die Höhle des Löwen, bat Bismarck, »den Frieden auf ehrenhafte Weise zu erhalten«. Das hinge nicht von ihm ab, fauchte der Kanzler sie an.

Als das Kronprinzenpaar die letzten Tage des Jahres 1869 in Paris verbrachte, waren kaum noch Wolken zu sehen. Der Kaiser der Franzosen ahnte nicht, daß er 1870 im Krieg gegen Deutschland seinen Thron verlieren würde. Und Friedrich Wilhelm wagte es nicht, sich schon vom neuen Jahr die Gründung des deutschen Kaiserreiches zu erhoffen.

12

Krieg gegen Frankreich

Den Nationalkrieg löste eine dynastische Frage aus, die früher höchstens zu einem Erbfolgekrieg geführt hätte. Die Kandidatur des Erbprinzen Leopold von Hohenzollern-Sigmaringen für den spanischen Thron eskalierte zum französisch-deutschen Konflikt. Franzosen, denen ein vergrößertes Preußen im Osten gegenüberstand, sahen sich nun auch von Süden her durch einen Hohenzollern bedroht. Deutsche empörten sich über die Reaktion des Erbfeindes, der ihm die nationale Errungenschaft und eine europäische Geltung nicht gönnte.

Mit einer solchen Weigerung hatte Friedrich Wilhelm nicht gerechnet, als er die spanische Thronkandidatur befürwortete. Anfänglich war er dagegen gewesen, nicht weil er die Franzosen fürchtete, sondern weil er den Spaniern mißtraute. Ein Bericht hatte ihn umgestimmt, den Rittmeister von Versen aus Spanien mitgebracht hatte, wohin er von Bismarck geschickt worden war. Der Bundeskanzler wollte mit der Thronkandidatur testen, wieviel sich die Franzosen gefallen ließen. Der Kronprinz dachte an die zivilisatorische Mission, die ein deutscher Hohenzoller im zurückgebliebenen Spanien zu erfüllen hätte, und half mit, den Widerstand des Königs zu überwinden.

Alle, außer Bismarck, wurden vom Echo aus Frankreich überrascht. Der Sigmaringer zog zur Erleichterung des Königs und des Kronprinzen von Preußen seine Kandidatur zurück. Die Franzosen, denen der Kamm geschwollen war, aber gaben sich damit nicht zufrieden, verlangten von Wilhelm I. eine Erklärung, daß so etwas nie wieder vorkommen würde.

»Die deutschen Gefühle sind jetzt tief verletzt«, bemerkte Friedrich Wilhelm. Seine Frau befürchtete, daß »Napoleon seine Tollkühnheit weiter treibt und an den Rhein will«. Am 15. Juli 1870 entschloß sich der Kaiser der Franzosen, mehr getrieben als treibend, zur Kriegserklärung an Preußen.

Am Abend dieses schicksalsschweren Tages kehrte Wilhelm I. aus Bad Ems nach Berlin zurück. In einem Wartezimmer des Potsdamer Bahnhofs, unter einem Kronleuchter, der später in das Hohenzollernmuseum kam, scharten sich der König, der Kronprinz, der Bundeskanzler und Ministerpräsident, der Kriegsminister und der Generalstabschef. Friedrich Wilhelm, erzählte ein Augenzeuge, »stand da wie ein flammender Kriegsgott, das Urbild des teutonischen Zornes, mit zurückgeworfenem Haupte und drohend erhobener Rechten«. Es wurde beschlossen, das norddeutsche Heer auf Kriegsfuß zu setzen. Der Kronprinz stürzte hinaus und rief: »Krieg und alles mobil!«

Friedrich Wilhelm fühlte sich in diesem Moment wie ein Mixtum aus Fridericus Rex, Kaiser Friedrich Barbarossa und Prinzgemahl Albert. Mit den preußischen Waffen wollte er im Kampf gegen den nationalen Erbfeind ein neues Reich erringen und es mit liberalen Idealen seines deutsch-englischen Schwiegervaters erfüllen. Hinter sich wußte er die Preußen, die Napoleon III. schlagen wollten, wie sie Napoleon I. geschlagen hatten, die Nationalliberalen, die sich von diesem Krieg die nationale Einheit erwarteten und bürgerliche Freiheiten erhofften, alle Deutschen, die aus Frankreich ein Nord- wie Süddeutsche umfassendes Reich mitzubringen gedachten. Was den Preußen bisher nicht gelungen war, schienen die Franzosen zuwege zu bringen: den Anschluß der süddeutschen Staaten an den Norddeutschen Bund, zunächst – aufgrund der Beistandspakte – im militärischen Bereich.

Deutschland erhebe sich wie ein Mann, stellte der Kronprinz mit Genugtuung fest und setzte sich sporenklirrend in Marsch. »Wenn wir siegen, wird der König von Preußen Kaiser«, sagte er seinem elfjährigen Sohn Wilhelm, der dann nach ihm die Kaiserkrone tragen würde. Die Kronprinzessin hörte »die armen Leute in den Kasernen Hurra schreien und die ›Wacht am Rhein‹ singen« und dachte an die vielen, die nicht wiederkommen würden.

»Es lebe der deutsche Kaiser«, wurde auf dem Ingolstädter Bahnhof gerufen, als der Kronprinz von Preußen eintraf, um das Kommando über die königlich bayerischen Truppen zu übernehmen.

Friedrich Wilhelm, Anno 66 ein erfolgreicher Heerführer im Krieg gegen Österreich und Süddeutsche, war zum Oberbefehlshaber der Dritten Armee ernannt worden, die zwei preußische und zwei bayerische Korps sowie die württembergische und die badische Felddivision umfaßte.

Eine gesamtdeutsche Armee führte Friedrich Wilhelm, der sich als Deutscher fühlte, als Preuße indessen Bedenken bekam, ob er mit diesem zusammengewürfelten Haufen Großes würde leisten können. Namentlich den Bayern traute er nicht. »Eine wenig zuverlässige Armee«, raunzte er, »weil hier eben alles anders ist als bei uns, auch Schwerfälligkeit und auffällige Beleibtheit bereits unter den jungen Altersklassen vorwalten.« Aber auch in Bayern wehten nun die Fahnen Schwarz-Weiß und Schwarz-Weiß-Rot, die Farben Preußens und des Norddeutschen Bundes. Der bayerische General Hartmann ließ sich beim Anblick des Recken aus dem Norden, der einer deutschen Heldensage entstiegen zu sein schien, zu dem Ausruf hinreißen: »Für einen solchen Herrn läßt man sich gerne totschlagen!«

Im Bannkreis des Speyerer Kaiserdoms schlug der Preuße, der jetzt nur noch Deutsche kannte, sein Hauptquartier auf. Friedrich Wilhelm war nicht nur zum »alldeutschen Feldherren« berufen, sondern auch zum Animateur der Fürsten bestellt, die sich als Schlachtenbummler bei ihm einfanden. Freunde waren darunter, Herzog Ernst II. von Sachsen-Coburg-Gotha und Erbprinz Friedrich von Augustenburg, den er als bayerischen Generalmajor wiedersah. Es kamen aber auch Fürstlichkeiten, deren Gehabe in ihm den Vorsatz bestärkte, sie so bald wie möglich mit der Reichsacht zu belegen.

Wert legte er auf die Gesellschaft des Schlachtenmalers Georg Bleibtreu, der mit dem Pinsel seine Taten festhalten sollte, wie des Schriftstellers Gustav Freytag, dessen Feder seine Persönlichkeit hervorheben könnte und der dann auch schrieb: Friedrich Wilhelm sei »ein offener, redlicher Mann von lauterem Sinn und warmem Gemüt, mit einem Herzen voll Menschenliebe, mit der Fähigkeit, sich über alles Gute und Große innig zu freuen«.

Er freute sich über die ersten Siege, die er am 4. August bei Weißenburg und am 6. August bei Wörth errang, aber ihn dauerten die Opfer, die sie gekostet hatten; bei Wörth zählte man 489 Offiziere und 10 153 Mann an Toten und Verwundeten. Der Armeebefehlshaber kümmerte sich um Blessierte, tröstete Sterbende, sagte zu Freytag: »Ich verabscheue dieses Gemetzel, ich habe nie nach Kriegsehren gestrebt, ohne Neid hätte ich solchen Ruhm jedem anderen überlassen, und es wird gerade mein Schicksal, aus einem Kriege in den anderen, von einem Schlachtfelde über das andere geführt zu werden und in Menschenblut zu waten, bevor ich den Thron meiner Vorfahren besteige.«

Friedrich Wilhelm, Oberbefehlshaber der Dritten Armee, in der Schlacht bei Wörth am 6. August 1870

In sein Kriegstagebuch schrieb er: »Ist es aber nicht eine eigene Fügung, daß ich, der ich viel lieber in Werken des Friedens Anerkennung erntete, verurteilt bin, solche blutige Lorbeeren zu erringen? Möge dereinst der friedliche Teil meiner Aufgabe desto heilbringender sein!«

Seine Soldaten spürten, daß dieser General, der sie ins Feuer schickte, ein Mensch war, der es bedauerte, dies tun zu müssen. Er war ein Truppenführer nach dem Herzen der Geführten, auch jenes Bayern, den er nach dem Treffen bei Weißenburg lobte: »Brav habt ihr Bayern euch gehalten. Ich bin stolz darauf, euer Oberbefehlshaber zu sein«, und der entgegnete: »Ja, Hoheit, Königliche. Hätten *Sie* uns g'führt anno Sechsasechsge, da hätten S' g'schaugt, wia mir die Malefizpreiß'n außa g'stampert hätt'n!«

An der Front war er beliebt, und in der Heimat wurde er populär. »Unser Fritz«, wie sie ihn nannten, galt als volkstümlichster Heer-

Kronprinz Friedrich Wilhelm an der Leiche des gefallenen französischen Generals Douay. Gemälde von Anton von Werner

führer des Siebzigerkrieges. Nicht nur Preußen waren stolz darauf, einen solchen Kronprinzen zu haben und diesen Helden eines Tages zum König und Kaiser zu bekommen. In ganz Deutschland wurde sein Lob gesungen, zum Beispiel so:

»Wilhelm spricht mit Moltk' und Roone
Und spricht auch mit seinem Sohne:
›Fritz, geh hin und haue ihm.‹

Fritze, ohne lang zu feiern,
Nimmt sich Preußen, Schwaben, Bayern,
Gehet hin und hauet ihm . . .«

Der Kronprinz sei unablässig als schöne Heldengestalt gefeiert worden, bemerkte Gustav Freytag, und wohl selbst geneigt gewesen, seiner Erscheinung große Bedeutung zuzuschreiben. »Aber das Gemachte in Antlitz, Blick und Gebärde schwand dahin, sobald eine hohe Empfindung ihm in die Seele trat, dann strahlte sein Auge, eine bezaubernde Heiterkeit flog über die zurechtgelegte Miene, und in solchen Augenblicken war er in der Tat von hinreißender Schönheit.«

Der junge Kriegsgott wurde von den alten Schlachttrössern beneidet. Der Vater rang sich Worte der Anerkennung ab. »Welches Glück für Fritzens ganze Zukunft, dieser große selbständige Sieg«, schrieb er nach der Schlacht bei Wörth an Königin Augusta. Etwas zu selbständig war er für Moltke gewesen; eine Schlacht an diesem Ort und zu dieser Zeit war in seinem Operationsplan nicht vorgesehen. »Gegen den Willen der oberen Leitung«, bemerkte der Generalstabschef, seien die Schlachten bei Weißenburg und Wörth entbrannt. Friedrich Wilhelm und Blumenthal, der ihm wieder beigegeben worden war, verwiesen darauf, daß bei Wörth ein Unterführer entgegen ihrer Absicht angegriffen habe.

Doch man hatte gesiegt und marschierte nach Frankreich hinein. Die neue französische Armee, die sich bei Châlons-sur-Marne unter MacMahon gesammelt hatte, blieb dort nicht zur Verteidigung der Hauptstadt stehen, sondern wandte sich nach Norden, in der Absicht, die Deutschen zu umgehen und die in Metz eingeschlossene Armee Bazaine freizukämpfen. Moltke ließ die auf Paris vorrückende Dritte und Vierte Armee nach rechts schwenken, um »den Feind in eine Mausefalle zu bringen«.

Am 31. August 1870 schnappte sie zu. In Sedan, einer veralteten Festung, waren 130 000 Franzosen – darunter Kaiser Napoleon III. – von 250 000 Deutschen eingeschlossen, in der Mehrzahl Truppen der Armee des Kronprinzen. Am Morgen des 1. September begann die Kesselschlacht. Friedrich Wilhelm stand auf einem Hügel bei Donchéry, wo ihn Georg Bleibtreu in Feldherrenpose malte. »Großer Sieg«, meldete um vier Uhr nachmittags der Kronprinz dem König.

Neben dem Vater erwartete er auf der Höhe von Frénois den französischen Parlamentär. Es kam Graf Reille, ein Pariser Bekannter. Der kaiserliche Generaladjutant überbrachte die Kapitulation Napoleons III. »Die Weltgeschichte ist das Weltgericht«, dachte der Kronprinz und drückte dem mitverurteilten Reille die Hand. Auf Papier mit Adlerstempel, das Friedrich Wilhelm bei sich hatte, schrieb der König seine Antwort an den Kaiser: Er nehme seinen Degen an, aber mit ihm müsse die ganze Armee die Waffen strecken.

Dann umarmte er seinen Sohn. Soldaten der Dritten Armee empfingen ihren Oberbefehlshaber mit Talglichtern. »Ich weiß nicht, wache oder träume ich«, äußerte Friedrich Wilhelm. Am nächsten Tag, dem 2. September 1870, gingen über 100 000 Franzosen in Kriegsgefangenschaft. Der Kronprinz bat den König, den französischen Kaiser großmütig zu behandeln, ihm Schloß Wilhelmshöhe bei Kassel als Aufenthaltsort anzuweisen. Beim Abschied in Schloß Bellevue standen Napoleon III. wie Friedrich Wilhelm Tränen in den Augen.

Frankreich hatte einen Kaiser und eine Armee verloren, aber nicht sein Selbstvertrauen und seinen Kampfwillen. In Paris wurde die Republik ausgerufen und die Entschlossenheit bekundet, den Krieg »bis zum Äußersten« fortzusetzen. »Seit dem Siege von Sedan haben sich, meine ich, Haß und Rachelust bei den Franzosen so tief eingegraben, daß wir nicht mehr auf Gründe zu rücksichtigen brauchen, welche den Feind mehr oder weniger versöhnlich stimmen könnten«, schrieb der Kronprinz in sein Tagebuch. »Frankreich ist fortan für alle Zeiten unser natürlicher Gegner, der jegliche Allianz suchen wird, um sich an uns zu rächen...«

Friedrich Wilhelm dachte an die Folgen des Krieges, den er weiterführen mußte. Seine Dritte Armee marschierte auf Paris, wohin die Preußen bereits in den Befreiungskriegen gelangt waren. In der Gegend von Reims drohten nachteilige Wirkungen des Champagners. »Hoffentlich bereitet uns der Wein dieses Landesteiles nicht dieselben Hemmnisse, wie es bei den Truppen, die im Jahre 1814 hier durchkamen, der Fall war«, bemerkte der Kronprinz, der bei »Veuve Cliquot« einquartiert war. »Weil die Hausbesitzer uns durchaus den landesüblichen Champagner eingießen wollten, so habe ich es, da wir nun einmal an der Quelle sitzen, ausnahmsweise gestattet. Sonst wird bei mir im Felde nichts derartiges geschenkt.«

Er sorgte sich um Freund und Feind. In Reims verschonte er die minderbemittelten Einwohner vor Einquartierungen und damit

Kriegsrat in Versailles 1870. Von links: Kronprinz Friedrich Wilhelm, König Wilhelm, v. Blumenthal, v. Roon, v. Podbielski, v. Moltke

seine Soldaten vor Frustrationen. In der Krönungsstadt der französischen Könige erließ er den Aufruf zur Bildung einer deutschen National-Invalidenstiftung. Der Armeebefehlshaber, der Soldaten aus vielen deutschen Gauen den Gefahren des Krieges aussetzte, appellierte »an die Herzen aller Deutschen«, für die dabei Beschädigten zu sorgen: »Auch dieses Liebeswerk sei gemeinsame Arbeit zwischen uns für das Vaterland und die Einleitung zu vielen einmütigen, segenstiftenden Arbeiten des Friedens.«

Bis es so weit war, mußten noch viele ihre Haut zu Markte tragen. Friedrich Wilhelm begann sich zu fragen: »Wenn aber der Krieg endlich vorbei ist, wird dann ein anderer Geist als bisher die einzelnen Nationen ergreifen oder wird die Demoralisation, durch kriegerische Leidenschaften genährt, noch weiter wachsen?« Letzteres war, angesichts seiner Kriegserfahrungen, nicht auszuschließen. »Trotz aller Siege und der mit denselben zusammenhängenden erhebenden Eindrücke frage ich mich täglich, wie das gegenseitige Zerfleischen nach Art der wilden Tiere trotz aller christlichen Lehren von Tugend und Sittlichkeit, die täglich gepredigt werden und als ein Kennzeichen dieses unseres Zeitalters gelten, immer noch möglich ist.«

Am 19. September 1870 standen die Deutschen vor Paris, das nicht nur die Hauptstadt, sondern auch die stärkste Festung Frankreichs war. 1814 wie 1815 war der Krieg mit der Einnahme von Paris zu Ende gegangen. Konnte dies auch 1870 der Fall sein? Und wie sollte die Zitadelle Frankreichs erobert werden? Ein gravierender Unterschied bestand zwischen diesmal und damals. In den Befreiungskriegen hatten sich die Pariser ganz gerne befreien lassen. Jetzt waren sie Napoleon III. losgeworden und bereit, ihre Republik zu verteidigen. Inzwischen waren die Festungswerke verstärkt und mit modernen Abwehrwaffen bestückt worden.

Diese Riesenfestung sei nicht zu erstürmen, meinte Moltke, der ohnehin nicht die feindliche Hauptstadt, sondern die feindliche Streitmacht, die südlich der Loire neu erstand, für das Hauptangriffsziel hielt. Wenn ein Angriff – wozu er zunächst geneigt hatte – für unmöglich gehalten werde, müsse man zur Aushungerung schreiten, erklärte der Kronprinz, »da diese Maßregel, so grausam sie auch erscheint, doch mehr Menschenleben erspart, als eine regelrechte Belagerung und Erstürmung uns kosten würde«.

Die Siegesnachricht von Sedan in Berlin. Szene Unter den Linden

Roon polterte dazwischen, dieses Babel müsse »gründlich bombardiert und an allen Enden angezündet werden«. Bismarck pflichtete ihm bei: Wenn man ewig vor Paris liegen bliebe, der Krieg sich endlos hinauszöge, könnten die Neutralen auf den Gedanken kommen, in den deutsch-französischen Konflikt einzugreifen.

Auch der Kronprinz wünschte sich, »daß doch endlich alles vorüber wäre«. Eine Beschießung von Paris verwarf er jedoch aus humanitären wie aus militärischen Gründen. Das erforderliche Belagerungsgeschütz, stellte er wie Moltke fest, sei nicht zur Stelle und wäre nur mühsam heranzuschaffen. Und wenn es endlich schußbereit wäre, was könnten selbst Tausende von Granaten in dieser Riesenstadt schon viel anrichten? Das Flammenschwert, das Roon wie ein preußischer Erzengel schwang, würde die Franzosen bis aufs Blut reizen, erbittertsten Widerstand hervorrufen – und ein Bombardement der Metropole der Zivilisation die ganze Welt gegen Preußen und Deutschland aufbringen.

Die Auseinandersetzungen um die Beschießung von Paris drückte die Stimmung im Versailler Hauptquartier, die wegen des unerwarteten Verlaufs des Feldzuges schon schlecht genug war. Man war an den Bewegungskrieg gewöhnt und durch Blitzsiege verwöhnt. Nun trat man vor Paris auf der Stelle, und aus den Weiten Frankreichs, das man nur teilweise besetzt hatte und wohl nie in den Griff bekommen würde, rückten aus dem Boden gestampfte Armeen heran, um Paris zu befreien. Den Deutschen, die es umschlossen hielten, drohte Feuer von vorne und von hinten.

Der letzte große Erfolg datierte vom 27. Oktober 1870: In Metz kapitulierte die Armee mit fast 190 000 Mann. Wilhelm I. ernannte den dortigen Oberbefehlshaber, Prinz Friedrich Karl, zum Generalfeldmarschall, und auch den Kronprinzen, den er nicht übergehen konnte, obschon seine Truppen mehr oder weniger untätig vor Paris standen. Bisher war es nicht üblich gewesen, daß Mitglieder des Hauses Hohenzollern den höchsten militärischen Rang erhielten. Die Titelinflation nahm ihren Lauf, zu welcher der König von Preußen bald auch den deutschen Kaisertitel zählte, ganz im Gegensatz zu dem Tag und Nacht davon träumenden Kronprinzen. Vorerst sonnte er sich im Glanz der Feldmarschallswürde, obwohl er Glückwünsche mit hergebrachter preußischer Bescheidenheit ablehnte.

Friedrich Wilhelm war als Sieger von Weißenburg und Wörth sowie als Mitsieger von Sedan ausgezeichnet worden. Neue Lorbeeren kamen vorerst nicht hinzu. Das bayerische Korps, das er der französischen Loire-Armee entgegengestellt hatte, wurde von den mehrfach überlegenen Franzosen bei Coulmiers geschlagen und zurückgedrängt. »Wir brauchen jetzt einen eklatanten Sieg«, meinte Blumenthal. Der Kronprinz drängte den König, seinen Bayern endlich Verstärkung zu schicken. Eine neue Heeresabteilung unter dem Großherzog von Mecklenburg wurde in Marsch gesetzt, und Prinz Friedrich Karl eilte mit seinen vor Metz frei gewordenen Truppen heran. Mit Müh und Not gelang es ihnen, der auf fast 200 000 Mann angeschwollenen Loire-Armee den Weg nach Paris zu verlegen.

Auch die Truppen vor Paris bekamen zu tun. Die Vorstöße der Loire-Armee und der – kleineren – Nord-Armee auf Paris wurden von Ausfällen der Belagerten unterstützt. Am 30. Oktober 1870 eroberte die preußische Garde das von den Franzosen genommene Dorf Le Bourget unter schweren Verlusten zurück. »Ein ganz unnötiger Kampf«, bemerkte Blumenthal. Noch blutiger verlief die Abwehr des Ausfalls von 70 000 Franzosen am 30. November gegen Champigny und Brie.

Er hoffe, in Zukunft keine Kriege mehr zu erleben, erklärte der Kronprinz.

Ein strenger Winter brach herein. Die Soldaten froren, und die Verpflegung wurde knapp. An den Versailler Kaminen war es auszuhalten. Der Kronprinz residierte in der Villa des Ombrages, lud Offiziere zur Tafel, plauderte mit fürstlichen Schlachtenbummlern, ließ musizieren, schrieb Feldpostbriefe nach Hause und kommentierte in seinem Kriegstagebuch die größeren und kleineren Vorkommnisse im Hauptquartier, in dem Mißmut die Siegesstimmung verdrängt hatte.

Am 18. Oktober 1870 feierte Friedrich Wilhelm in Versailles seinen neununddreißigsten Geburtstag. Er verteilte Eiserne Kreuze, auch an Süddeutsche, wozu er den König, der mit diesem preußischen Orden nur Preußen ausgezeichnet sehen wollte, hatte überreden müssen. Beim Zapfenstreich erscholl der Ruf: »Ihr Deutschen alle, unserem tapferen Kronprinzen Friedrich Wilhelm ein lautes Hoch!«

Daß ihn nicht nur Preußen, sondern alle Deutschen als ihren Kronprinzen bezeichneten, freute ihn besonders. Und er hoffte, daß es bald einen deutschen Kaiser geben würde, dem er eines Tages nachfolgen könnte: »Es ist mir zumut, als ob ich dadurch ganz besonders auf den Ernst der Aufgabe, die ich einst auf dem deutsch-politischen Gebiet lösen muß, hingewiesen würde«, schrieb er in sein Tagebuch. »Unverkennbar blicken viele mit Vertrauen auf die Aufgabe, die einst, so Gott will, in meinen Händen ruhen wird, und ich empfinde für die Lösung derselben eine gewissen Zuversicht, weil ich weiß, daß ich mich des in mich gesetzten Vertrauens würdig erweisen werde.«

Weihnachten 1870 gab es immer noch keinen deutschen Kaiser, und die Deutschen lagen immer noch vor Paris. Friedrich Wilhelm veranstaltete in Versailles, bei Punsch und Pfefferkuchen, eine Lotterie »unter dem deutschen Christbaum«. Odo Russell, der englische Vertreter im Hauptquartier, gewann ein preußisches Offizierportepee. Der Kronprinz, dem seine Schwiegermutter, Queen Victoria, einen von ihr gehäkelten Schal schickte, bekam von zu Hause einen Miniaturtaschenrevolver, ein Nadelkissen und einen von seiner Frau gebackenen Kuchen, den seine Wirtin, Madame Andrée Walther, unbedingt versuchen mußte.

Der Vater schenkte ihm eine Statue Friedrichs des Großen, als müßte er ihn daran erinnern, daß er ein Preuße war und bleiben sollte. Als solcher erfüllte er seine militärischen Pflichten. Die Franzosen respektierten nicht den Weihnachtsfrieden, störten die deutschen Weihnachtsfeiern vor Paris mit Bomben und Granaten.

Eine gebührende Antwort war fällig. Schwere Geschütze waren eingetroffen, Moltke wie der König für eine Beschießung von Paris gewonnen, und über die Bedenken des Kronprinzen ging man hinweg. Am 27. Dezember wurde das Feuer auf das Fort Mont Avron eröffnet, am 5. Januar begann das Bombardement der Stadt. 240 deutsche Kanonen schossen Salut für das Deutsche Reich, dessen Verfassung am 31. Dezember 1870 im Bundesblatt veröffentlicht wurde und am 1. Januar in Kraft trat.

13

Kaiser und Reich

Versailles erschien Friedrich Wilhelm als geeigneter Schauplatz der Reichsgründung. Hier erhob sich das Schloß des Sonnenkönigs, dessen Größe und Glanz auch durch Triumphe über Deutsche geschaffen worden waren. Nach Napoleon III., der die deutsche Einigung zu verhindern versucht hatte, galt es Ludwig XIV. zu besiegen, von dem das alte Reich gedemütigt worden war und der nun die Errichtung eines neuen Reiches mitansehen sollte.

Vor seinem Denkmal im Schloßhof verlieh der Kronprinz preußischen und bayerischen Soldaten das Eiserne Kreuz, das sie sich im Kampf gegen den Erbfeind verdient hatten. Ludwig XIV. salutierte mit seinem Marschallstab, mußte die Denkmalpose auch für Deutsche beibehalten, die über den Bourbonenlilien die schwarz-weißen und schwarz-weiß-roten Fahnen wehen ließen.

»À toutes les gloires de la France« stand am Schloß geschrieben, in dem sich Deutsche anschickten, dem Ruhm der Siege die Würde des Reiches hinzuzufügen, im Spiegelsaal ihren Kaiser auszurufen. »Wie gefällt Ihnen dieses Festlokal?« fragte der Kronprinz den Hofprediger Bernhard Rogge, der als »Consecrator imperii« bestellt war. »Sehen Sie, als ich im September das Schloß zum erstenmal besuchte, habe ich mir vorgenommen, daß hier das neue Deutsche Reich und die Annahme des Kaisertitels verkündet werden solle.«

Das Schloß Ludwigs XIV. war im 19. Jahrhundert ein französisches Nationalmuseum geworden, in dem die Kontinuität der Gloire von den Bourbonenkönigen über Napoleon I. bis Napoleon III. demonstriert wurde. Diesbezügliche Gemälde, selbst solche, auf denen deutsche Niederlagen dargestellt waren, wurden auf Befehl des Kronprinzen an Ort und Stelle belassen. In der Galerie des Batailles wie im Spiegelsaal lagen Verwundete, doch die Räume durften nicht geheizt werden, damit die Bilder nicht Schaden litten.

Der Kronprinz besuchte öfters das Schloßlazarett, verteilte Blumen und Obst an die »lieben Kameraden«. Manche Gabe überreichte er mit den Worten: »Dies schickt Ihnen meine Frau.« Die Kronprinzessin pflegte in der Heimat Verletzte und Kranke, nach Kräften bemüht, den Opfern des Krieges, den sie nicht gewollt hatte, zu helfen, und zugleich zu beweisen, daß sie ihre patriotischen Pflichten zu erfüllen wußte.

Anfang Dezember ließ Friedrich Wilhelm die Verwundeten aus dem Spiegelsaal in andere Schloßräume verlegen, »damit, falls es zu irgendeiner Feierlichkeit käme, gerade jener Prunksaal Ludwigs XIV. verfügbar sei«. In der Galerie des Glaces gedachte er die willkommene Ernte der verhaßten »Blutarbeit« einzubringen, und ihre Spiegel sollten, wie einst die Pracht des Sonnenkönigs, die Macht des Kaisertums vermehren.

Der Spiegelsaal war zu früh von den Opfern des Krieges geräumt worden, denn der Segen des Sieges ließ auf sich warten. Die Verhandlungen über den Beitritt der süddeutschen Staaten in den Norddeutschen Bund und dessen Erweiterung zum Deutschen Reich zogen sich in die Länge. Schon daß mit den Bevollmächtigten der Souveräne von Bayern, Württemberg, Baden und Hessen-Darmstadt verhandelt wurde, verdroß Friedrich Wilhelm, der sie, wenn es nach ihm gegangen wäre, wie seine süddeutschen Soldaten in Reih und Glied gestellt hätte.

Der Kronprinz von Preußen war ein deutscher Unitarier, der einen zentral regierten Einheitsstaat begehrte. Der Hohenzoller wollte befehlen, und alle anderen, größeren und kleineren Dynastien sollten gehorchen. Vom Deutschen Nationalverein, den der Coburger protegierte, war ähnliches verlangt worden, und die meisten Nationalliberalen, zu denen sich Friedrich Wilhelm zählte, hatten das gleiche Ziel anvisiert. Der gemäßigt-liberale Thronfolger, der sich am liebsten am englischen Vorbild orientierte, hatte auch eine »nation une et indivisible«, die »eine und unteilbare Nation« vor Augen, wie sie von der Französischen Revolution erstrebt und erreicht worden war. Welch grandiose Nationalkräfte dadurch geweckt zu werden vermochten, demonstrierte ja eben die Dritte Republik, die diese Errungenschaft der Ersten Republik mit Bravour verteidigte.

Die Verfassung des Norddeutschen Bundes war dem Kronprinzen nicht unitarisch genug und zu wenig liberal. Er wollte sie nicht als gesamtdeutsche Verfassung haben, sträubte sich dagegen, sie auf Süddeutschland auszudehnen, womöglich mit Zugeständnissen an die dortigen Souveräne. Diesen Königen und Großherzögen von Gnaden Napoleons I. müßten Hoheitsrechte genommen,

Der spätere Deutsche Kaiser und König von Preußen, Sieger von Königgrätz und Sedan. Nach einer Originalaufnahme

könnten Titulaturen und persönliche Ehrenrechte belassen werden. Er träumte sogar davon, auch den Staat Preußen in dem vom Hohenzollern beherrschten Nationalstaat aufgehen zu lassen, die größte partikularistische Macht, die gegen Kaiser und Reich groß geworden war, auf den Altar eines neuen Deutschlands zu opfern.

Dies allerdings war dem König von Preußen nicht zuzumuten, und auch die anderen Fürsten ließen sich nicht ausschalten. So dachte Friedrich Wilhelm, wie Herzog Ernst von Sachsen-Coburg-Gotha, an ihre Beteiligung an einer Nationalregierung durch Sitz und Stimme in einer Art Oberhaus. Die meisten deutschen Souveräne wollten indessen nicht deutsche Lords werden, und Bismarck zeigte dafür Verständnis.

Ein dem Reichstag verantwortliches Reichsministerium hätte dem vom Kronprinzen angestrebten »freisinnigen Ausbau Deutschlands« entsprochen. Ohne Gewaltenteilung war für einen nach England und darüber hinaus nach Nordamerika blickenden Liberalen ein modernes Strafwesen nicht denkbar. Bismarck hatte diese Forderung bereits für die norddeutsche Verfassung abgelehnt, und nicht nur, wie der Kronprinz und seine Freunde behaupteten, weil er alleine und niemandem verantwortlich die Regierung führen wollte, sondern auch und vor allem, weil in seinem Fürstenbund dem Bundesrat als Organ der Fürstensouveränität und nicht dem Reichstag als Organ der Volkssouveränität der Vorrang zustand.

So mußte es bleiben, wenn auch die süddeutschen Fürsten, die Bismarck immer noch lieber waren als Liberale und Demokraten, für eine Annahme der norddeutschen Bundesverfassung gewonnen werden sollten. Deshalb verhandelte er im Versailler Hauptquartier mit den süddeutschen, vornehmlich mit den bayerischen Bevollmächtigten umsichtig und geduldig. Und scherte sich nicht um den Kronprinzen, der sich über die Art und Weise beschwerte, in der hier Deutsche deutsche Angelegenheiten betrieben.

Hätte Friedrich Wilhelm zu bestimmen gehabt, wären die süddeutschen Brüder in das unitarische Nationalreich getrieben worden. Recht sollte vor Macht gehen, hatte er Bismarck im preußischen Verfassungskonflikt zugerufen. Bei den deutschen Verfassungsverhandlungen aber hätte er am liebsten mit nationaler Macht partikulare Rechte beseitigt. Dies hielt der Kronprinz, der sich als Dolmetscher des deutschen Volkes und Interpret der deutschen Geschichte fühlte, für gerechtfertigt. Man müsse das Eisen der deutschen Kabinette schmieden, so lange es heiß sei, meinte er, ganz eiserner Kronprinz und Reichsschmied.

Er dachte an eine Mobilisierung des Volkes und eine Einschaltung der Volksvertretungen, um den Widerstand der süddeutschen Kabinette zu brechen und den Widerwillen Bismarcks gegen härtere Verhandlungsmethoden und entschiedenere Verhandlungsziele zu überwinden. Sogar eine Nachhilfe durch seine Truppenmacht mochte er nicht ausschließen. Die Soldaten waren mit ihm gegen den französischen Erbfeind durch dick und dünn gegangen, würden ihn angesichts der Erzfeinde der deutschen Einheit, der Partikularisten, wohl kaum im Stich lassen. Nach jedem Sieg hatten sie den künftigen deutschen Kaiser hochleben lassen. Waren nicht einst germanische Herrscher von ihren Kriegern gekürt worden? War nicht, wie der mittelalterliche Chronist Widukind von Corvey berichtete, nach der Schlacht auf dem Lechfeld der Sachsenkönig Otto von seinen Truppen zum Imperator ausgerufen worden?

Eines Tages werde der Kronprinz an seiner Kaiserverrücktheit sterben, meinte Bismarck. Der Bundeskanzler, der Reichskanzler auf sein Weise werden wollte, überhörte die Zwischenrufe Friedrich Wilhelms. Als dieser sich am 16. November 1870 bei einer Vorsprache Gehör verschaffen wollte, gerieten beide aneinander.

Man müsse die Bayern und Württemberger, die wie Teppichhändler um die heiligsten Güter der Nation feilschten, mit Drohungen unter Druck setzen, verlangte der Reichsidealist. Damit gefährde man alles, was möglich wäre, entgegnete der Reichsrealist; er fände, der Kronprinz dürfte dergleichen Ansichten nicht äußern. »Ich verwahrte mich sofort auf das bestimmteste dagegen«, protokollierte Friedrich Wilhelm, »daß mir in solcher Weise der Mund verboten werden sollte, zumal es sich hier um eine Angelegenheit, die meine und meiner Kinder ganze Zukunft beträfe, handle, die ich für eine heilige Sache ansähe und bei der ich es als eine Pflicht betrachte, niemand im Zweifel gerade über meine Ansicht zu lassen.«

Seine Ansicht war jedoch nicht maßgebend. Selbst Freunde mißbilligten seine Doktor-Eisenbart-Methode. Franz von Roggenbach beharrte auf moralischen Eroberungen, Gustav Freytag wollte überzeugte, nicht überrumpelte Volksgenossen haben, und der Großherzog von Baden hatte bereits am 15. November – wie auch Hessen-Darmstadt – den Bundesvertrag zu Bismarcks Bedingungen angenommen, unter Verzicht auf Oberhaus und Reichsministerium. Am 23. November unterzeichnete Bayern, am 25. November Württemberg. Beide hatten sich Reservatrechte ausbedungen. Der König in Stuttgart behielt seine Post, Telegraphie und Eisenbahn, der König in München darüber hinaus eine eigene Diplomatie und die Militärhoheit im Frieden.

Friedrich Wilhelm hätte am liebsten Trauer angelegt, was Ludwig II. tat, wenn auch aus umgekehrtem Beweggrund. Der König von Bayern klagte, er habe zu viel von seiner Souveränität hingeben müssen. Dabei wußte er nicht einmal, daß der Kronprinz von Preußen, dem es viel zu wenig war, einen Nachschlag verlangte: Er wolle Oberbefehlshaber der Dritten Armee, der das bayerische Heer im Krieg integriert war, auch im Frieden bleiben. Dann könne er, mit der nötigen Mischung aus Rücksicht und Strenge, Einfluß auf die unsicheren Kantonisten nehmen.

Die deutsche Bundesverfassung, die – vom unitarischen und parlamentarischen Standpunkt aus betrachtet – noch dürftiger war als die norddeutsche Bundesverfassung, gedachten Liberale und Demokraten nachzubessern.

Die Fortschrittspartei forderte die Wahl einer konstituierenden Nationalversammlung, die nach dem Vorbild von 1848 eine Nationalverfassung beschließen sollte. Der Nationalliberalen Partei mißfielen die Zugeständnisse an Ludwig II., die noch schwerer zu verdauen seien als die bayerischen Knödel, wie Reichstagspräsident Eduard Simson meinte.

»Häßlich ist das Mädel, aber geheiratet muß es doch werden«, erklärte der Nationalliberale Eduard Lasker. Am 9. Dezember 1870 nahm der Norddeutsche Reichstag die Bundesverträge mit Baden, Hessen-Darmstadt und Württemberg gegen die Stimmen der sechs Sozialdemokraten an; zum Bundesvertrag mit Bayern sagten 195 Abgeordnete ja und 32 Abgeordnete nein. Am 10. Dezember fügte der Norddeutsche Reichstag in die »Verfassung des Deutschen Bundes« die Bezeichnungen »Deutsches Reich« und »Deutscher Kaiser« ein.

Der Schriftsteller Gustav Freytag

Auch dies hatte Bismarck ermöglicht, dem Friedrich Wilhelm mangelnden Reichseifer unterstellt hatte, allerdings aus anderen Motiven. Vielleicht, meinte der Kanzler, könnte die Begeisterung über die Erneuerung der Kaiserwürde die Enttäuschung über mangelnde Volksrechte verdrängen. Jedenfalls würden sich die Süddeutschen, vornehmlich der König von Bayern, eher einem Deutschen Kaiser als dem König von Preußen fügen.

Der Kaisertitel bekunde, schrieb Bismarck an Ludwig II., »daß die damit verbundenen Rechte aus freier Übertragung der deutschen Fürsten und Stämme hervorgehen«. Dem Brief fügte er den Entwurf eines Schreibens bei, mit dem der König von Bayern als »mächtigster der dem Bund beitretenden Fürsten« dem König von Preußen im Namen aller Bundesfürsten die Kaiserwürde antragen sollte. Für das Abschreiben und Absenden stellte Bismarck dem wegen seiner Bauleidenschaft in Finanznöte geratenen Bayernkönig ein beträchtliches Honorar in Aussicht.

Ludwig II. retounierte den »Kaiserbrief«, den sein Vertreter im Versailler Hauptquartier, Prinz Luitpold, am 3. Dezember 1870 überreichte. Wilhelm I. war über den Antrag nicht erbaut, »sah in ›Kaiser und Reich‹ eigentlich nur ein Kreuz für sich selbst wie auch für das preußische Königtum überhaupt«, bemerkte der Kronprinz, der ganz anderer Ansicht war. »Als wir des Königs Zimmer verlassen hatten, reichten Graf Bismarck und ich uns die Hand, ohne viel zu reden, denn wir fühlten, daß die Entscheidung eingetreten war, und daß mit dem heutigen Tag ›Kaiser und Reich‹ unwiderruflich wiederhergestellt seien.«

Im Jahre 1806 war das Heilige Römische Reich Deutscher Nation erloschen. Unter den Habsburgern hatte es jahrhundertelang nur noch ein Schattendasein gefristet. Inzwischen waren die Hohenzollern aufgestiegen, die nun die Kaiserwürde kraftvoll erneuerten. Friedrich Wilhelm, der Reichsromantiker, sah Friedrich Barbarossa aus dem Kyffhäuser steigen und wieder an die Spitze der Deutschen treten, die sich nach langer Zwietracht und Ohnmacht endlich seiner würdig gezeigt hatten. Der Reichsschwärmer hatte nicht nur die Größe des wiedererstandenen Imperiums, sondern auch den Glanz des Herrschertums vor Augen, das dem zum deutschen Thronfolger aufsteigenden preußischen Kronprinzen winkte.

»Möge unser Haus in richtiger Erkenntnis seiner Aufgabe es verstehen, nicht bloß auf den Schlachtfeldern, sondern auch auf friedlichen Bahnen in richtiger Würdigung der Bedürfnisse der Zeit nach einer freisinnigen Entwicklung dem Deutschen Reiche die Wege zu ebnen«, schrieb Friedrich Wilhelm am 3. Dezember 1870 in sein Tagebuch. »Mein Vater wird für den Abend seines Lebens voraussichtlich nur die Ehren desselben genießen; mir und den Meinen aber erwächst die Aufgabe, in echt deutschem Sinn die Hand an den mächtigen Ausbau anzulegen, und zwar mit zeitgemäßen, vorurteilsfreien Grundsätzen.«

Eben deshalb sei die Renovatio imperii, eine Wiederbelebung mittelalterlicher Zustände, widersinnig und schädlich, gab Gustav Freytag zu bedenken. »Denn um die alte Kaiserei schwebte so viel Ungesundes, so viel Fluch und Verhängnis, zuletzt Ohnmacht und elender Formenkram, daß sie uns noch jetzt ganz von Herzen zuwider ist«, erklärte der Verfasser der »Bilder aus der deutschen Vergangenheit«. Ein deutsches Herrschertum der Zukunft müsse von Preußentum, Protestantismus und Bürgertum getragen werden. Die Deutschen von heute achteten am Kaiser »nicht Krone und goldenen Chormantel als die weit sichtbaren Abzeichen seines Amtes, und nicht die Handgriffe und dramatischen Bewegungen, durch welche er waltet, sondern wir verehren in seinem hohen Amt seine persönliche Tüchtigkeit, den Wollenden, den großen Arbeiter für die Nation«. Nur eine häufigere öffentliche Handlung, schrieb Freytag in seinem Aufsatz »Neues und altes Kaiserceremoniell«, bei welcher der Kaiser vor seinem Volk in wirklicher Machtentfaltung erscheine, sei wünschenswert, »und das ist unsere Parade«.

Der Reichsträumer Friedrich Wilhelm hatte anderes im Sinn als der Reichsrealist Gustav Freytag. Der König von Preußen müsse deutscher Kaiser werden, hatte er dem Schriftsteller bereits zu Beginn des Frankreichfeldzuges erklärt, denn diese Stellung sei die höhere und mächtigere, durch ehrwürdige Tradition geweiht. Der Kaisertitel sei im Mittelalter meist nur ein Titel ohne Mittel gewesen und durch Napoleon I. und Napoleon III. gänzlich entwertet worden, hatte Freytag entgegnet und die Antwort erhalten: Der König von Preußen werde als Kaiser von Deutschland Erbe der alten, tausendjährigen Würden und Ehren sein, die Wiederbelebung des Kaisertums müsse jedoch weit Besseres schaffen, »als es in früheren Jahrhunderten bestanden habe«.

Dies sei unmöglich, erwiderte Freytag; denn das Preußentum, der Garant deutscher Zukunft, würde durch das Kaisertum verdorben, der auf Vernunft gegründete preußische Staat durch die deutschen Reichsphantasien zersetzt werden, das alte Spartanertum neuem Sybaritentum weichen. Schon jetzt – und er mochte dabei nicht nur an Ludwig II., sondern auch an Friedrich Wilhelm denken – wandelten die Fürsten gleich Schauspielern auf der Bühne zwischen Blumensträußen und lautem Beifallklatschen dahin, »während in der Versenkung die vernichtenden Dämonen lauern«. Der Kronprinz aber war nicht umzustimmen. Freytag resümierte: »Er war erfüllt von dem fürstlichen Stolz, der das Höchste für sich begehrt, und höchste irdische Stellung war für ihn die unter der Kaiserkrone.«

Der Historiker Heinrich von Sybel trat dem Schriftsteller Gustav Freytag zur Seite. Bereits 1859 hatte der die Darstellungen reichsromantischer Geschichtsschreiber zurückgewiesen, daß unter den hochmittelalterlichen Kaisern »das deutsche Volk, durch Einheit stark, zu einer höchsten Machtentfaltung gedieh«. Das Umgekehrte sei richtig: Durch die universale Kaiserpolitik seien die nationalen Interessen verletzt und das deutsche Volk geschädigt worden. Nun betonte Sybel: Einen Kaiser der Deutschen habe es nie gegeben, nur einen Kaiser der Römer. Eine Wiedererweckung des Kaisertums könnte zur Wiederaufnahme der universalen, imperialen Kaiserpolitik des Heiligen Römischen Reiches führen, in dessen Namen nicht von ungefähr das »Deutscher Nation« erst an zweiter Stelle stand.

Schwebte nicht auch Friedrich Wilhelm ein Idealreich vor, in dem römisch-deutscher Universalismus mit liberalem Weltbürgertum und imperialer Weltmission nach britischer Art vermischt war? Der Kronprinz erinnerte sich nicht nur an Otto den Großen und Friedrich Barbarossa, sondern auch an Prinzgemahl Albert, Leopold von Belgien und den alten Baron Stockmar. »Wollte Gott, daß im Sinne jener Männer ein freier deutscher Kaiserstaat entstände, der im wahren Sinn des Worts an der Spitze der Zivilisation schritte, der alle edlen Gedanken der modernen Welt entwickeln und zur Geltung bringen könnte, so daß von Deutschland aus die Welt humanisiert, die Sitten veredelt und die Menschen von jener frivolen französischen Richtung abgewendet würden.«

»Und es mag am deutschen Wesen einmal noch die Welt genesen«, schien Friedrich Wilhelm mit dem Dichter Emanuel Geibel zu hoffen. »Das erste Kulturvolk der Erde«, so der Kronprinz, sollte den Völkern ein Beispiel für Recht und Moral bieten und Europa die Pax Teutonica bringen. Die Friedensstörer Frankreich und Rußland müßten in einer neuen Friedensordnung von Deutschland und England in Schach gehalten werden. »Möge es meinem unausgesetzten Streben einst gelingen, den Grundsätzen meines unvergeßlichen Schwiegervaters folgend, eine feste Kette zwischen den beiden so ganz und gar aufeinander angewiesenen Ländern zu schmieden.«

Das deutsche Friedensreich und Kulturreich müßte freilich, um seine Mission zu erfüllen, ein Machtimperium sein, meinte Friedrich Wilhelm mit Emanuel Geibel: »Macht und Freiheit, Recht und Sitte,/ klarer Geist und scharfer Hieb / zügeln dann aus starker Mitte / jeder Sehnsucht wilden Trieb.« Der Kaisertitel sei auch deshalb unabdingbar, weil der Herrscher des neuen Deutschland schon titelmäßig nicht hinter den Monarchen der Kaiserreiche Rußland und Österreich zurückstehen dürfe, erklärte Friedrich Wilhelm. Und wenn er den Vorrang haben wolle und haben müsse, sei es unerläßlich, die römisch-deutsche Kaiserwürde zu erneuern, mit der ein universaler Anspruch verbunden sei.

Auch innenpolitische Gründe zwängen den König von Preußen dazu, Kaiser von Deutschland zu werden, betonte Friedrich Wilhelm. Mit eigener Macht und aus eigenem Recht begründe er seine Herrlichkeit, erhebe er sich über die »Bastarde von Napoleons Gnaden«, die anderen Könige, Großherzöge und Herzöge, von denen er sich schon titelmäßig abheben müsse. Als der Großherzog von Oldenburg in einer Denkschrift äußerte, der Kaiser solle nur Primus inter pares sein, schrieb der Kronprinz »Oho!« an den Rand. Dies war mehr als eine Marginalie, ein Verweis auf den Kern seiner Auffassung: Der Kaiser sei der alleinige Hoheitsträger und Machthaber, der den Landesfürsten ihre Stellungen zuweise und ihre Aufgaben zuteile.

Dies war nicht römisch-deutsch, sondern preußisch-deutsch gedacht, denn im alten Reich war es umgekehrt gewesen, hatten die Teilgewalten die Gesamtgewalt getragen. Hier äußerte sich nicht der Reichsschwärmer, sondern der Kronprinz des Hauses Hohenzollern und Generalfeldmarschall, der die königlich preußische Souveränität mit friderizianischen Methoden auf Deutschland ausdehnen wollte.

Friedrich Wilhelm wurde von Reichsemotionen bewegt, war auf die preußische Staatsräson fixiert und blieb dem Nationalliberalismus verbunden. Das Reich, das er ersehnte, sollte zugleich Idealreich, Machtreich und Nationalreich sein, ein für das deutsche Volk errichtetes und im Namen der deutschen Geschichte eingeweihtes Staatsgebäude mit glanzvoller Fassade und liberaler Inneneinrichtung.

Mit einem solchen neuen Deutschland, schrieb Friedrich Wilhelm am 24. Oktober 1870 in sein Tagebuch, »gewänne man ein Bollwerk gegen den Sozialismus, gleichzeitig würde aber auch die Nation von dem Druck der Bürokratie, des Despotismus und der Pfaffenherrschaft befreit, der Jesuitismus und die Orthodoxie würden auf den Kopf getroffen, und es wären damit die Geister von der Bevormundung der Kirche erlöst«. Auch und nicht zuletzt deshalb bräuchte man das Reich: Die Bürger wollten freier und besser leben, das Volk verlangte nach einem weiteren und reicheren Rahmen.

Bismarck hatte indessen sein Reich primär als Bund der Fürsten und sekundär als Bund der Staatsbürger gegründet – denn nur so und nicht anders war es möglich gewesen und schien es ihm sinnvoll zu sein. Der Kronprinz hingegen, so der Kanzler, habe sich ein Wolkenschloß zusammengeschustert, aus verschiedenen und andersartigen Elementen, die nie und nimmer zusammenpaßten. Ein Sammelsurium sei seine Reichsvorstellung, unausgegoren und verschwommen und nicht zu fassen. Sein böses Wort über König Friedrich Wilhelm IV., den ähnlich gestimmten Onkel des Kronprinzen, fiel Bismarck wieder ein: »Wenn man fest zugriff, blieb nur eine Handvoll Schleim.«

Doch der Reichsgründer hatte auch für diese Absonderlichkeit eine Verwendung, wußte den Reichsherold dort einzusetzen, wo er nicht ganz unnütz war: als Sprachrohr bei Wilhelm I., der wenig von Kaiser und Reich wissen wollte, und als Ansprechpartner der dreißig Reichstagsabgeordneten, die am 16. Dezember 1870 nach Versailles kamen, um den König im Namen der Volksvertretung zu bitten, »daß es Euerer Majestät gefallen möge, durch Annahme der deutschen Kaiserkrone das Einigungswerk zu weihen«.

Die Reichstagsdeputation machte sich zu wichtig. Der Reichsgründer hatte das Einigungswerk mit den deutschen Regierungen zustandegebracht, und der König von Preßen wollte – wenn überhaupt – die Kaiserwürde nur aus den Händen der Bundesfürsten entgegennehmen. Bismarck hielt es jedoch für angebracht, daß auch die andere Komponente seines Reiches, die bürgerlich-liberale Elite des deutschen Volkes, gebührend gewürdigt und ihre Vertretung entsprechend empfangen werde. Da dies von Wilhelm I., der sie zunächst gar nicht sehen wollte, kaum zu erwarten war, wurde der Kronprinz bemüht.

Friedrich Wilhelm war ganz in seinem Reichselement. Seinen diversen Reichsbildern fügte er ein weiteres hinzu, indem er sich vorstellte, die Kaiserkrone werde ähnlich wie 1848 von der Volksvertretung angetragen. Dies war eine irrige Annahme. Denn 1870 machte nicht, wie damals, die Verfassung den Kaiser, sondern der Kaiser beziehungsweise sein Kanzler die Verfassung, wie die

*Wilhelm I.,
König von Preußen und Deutscher Kaiser*

preußisch-konservative »Kreuzzeitung« richtigstellte. Und der »Tropfen demokratischen Öls«, mit dem seinerzeit Ludwig Uhland den Kaiser salben wollte, war nun, wie Gustav Freytag feststellte, »das Herzblut unserer Krieger; und die Demokratie, die ihn auspreßte und hingab für das neugeeinte Vaterland und das neue Oberhaupt«, sei nicht mehr der Volkssouverän und die von ihm gewählte Volksvertretung, sondern »das deutsche Volk in Waffen«.

Bei seiner Betreuung der »Reichsboten« versuchte der Kronprinz, Preußisches und Deutsches, Staatsnotwendigkeit und Volksverbundenheit in Einklang zu bringen. Er führte die Reichstagsabgeordneten in den vordersten Graben vor Paris, wo sie dem Erbfeind ins Auge blickten. Er schritt mit ihnen zum Militärgottesdienst in die Versailler Schloßkapelle, wobei die Fürsten zur Rechten des Altars und die Parlamentarier auf der linken Seite des Kirchenschiffes Platz fanden. Er war in der Präfektur Zeuge der Übergabe der Reichstagsadresse an den Vater, wobei der Sohn helle Tränen vergoß.

Freudentränen waren noch nicht angebracht, denn die Kaiserproklamation konnte nicht, wie erhofft, am 1. Januar 1871 mit dem Inkrafttreten der Reichsverfassung erfolgen. Deren Ratifizierung durch die süddeutschen Parlamente war erforderlich, und die Bayern ließen sich Zeit. Friedrich Wilhelm fühlte sich in den Wartesaal der Geschichte versetzt, vertrieb sich die Zeit mit dem Entwurf von Wappen und Titulaturen sowie einer Proklamation für Kaiser und Reich, bereitete die große Zeremonie vor, die er wie eine Wagneroper zu inszenieren gedachte, gipfelnd in der Krönung des Gralskaisers.

Doch der Hauptdarsteller wollte nicht mitspielen. Wenn ihm schon der Kaisertitel zugemutet werde, wolle er »Kaiser von Deutschland« heißen, wodurch ein Machtanspruch über das ganze Reich ausgedrückt sei, verlangte der König von Preußen. Bismarck stellte Wilhelm I. vor die von ihm vollendeten Tatsachen. Im Bundesblatt vom 31. Dezember 1870 war die Reichsverfassung veröffentlicht worden, in deren Artikel 11 der Titel »Deutscher Kaiser« festgelegt war. Mit einer weitergehenden Bezeichnung wäre vor allem der König von Bayern nicht einverstanden gewesen.

Wilhelm I. zürnte Bismarck, dem Bayernkönig und seinem Sohn, der in dieser Angelegenheit mehr zum Kanzler als zum König hielt. Auch der Kronprinz wäre, an die Reihe gekommen, gerne »Kaiser von Deutschland« und damit, wie er es wollte, »Beherrscher von Deutschland« geworden, hätte am liebsten den preußischen im deutschen Titel aufgehen lassen. Da aber nichts mehr zu ändern war, fügte er sich, um wenigstens das Erreichbare möglichst schnell zu bekommen. In diesem Sinne redete er seinem Vater zu, der schließlich einlenkte, ohne von seiner Überzeugung abzuweichen: »Mein Sohn ist mit ganzer Seele bei dem neuen Stande der Dinge, während ich mir nicht ein Haar breit daraus mache und nur zu Preußen halte.«

Endlich war es soweit, daß immerhin eine Kaiserproklamation, wenn schon keine Kaiserkrönung erfolgen konnte: am 18. Januar 1871. Das war eigentlich ein preußisches Datum. An diesem Tage hatte sich im Jahre 1701 der erste preußische König Friedrich I. die Krone selber aufgesetzt und den Schwarzen-Adler-Orden mit der Devise »Suum cuique – Jedem das Seine« gestiftet. »Da ich den Kaisertitel einmal annehmen soll, so habe ich diesen Gedenktag der preußischen Geschichte dafür gewählt«, erklärte Wilhelm I. und ließ zum »Ordensfest vom Schwarzen Adler« einladen.

Dem zum Arrangeur der Feier bestellten Kronprinzen lag daran, dem preußischen Fest einen deutschen Anstrich zu geben und das Ganze in einem patriotischen Bild festhalten zu lassen. »Seine Königliche Hoheit läßt Ihnen sagen, daß Sie hier etwas Ihres Pinsels Würdiges erleben würden, wenn Sie vor dem 18. Januar hier eintreffen würden«, telegraphierte man dem Historienmaler Anton von Werner nach Karlsruhe, der sich sofort auf den Weg nach Versailles machte.

Aus dem Festlokal, dem Spiegelsaal des Schlosses Ludwigs XIV., waren die Lazarettbetten längst entfernt worden. Ein Feldaltar wurde errichtet, dazu eine Bühne für die Fahnenträger, über der ein Reichsadler prangte, ein schwarzer Aar, der am Herzen das Hohenzollernwappen trug und über dessen Kopf die Krone Karls des Großen schwebte.

Am liebsten hätte sich Friedrich Wilhelm die Reichsinsignien aus der Wiener Hofburg geliehen, den preußischen Kaiser in einen staufischen Krönungsmantel gehüllt. Doch nun galt die Uniform, das Dienstkleid der Soldaten, die den Kaiser auf den Schild erhoben hatten, als die angemessene Reichsmontur. Der Kronprinz, ein germanischer Hüne mit preußischem Gardemaß, warf sich als Generalfeldmarschall in Gala, legte den Schwarzen-Adler-Orden wie den englischen Hosenbandorden an.

Die Kaiserzeremonie begann mit dem Gottesdienst. »Helm ab zum Gebet!« kommandierte der Kronprinz und sang beim Choral so kräftig mit, wie es seine etwas schwache Stimme erlaubte. Auf

Die Kaiserproklamation im Spiegelsaal des Schlosses von Versailles am

dem Ehrenpodest, zur Rechten des Vaters, hörte er die Ansprache Wilhelms I. an die »Durchlauchtigsten Fürsten und Bundesgenossen« wie den Aufruf an das deutsche Volk, den Bismarck verlas, »in tonloser, ja geschäftlicher Art und ohne jegliche Spur von Wärme oder feierlicher Stimmung«, wie Friedrich Wilhelm indigniert bemerkte. Mit dem Schlußsatz stimmte er voll und ganz überein:

18. Januar 1871. Gemälde von Anton von Werner

»Uns aber und Unseren Nachfolgern an der Kaiserkrone wolle Gott verleihen, allzeit Mehrer des Deutschen Reichs zu sein, nicht an kriegerischen Eroberungen, sondern an den Gütern und Gaben des Friedens auf dem Gebiete nationaler Wohlfahrt, Freiheit und Gesittung.«

Gespannt wartete er darauf, wie sein Schwager, Großherzog Friedrich I. von Baden, den Kaiser proklamieren würde – als »Kaiser von Deutschland«, worauf Wilhelm I. noch im letzten Augenblick bestanden hatte, oder als »Deutschen Kaiser«, wie es in der Verfassung stand. Der Badener freilich fügte den Kompromissen der Reichsgründung einen weiteren hinzu, indem er ausrief: »Seine Kaiserliche und Königliche Majestät, Kaiser Wilhelm, lebe hoch! hoch! hoch!«

Säbel wurden geschwungen und Helme geschwenkt. Der Kronprinz beugte das Knie vor dem Kaiser und König, küßte ihm die Hand. Der Vater hob den Sohn zu sich empor und schloß ihn in die Arme.

»Wahrhaft glücklich« war Friedrich Wilhelm, der alles »mächtig ergreifend« und »wunderbar schön« fand. »Kaiserschein, du höchster Schein«, hatte Ernst Moritz Arndt geschwärmt, der das Strahlen nicht mehr erleben durfte. Sein Bonner Schüler meldete nun Vollzug: »Die langjährigen Hoffnungen unserer Voreltern, die Träume deutscher Dichtungen sind erfüllt, und befreit von den Schlacken des heiligen Unsegens steigt ein an Haupt und Gliedern reformiertes Reich unter dem alten Namen und den tausendjährigen Abzeichen aus sechzigjähriger Nacht empor.«

Am Abend dieses 18. Januar 1871 waren die Fürsten zu Gast in der Villa des Ombrages, der Versailler Residenz des preußischen Kronprinzen, der nun auch deutscher Kronprinz war. Bei der neuen Anrede »Kaiserliche Hoheit« zuckte er jedesmal zusammen, stolz auf die Würde und sich der Bürde bewußt. »Mir ist zumute, als wenn von jetzt ab meine Aufgabe und die meiner Frau eine doppelt schwere, gewichtige und verantwortungsvolle geworden wäre; ich heiße sie aber auch darum doppelt willkommen, weil ich vor keiner Schwierigkeit zurückschrecke, ferner weil ich wohl fühle, daß es mir an frischem Mut nicht fehlt, furchtlos und beharrlich einst die Arbeit zu übernehmen, und endlich, weil ich der Überzeugung bin, daß es sich nicht umsonst also fügte, daß ich in dem Lebensalter zwischen dreißig und vierzig Jahren wiederholentlich berufen war, die allerwichtigsten Entschlüsse zu fassen und, den damit verknüpften Gefahren ins Antlitz schauend, dieselben auch durchzuführen.«

Er sprach sich Mut zu und redete sich ein, er habe manches bewirkt und könnte noch vieles zustande bringen. Doch seine Vorsätze waren stets stärker gewesen als der Wille, sie auszuführen, und selbst wenn er Durchhaltevermögen und Durchsetzungskraft aufgebracht hätte, wären ihm erwünschte Erfolge versagt geblieben. Denn im Reich blieben ihm wie in Preußen Mitbestimmung oder gar Mitwirkung versagt.

Das zeigte sich bereits beim Friedensschluß mit Frankreich. Solange er im Chor »Gott strafe Frankreich!« mitsang, wurde er angehört. Sowie er aber vom Notenblatt abwich, klopfte der Dirigent ab.

Bismarck hatte Friedrich Wilhelms Denkschrift vom 14. August 1870 nicht ohne Zustimmung gelesen, in der von Frankreich Landabtretungen und Kriegskostenerstattung verlangt wurden. Nach Sedan steigerte der Kronprinz seine Forderungen. Frankreich, das jegliche Allianz suchen werde, um sich an Deutschland zu rächen, müsse derartig geschwächt werden, »daß es uns sobald nicht wieder um den Genuß des Friedens bringen kann«. Deswegen wollte auch er das Elsaß und Lothringen haben, als »Reichslande ohne Dynastie«, mit einem »Verwaltungsrat aus Eingeborenen«.

Je länger der Krieg sich hinzog und der endgültige Sieg auf sich warten ließ, um so mehr wurde der Kronprinz auf Moll gestimmt. Den Ton gab seine Frau an, auch die englische Schwiegermutter: »Was Du, geliebter Fritz, tun kannst«, bat ihn Queen Victoria, »um die Bedingungen so weit zu mildern, damit das unglückliche Land nicht gänzlich écrasiert wird, hoffe ich, wirst Du tun.« Nein, zerschlagen wollte er Frankreich nicht, nur einiges, was ihm ohnehin nicht so recht gehörte, von ihm abtrennen: »Die ehemaligen deutschen Teile Lothringens könnten wir mit Recht beanspruchen, doch sollten wir uns vor dem Verlangen nach wirklich französischem Gebiet hüten, weil dasselbe ein stets wirkender Grund zu neuen französischen Wiedereroberungsversuchen bleiben würde.«

*Kronprinz Friedrich Wilhelm und Kronprinzessin Victoria.
Photographie um 1865*

Bismarck nahm – nachdem am 28. Januar 1871 Paris kapituliert hatte und ein Waffenstillstand vereinbart worden war – durch den am 26. Februar geschlossenen Vorfriedensvertrag außer fünf Milliarden Francs (gleich vier Milliarden Mark) Kriegskostenentschädigung das Elsaß und Deutsch-Lothringen einschließlich – worauf Wilhelm I. bestanden hatte – Metz und die angrenzenden Schlachtfelder von Vionville und Saint-Privat.

»Es kommt mir fast vor, als wenn wir zuviel genommen hätten, um ohne saure Stunden das Errungene behaupten zu können«, bemerkte der Kronprinz. »Möge nur Metz nicht einst der Grund sein, daß der heute erlangte Frieden ein bloßer Waffenstillstand wird!« Er fürchtete, daß ein französischer Revanchismus einen neuen Krieg heraufbeschwören könnte. Deshalb wollte er den Franzosen mit Versöhnlichkeit begegnen. Er hoffe, schrieb er am 26. Februar 1871 in sein Tagebuch, »daß Deutsche und Franzosen statt in gegenseitigem Hasse sich herauszufordern, baldmöglichst sich einander nähern und den friedlichen Wettkampf in Handel, Gewerbe, Industrie und Kunst aufnehmen werden«.

Zunächst genoß er den Triumph, die Siegesparade am 1. März 1871 auf der Pferderennbahn von Longchamps. Hier hatte am 6. Juni 1867 Napoleon III. dem Vater und ihm die ruhmbedeckten französischen Truppen vorgeführt. Nun meldete der deutsche Kronprinz dem deutschen Kaiser die triumphierenden deutschen Soldaten. »Vor allem aber war ich in dem Augenblick von dem Gefühl, daß deutsche Truppen zum drittenmal in diesem Jahrhundert Paris als Sieger betreten sollten, bewegt und gehoben.«

Der Einmarsch erfolgte durch den Arc de Triomphe und über die Champs-Élysées. Auf drei Tage war die deutsche Besetzung eines Teils von Paris beschränkt, mindestens zwei Tage zuviel, wie Friedrich Wilhelm meinte: Denn es genügten »vierundzwanzig Stunden Aufenthalt in solcher Stadt vollauf, um manchem dauernden Schaden verschiedener Art zu bereiten«. Er selber wollte dieses Sündenbabel nicht betreten, gelangte jedoch wider Willen dorthin: Als er im Bois de Boulogne spazierenfuhr, verirrte sich der Kutscher und hielt auf den Triumphbogen zu, immerhin auf ein aristokratisches und bourgeoises Viertel.

Auch hier schlug den Deutschen mit Furcht gemischter Haß entgegen. So war die Stimmung nicht nur im gedemütigten Frankreich, sondern ähnlich auch in England, wo Queen Victoria auf verlorenem deutschfreundlichen Posten stand, in Österreich, das Königgrätz und die Folgen nicht vergessen hatte, und in Rußland, das Deutschland die großen Erfolge neidete.

»Man hält uns für jeder Schlechtigkeit fähig, und das Mißtrauen gegen uns steigert sich mehr und mehr«, bemerkte der Kronprinz. »Das ist nicht die Folge dieses Krieges allein – so weit hat uns die von Bismarck erfundene und seit Jahren in Szene gesetzte Theorie von Blut und Eisen gebracht!« Ja, »Bismarck hat uns groß und mächtig gemacht, aber er raubte uns unsere Freunde, die Sympathien der Welt und – unser gutes Gewissen. Ich beharre noch heute fest bei der Ansicht, daß Deutschland ohne Blut und Eisen, allein mit seinem guten Rechte ›moralische Eroberungen‹ machen und einig, frei und mächtig werden konnte«.

Was im Siegesrausch und Reichstaumel untergegangen zu sein schien, kam wieder zum Vorschein: Friedrich Wilhelms Abneigung gegen den Mann und die Ablehnung seiner Methoden, auch die Kritik am Ziel, das nicht in allem das seine war.

Das hatte Bismarck erreicht: ein Imperium ohne Pax, ein Reich ohne Universalismus, einen Nationalstaat ohne Volkssouveränität, eine deutsche Föderation unter preußischer Hegemonie, einen Konstitutionalismus ohne Parlamentarismus.

Die Widersprüche gelte es aufzulösen, um Einsprüche der deutschen Opposition und Eingriffe der ausländischen Rivalen zu vermeiden, meinte der Kronprinz. Nach der Reichsgründung sei die Reichsaufgabe gestellt, »ernstlich an dem inneren freiheitlichen und zeitgemäßen Aufbau des Reiches zu arbeiten und in einem solchen Unternehmen Bürgschaft für den dauernden Frieden der Welt zu geben«. Von Wilhelm I. und Bismarck könne dies aber kaum erwartet werden. Bei ihnen zweifle er »an der erforderlichen Aufrichtigkeit solchen Strebens«, und glaube, »daß nur eine neue Zeit, die einst mit mir rechnet, solches erleben wird«.

Doch diese Zeit wollte und sollte nicht kommen. Wilhelm I. herrschte noch siebzehn Jahre, und mit, neben und über ihm regierte Bismarck. Immer weniger Deutsche rechneten mit dem ewigen Kronprinzen, der, zur Seite geschoben und zum Harren verdammt, mit der Hoffnung auf seine Zukunft den Glauben an sich selbst verlor.

14

Im Wartestand

»Unser Fritz« wurde er von Deutschen genannt, denen er als Verkörperung des Erreichten erschien. Mit ihm sahen sie am 16. Juni 1871, bei der Siegesparade in Berlin, Vergangenheit, Gegenwart und Zukunft durch das Brandenburger Tor einziehen.

Siegfried und Wotan in einer Gestalt glaubten sie vor sich zu haben, einen blauäugigen Recken und einen furchterregenden Germanengott. In ihm schien Ernst Moritz Arndts Idealbild des deutschen Vaterlandes personifiziert zu sein: »Wo Eide schwört der Druck der Hand, wo Treue hell im Auge blitzt, wo Liebe warm im Herzen sitzt.«

Ein preußischer Generalfeldmarschall saß auf seinem Schlachtroß, mit Kürassierstiefeln und Ordenssternen, und den von himmelblauem Samt überzogenen und mit Kronen und Adlern geschmückten Marschallstab hielt er wie ein Zepter in der Hand. Seine Soldaten, die er bei Weißenburg, Wörth, Sedan und vor Paris zum Sieg geführt hatte, kannten und schätzten ihn auch anders: Mit Feldmütze und Tabakspfeife war er fast ein Landser wie sie.

Bürgern gefiel, daß der Thronfolger auf der Nationalbühne wie der Heldentenor in einer Wagner-Oper aufzutreten wußte, in seinen vier Wänden ein Familienleben nach Art der »Gartenlaube« pflegte und in der Adelsgesellschaft den bürgerlichen Gehrock hoffähig machte.

Das Volk erwartete, von diesem Kronprinzen in eine zivile Zukunft geführt zu werden. Ihm erschien er, wie Gustav Freytag schrieb, als »ein erprobter, fester Mann, nach jeder Richtung berufen, Nachfolger seines bejahrten Vaters zu werden, ein aufsteigender Stern für viele patriotische Wünsche und Hoffnungen, denen die Gegenwart volle Erfüllung nicht bieten wollte«.

»Mögest Du«, wünschte ihm 1873 zu seinem zweiundvierzigsten Geburtstag ein Freund, der Hohenzoller Karl von Rumänien, »mit jedem Lebenstage Deine Wurzeln tiefer schlagen, als ein echter deutscher Eichbaum.« Doch diese Eiche fand nicht das Erdreich, in dem sie wurzeln konnte, blieb widrigen Winden ausgesetzt, wurde morsch und mürbe.

Friedrich Wilhelms Gesundheit, die noch nie ganz seinem blühenden Aussehen entsprochen hatte, ließ zunehmend zu wünschen übrig. Es war, als nagte eine geheime Krankheit, vielleicht die ägyptische, an ihm. 1872 holte er sich auf einer Dienstreise eine schwere Lungenentzündung. Immer häufiger mußte er ausspannen, Seebäder nehmen, in Kur gehen. In Pegli an der italienischen Riviera hielt er sich, mit einigen Unterbrechungen, von Oktober 1879 bis Mai 1880 auf.

Kaum aus dem Frankreichfeldzug heimgekehrt, hatte er sich im Sommer 1871 mit Frau und Kindern für sechs Wochen nach England begeben. Dies war eine Erholungsreise besonderer Art. Sie diente zur Auffrischung der liberalen Kräfte, die er für das neue Deutschland einzusetzen gedachte.

»In der nunmehr geeinigten Nation werde ich, davon bin ich überzeugt, einen starken Anhalt für meine Gesinnungen finden, zumal ich der erste Fürst sein werde, der den verfassungsmäßigen Einrichtungen ohne allen Rückhalt ehrlich zugetan vor sein Volk zu treten hat«, hatte er am 7. März 1871 in sein Tagebuch geschrieben. Dies war eine eitle Hoffnung. Denn Kaiser und König durfte er noch lange nicht werden, und als Kronprinz mußte er auf der Stelle treten.

Wilhelm I. ließ ihn nicht vorankommen. Der greise Vater wollte von dem im besten Mannesalter stehenden Sohn nicht ständig daran erinnert werden, daß seine Tage gezählt seien, daß der Kronprinz vielleicht schon morgen den Thron besteigen könnte. Der Herrscher von Gottes Gnaden, den der Allmächtige, wie er felsenfest glaubte, auserwählt und emporgeführt habe, mochte seine Macht nicht mit dem künftigen Herrn teilen, wenn er auch gegen ihre Ausübung durch einen Diener wie Bismarck nichts einzuwenden hatte.

Mit dem Ministerpräsidenten und Reichskanzler, nicht mit dem Thronfolger stimmte der König und Kaiser in Staatsangelegenhei-

*Wie Reichskanzler Bismarck den deutschen Reichstag behandelt.
Zeitgenössische Karikatur*

ten überein. »Meines Sohnes politische Richtung ist bisher nicht die meiner Person, also auch nicht die meines Ministeriums«, bemerkte Wilhelm I. Der Kronprinz habe offen erklärt, »daß seine Prinzipien der Regierung die der englischen Regierung seien, also einer parlamentarischen Regierung, und nicht bloß parlamentarischer Gesetzgebung, wie dies dem preußischen und deutschen Parlament zum Grunde liegt«.

Obgleich Friedrich Wilhelm ständig betonte, daß das königliche Heer kein Parlamentsheer werden dürfe, erhielt der Generalfeldmarschall kein preußisches Kommando mehr, wurde lediglich zur Inspektion der süddeutschen Truppen herangezogen, wo sein Nimbus als gesamtdeutscher Feldherr nichts schaden konnte.

Der Kronprinz wurde finanziell knapp, auch in dieser Beziehung in Abhängigkeit vom regierenden Herrn gehalten, wie es in Preußen der Brauch war. Der Thronfolger sollte keine großen Sprünge machen und durfte keinen glänzenden Hof halten. Außer dem Palais in Berlin und dem Gut Bornstedt bei Potsdam gehörte ihm nichts. Im Neuen Palais, der Sommerresidenz, konnte er kein

Möbelstück ohne die Erlaubnis des königlichen Hofmarschallamts verrücken. Trotz der englischen Rente der Kronprinzessin reichte das Geld nie aus.

Bismarck war es nur recht, daß der Vater den Sohn an die Kandare nahm. So konnte er sich selber, wenn er Friedrich Wilhelm kuranzte, auf Wilhelm I. berufen. Mitunter machte er sich diese Mühe nicht, ließ den Kronprinzen aus eigener Machtvollkommenheit wissen, wer zu bestimmen habe und warum ein mit der innenpolitischen Opposition sympathisierender und mit dem Rivalen England liebäugelnder Thronfolger von den Staatsgeschäften ferngehalten werden müßte.

Repräsentieren durfte Friedrich Wilhelm das Reich, in dem er nichts, aber auch gar nichts zu bestimmen hatte, über das er jedoch Erbauliches zu sagen und für das er erhebende Gefühle zu wecken wußte, in Festreden und Trinksprüchen, bei Grundsteinlegungen, Denkmalsenthüllungen, Museumseinweihungen und Universitätsjubiläen.

Diese Aufgabe erfüllte er zur Zufriedenheit der Reichsleitung und – zumindest die erste Zeit – nicht zur eigenen Unzufriedenheit. Er sah sich gerne im Mittelpunkt, stellte sich in Positur, warf sich in Schale, am liebsten in Uniform oder in ein den Umständen angemessenes Kostüm, schätzte Orden und Ehrenzeichen, all den Flitter und Tand, den er wie viele seiner Zeitgenossen für echten Glanz und wahre Pracht hielt.

Sein Tagebuch füllte er mit einschlägigen Notizen, etwa: »Meine Investitur mit Rektormantel, in welcher Kleidung ich Rede hielt.« Oder: »Reizender Ball für Potsdamer Gesellschaft in Puder-Rokoko-Kostüm ... ich auch gepudert in Uniformrock I. Gardebataillons, mit echter alter Stickerei und Schärpe Friedrich Wilhelms III., dem Krückstock Friedrichs des Großen mit Chrysopas und Diamanten, Schwarzem-Adler-Band und gesticktem Stern, Garter um linkes Knie.«

Er spielte Geschichte, die er nicht machen konnte. Er kostümierte sich so, wie es der Anlaß gebot und das Milieu verlangte, beim Hofball als Soldatenkönig, bei der Truppeninspektion als Feldmarschall, und in bürgerlichen Kreisen erschien er im schlichten Interimsrock und ohne Generalsstreifen an den Hosen, die Mütze in der Hand.

Halb zivil, halb militärisch, ausgesprochen deutsch und uneingestanden preußisch, dem Autoritären verhaftet und dem Freisinn zugewandt – als Zwitter erschien er manchen Liberalen, die von ihm eine eindeutige nationale Haltung und klare Stellungnahmen für den Fortschritt erwarteten.

Seine liberalen Botschaften hörten sie wohl, aber es fehlte ihnen der Glaube, daß sie subjektiv ehrlich gemeint waren und objektiv realisierbar wären. Zunehmend zweifelten sie daran, ob er überhaupt ein liberales Programm, geschweige denn die Absicht hätte, es durchzusetzen. Sein Liberalismus beruhe auf momentanen Eindrücken und spontanen Einfällen, meinte der General und Admiral Albrecht von Stosch, der 1866 Friedrich Wilhelms Generalquartiermeister gewesen war, ein zupackender Mann, der des Kronprinzen mangelnde Tatkraft nicht verstehen konnte.

Nicht alle Oppositionellen teilten die Auffassung Wilhelms I., der Kronprinz strebe ein parlamentarisches Regierungssystem wie in England an. Nicht nur in Denkschriften für die Regierung, sondern auch bei Gesprächen mit Liberalen ließ Friedrich Wilhelm durchblicken, daß er vornehmlich an Verbesserungen bei der parlamentarischen Gesetzgebung und an eine protokollarische Besserstellung des Reichstags denke. Auch er hätte die Monarchengewalt nicht einer Parlamentsherrschaft ausgeliefert, schloß sein Bibliothekar Robert Dohme aus Gesprächen mit dem Kronprinzen.

Er sei etwas fortschrittlicher und duldsamer als die übliche Hofgesellschaft gewesen, aber im Grunde ein echter Hohenzoller und preußischer Offizier geblieben, meinte der Historiker Hans Delbrück, der als Erzieher Waldemars, des 1879 verstorbenen Sohnes Friedrich Wilhelms, im kronprinzlichen Hause ein- und ausgegangen war.

Auf Kontakte mit Nationalliberalen indessen legte Friedrich Wilhelm weiterhin Wert. Er pflegte den Umgang mit Max von Forckenbeck, der auch als Reichstagspräsident auf Ausgleich mit der Obrigkeit bedacht war, blieb mit Georg von Bunsen und Franz von Roggenbach in Verbindung. Mit diesem und jenem Reichstagsabgeordneten rauchte er eine gute Zigarre, hörte ihn an und stimmte ihm zu, doch wenn er sich einmal aufraffte, für Liberale etwas zu tun, holte er sich beim Monarchen eine Abfuhr und nahm sich dann vor, eine solche Erfahrung nicht öfter zu machen.

Im Jahre 1872 hatte er die von Stadtverordneten beabsichtigte Wahl des Danziger Oberbürgermeisters Winter zum Berliner Oberbürgermeister befürwortet. Dies war der Mann, von dem er im Verfassungskonflikt zu seiner Danziger Rede animiert worden war. Wilhelm I. hatte dies ebensowenig vergessen wie Friedrich Wilhelm. Der Vater erklärte dem Sohn, daß er diesen Liberalen nie und nimmer als Oberbürgermeister Berlins bestätigen werde.

Solche Vorkommnisse nahmen Friedrich Wilhelm den Mut, den herrschenden Gewalten zu widersprechen, und förderten seine Neigung, sich ihnen anzugleichen. Ohnedies wurde ihm das von Vertrauten nahegelegt. Sein Sekretär, Adjutant und Hofmarschall Karl von Normann empfahl eine Annäherung an Bismarck, mit dem Friedrich Wilhelm jetzt wie später zu rechnen habe. Normann war auch einer jener Nationalliberalen, die mit Bismarck den Reichsgründungskompromiß geschlossen hatten und hofften, nach der errungenen Einheit im Verein mit dem Reichskanzler Punkte für die zu kurz gekommene Freiheit zu sammeln.

Die Nationalliberale Partei besaß im ersten Reichstag 125 von 382 Mandaten und blieb bis zum Ende der siebziger Jahre die stärkste Fraktion. Ob sie noch eine echte liberale Kraft sei, bezweifelte nicht nur die ihren Grundsätzen treu und dabei klein gebliebene Fortschrittspartei, sondern auch ein linker Nationalliberaler wie Ludwig Bamberger, der meinte, seine Partei sei eine Ausgeburt des politisch unreifen, mehr autoritätshörigen als freiheitsliebenden deutschen Bürgertums.

In der Tat schien sich der Nationalliberalismus bei der Erreichung der Einheit so verausgabt zu haben, daß für die Erlangung von mehr Freiheit kaum mehr Energie geblieben war. »Die Endziele des Liberalismus sind beständige, aber seine Forderungen und Wege sind nicht abgeschlossen vom Leben und erschöpfen sich nicht in festen Formeln.« Diese schon im Gründungsprogramm der Nationalliberalen Partei ausgesprochene Kompromißbereitschaft wurde von Bismarck weidlich ausgenutzt, indem er den Ausgleich meist zu seinem Vorteil auslegte und die Partner der Reichs-G. m. b. H. zum Nachgeben zwang. Sie taten es nicht unfreiwillig. Denn es war so schön, in diesem neuen und großen Reichsgebäude zu leben, daß die mangelhafte Inneneinrichtung, zumindest zunächst, kaum störte.

Überdies ließ ihnen Bismarck, der den Nationalliberalen parlamentarische Mitwirkung vorenthielt, Auslauf in Bereichen, die ihnen näher lagen und mehr bedeuteten als diese oder jene parlamentarische Kompetenz. Im Zeichen des freien Unternehmertums und des Freihandels nahm die Wirtschaft einen gewaltigen Aufschwung, befördert durch die vier Milliarden Mark französische Kriegsentschädigung, noch mehr durch das Vertrauen in die Nationalkraft, der man sich im Krieg gegen den Erbfeind und bei der Überwindung des deutschen Partikularismus bewußt geworden war.

»Alles fühlt sich gehoben, gekräftigt und als Mitglied eines achtungsgebietenden Volkes – welches die ehemaligen 30 Vaterländer nie erreichen konnten«, erklärte Friedrich Wilhelm. Von der Wirtschaftsblüte erhoffte er sich auch die Früchte eines gesellschaftlich selbstbewußteren und politisch anspruchsvolleren Bürgertums. Dabei war England vorangegangen, wie er den Werken von Adam Smith und John Stuart Mill entnahm, die ihm seine Frau zu lesen gab. Mit dem Ergebnis der Lektüre zeigte sie sich einigermaßen zufrieden: »Er war nicht bewußter Freihändler, aber er war bewußter Gegner des Protektionismus, der ihm unsinnig erschien, da er die Interessen der Fabrikanten höher stellt als diejenigen des Publikums.«

Der wirtschaftliche Aufschwung hatte den Vorteil, daß er mehr Einnahmen für den Staat und mehr Wohlstand für die Bürger brachte. Friedrich Wilhelm sah aber auch Nachteile. Mit der Geschäftsmoral verschlechterte sich die Volksmoral, und der alte Idealismus wurde durch den neuen Materialismus in Frage gestellt.

»Heute gilt es mehr als je, die idealen Güter festzuhalten«, erklärte der Kronprinz beim Jubiläum der königlichen Museen. Dazu gehöre der Glaube an den Fortschritt, der sich jedoch nicht in Technik und Industrie erschöpfen dürfe. Als Mensch des 19. Jahrhunderts, der in dessen erster Hälfte geprägt worden war, erwartete er in dessen letztem Drittel auch und vor allem einen Aufstieg von Kunst und Wissenschaft, ein Fortschreiten zur Humanität. »Forschen, prüfen, Licht, Aufklärung«, lautete seine Losung bei der Einweihung des neuen Gebäudes der Freimaurerloge »Royal York zur Freundschaft«.

Der Antisemitismus war ihm, wie seine Frau bemerkte, »als modernem Kulturmenschen, als Christen und als Gentleman« zuwider. Öffentlich bezeichnete er ihn als »die Schmach des Jahrhunderts«. Er warb und spendete für ein Denkmal, das Lessing, dem Dichter von »Nathan der Weise«, in der Reichshauptstadt errichtet werden sollte. »Gewissensfreiheit und Duldung«, mahnte der Kronprinz, »diese Tugenden wollen wir fleißig üben.«

Im Kulturkampf freilich übte er sie nur bedingt. Friedrich Wilhelm schwankte zwischen der Toleranz eines Fortschrittsgläubigen gegenüber Kirchengläubigen und der freisinnigen Doktrin einer kirchenfreien, verweltlichten Kultur. Er war sich nicht klar, ob er für die Entscheidungsfreiheit des Staatsbürgers auch in religiösen Angelegenheiten eintreten oder ob er den auch auf geistliches Gebiet ausgedehnten Machtanspruch des Staates unterstützen sollte.

Friedrich Wilhelm war ein Protestant, der im Papst nicht nur den alten Feind des evangelischen Glaubens, sondern auch den neuen Gegner der italienischen Nationalstaatsbewegung erblickte. Sein Protestantismus war freilich selektiv, ganz im Sinne seines fortgeschrittenen Zeitalters: Er pickte sich progressive Elemente heraus, schätzte an Luther mehr den nationalen Propheten als den kirchlichen Reformator, hielt sein Bekenntnis vornehmlich für eine Diesseitslehre und weniger für einen Jenseitsglauben. Deshalb wandte er sich auch gegen die lutherische Orthodoxie, die bald wahrnahm, daß sich der Kulturkampf der Freigeister und Staatsgläubigen am Ende auch gegen ihre Kirche richtete.

Der Reichskanzler und die Nationalliberalen allerdings wollten in erster Linie die römisch-katholische Kirche treffen. Sie war auf felsenfeste, im Vatikanischen Konzil vermehrte und verstärkte Dogmen gegründet, besaß eine festgefügte internationale Organisation, hatte die Mittel und den Mut, sich der Fortschrittsgläubigkeit wie der Staatsgläubigkeit zu widersetzen.

Reichspatrioten hielten die Katholiken für potentielle Reichsfeinde. Die »Ultramontanen« blickten auch über die Alpen hinüber, zum Papst nach Rom, und nicht nur in die norddeutsche Tiefebene, auf den Kaiser in Berlin. Sie waren Universalisten und Partikularisten zugleich: Bayern, die zu ihrem König hielten, Welfen, die ihren König von Hannover wiederhaben wollten, Rheinländer und

*Friedrich Wilhelm mit Frau und Kindern
bei einer Ausfahrt in Potsdam 1878*

Westfalen, die immer noch nicht am preußischen Wesen genesen waren. Polen, die sich dem preußischen Staat gefügt hatten, gedachten sich nicht einem deutschen Nationalreich zu unterwerfen und artikulierten ihren Nationalismus mit Katholizismus.

Die Reichseinheit war dem entschiedenen Unitaristen Friedrich Wilhelm noch wichtiger als dem gemäßigten Föderalisten Bismarck. Deswegen wollte er sie gegen »Reichsfeinde« jedweder Couleur nicht verteidigt wissen. Die preußischen Polen sollten Deutsch lernen und loyale Reichsangehörige werden, verlangte der Kronprinz, der den Rat des preußischen Ministerpräsidenten Bismarck, er solle als preußischer Thronfolger Polnisch lernen, in den deutschnationalen Wind schlug.

»Zwei Eigenschaften lassen mich den Kronprinzen so hoch schätzen«, hatte sein Berater Karl Samwer erklärt, »seine außerordentliche Menschenfreundlichkeit und seine deutschen Gesinnungen, an denen nichts von Partikularismus hängt.« Partikularisten gegenüber menschenfreundlich zu sein, hielt er nicht unbedingt für erforderlich. Annektierten Hannoveranern, die sich zu Preußen und Deutschland bekannten, wäre er – wenn er dazu ernannt worden wäre – als Vizekönig human und liberal gegenübergetreten. Den Welfen hingegen, die mit ihrem König ein eigenes Staatswesen zurückverlangten, hätte er nur zu gerne die preußisch-deutsche Faust gezeigt.

Und erst den Bayern! Anfänglich hatte er die Hochrufe seiner bayerischen Offiziere und die Lobreden von Ministern und Unternehmern für den Ausdruck der allgemeinen Stimmung innerhalb der weiß-blauen Grenzpfähle gehalten. Allmählich aber wurde ihm klar, daß Nationalliberalismus keine königlich bayerische Weltanschauung war. In der Kammer besaß die bayerische Patriotenpartei, die gegen deutsche Einheitsstaatler wie liberale Kulturkämpfer focht, eine klare Mehrheit. König Ludwig II., der den Kronprinzen von allen Preußen am wenigsten mochte, hatte ihm gesagt, Schiller bekäme wohl deshalb kein Denkmal in Berlin, weil er demokratische Tendenzen zeige. Als Friedrich Wilhelm mit den bayerischen Truppen aus Frankreich heimkehrte, gab ihm der Wittelsbacher zu verstehen, daß er sich lieber den Sonnenuntergang am Starnberger See ansehen als der Siegesparade in München beiwohnen würde.

Der nationalliberale Kronprinz teilte das Schicksal der Nationalliberalen Partei. Reden gegen innere wie äußere »Reichsfeinde« durften sie führen, als Wirtschaftsliberale profitieren und als Kulturliberale Ersatzbefriedigung für politische Frustration finden. Friedrich Wilhelm blieb vom Nationalvereins-Liberalismus nicht die parlamentarische, nur die unitarische Hälfte. Um diese nicht auch noch zu verlieren, hegte und pflegte er sie, und seine Haltung im Kulturkampf wurde davon bestimmt.

»Ein Parlament, worin hundert Mitglieder sitzen, die nicht als Deutsche, sondern als Fremde zu betrachten sind, das ist das größte Unglück und das Unleidlichste von allem«, erklärte er Ludwig Bamberger. Seine Mutter Augusta »katholisierte« ihm zu sehr, und an einer Denkschrift Franz von Roggenbachs, die sie ihm zu lesen gab, hatte er einiges auszusetzen. Durch den Kulturkampf, hieß es darin, gefährde Bismarck die innere deutsche Einheit. Nein, die Ultramontanen bedrohten sie, meinte Friedrich Wilhelm. Indessen räumte er ein, daß der Kulturkampf zu hart geführt werde, mit den Waffen des Obrigkreitsstaates und eben von Bismarck, der nicht zum erstenmal die Macht gewalttätig ausübte.

Je heftiger und länger er dies tat, um so mehr schlug dem Kronprinzen das liberale Gewissen, kam seine Abscheu vor der Gewalt wie seine Abneigung gegen den Gewalttäter zum Vorschein und seine von Samwer konstatierte Menschenfreundlichkeit zum Zug. Schließlich bilanzierte seine Frau, die wie immer den Liberalen in ihm stützte: »Er fand, wie wir auch, daß dieser Kampf mit einer Roheit und Brutalität geführt würde, die ja die Regierungsart charakterisierte!« Doch nach wie vor verurteilte er nur die Methoden, nicht die etatistischen und laizistischen Ziele des Kulturkampfes: »Das Schlimmste schien ihm aber, daß dieser Kampf abgebrochen und aufgegeben werden mußte, daß der Fürst Bismarck einen sehr faulen Frieden mit der Kirche schließen mußte, aus dem Kampf als Besiegter hervorging, der Preußische Staat als solcher eine rechte Schlappe erlitt und einen Gang nach Canossa machen mußte!«

Als »Reichsfeind« galt, neben dem katholischen und förderalistischen Zentrum, auch eine andere, noch kleine, doch zukunftsträchtige Partei, die Sozialdemokratie. Sie schien kein Vaterland, nur die Internationale der Proletarier zu kennen, hatte die Weltrevolution für ihre rote Fahne und in ihr »Gothaer Programm« von 1875 die Forderung nach einem demokratischen Staat und einer sozialistischen Gesellschaft geschrieben. Es gab immer mehr Sozialdemokraten: Bei den Reichstagswahlen 1877 gewannen sie 9,1 Prozent der Stimmen und – trotz des für sie ungünstigen Mehrheitswahlrechts – 12 Mandate.

Der industrielle Fortschritt hatte Vorteile für Bürger und Nachteile für Arbeiter gebracht. Die sich aus der ungleichen Verteilung des Fortschrittsgewinns ergebenden gesellschaftlichen Spannungen und politischen Gefahren blieben dem Kronprinzen nicht verborgen. »Unser nächster Beruf im Frieden daheim ist die Lösung der sozialen Frage«, hatte er sich nach Beendigung des deutschfranzösischen Krieges vorgenommen. »Für mich soll nach meiner Rückkehr in die Heimat die gründliche Erforschung jener sozialen Frage eine anziehende und lehrreiche Beschäftigung werden.«

Aber er drang nicht so tief in die Materie ein, daß er zu Erkenntnissen sozialpolitischer Notwendigkeiten gelangt wäre, und wenn er sie gefunden hätte, wäre ihm der Weg zu ihrer Anwendung versperrt geblieben. Seine gutgemeinten und ernsthaften Bemühungen erschöpften sich in Sozialfürsorge nach Art eines Feudalherrn, der seinen Hintersassen Gutes erweist, aus sittlicher Verpflichtung und aus freien Stücken, nicht auf politischen Druck und aus rechtlichem Zwang.

Auf seinem Rittergut Bornstedt, das neben dem Neuen Palais in Potsdam lag, bot er das Beispiel einer musterhaften Gutsherrschaft. Der Kronprinz betätigte sich auf den Feldern, die Kronprinzessin in Haus und Stall, sie bewirteten die Bauern beim Erntedankfest und bescherten deren Kinder zu Weihnachten. Kranke wurden gepflegt, Bedürftige unterstützt, und mitunter, wenn der Dorfschullehrer verhindert war, trat Friedrich Wilhelm höchstselbst vor die Klasse.

Vicky war eine praktizierende Philanthropin, und ihr Fritz, wie ihm Gustav Freytag bescheinigte, »so menschenfreundlich und gegenüber einem Leidenden so voll Empfindung, daß auch die zahllosen bitteren Erfahrungen, welche die Großen der Erde über Unwert der Hilfesuchenden machen, ihm nicht den Anteil an dem einzelnen Fall beeinträchtigen«.

Ihn beeindruckten die Not und das Elend in den Hinterhöfen der Reichshauptstadt, dauerten die zusammengepferchten Arbeiterfamilien, die darbenden Männer, verhärmten Frauen, unterernährten Kinder. In einem abgetragenen Zivilrock ging er durch Berliner Arbeiterviertel, um sich die Kehrseite des Gründungswunders anzusehen und darüber nachzusinnen, wie den Armen, die auch Reichsgenossen waren, geholfen werden könnte.

Seine Wohlfahrtstätigkeit ging über das in Hofkreisen Übliche hinaus. Er sorgte für Ferienkolonien an der See und in den Bergen, kümmerte sich um den »Verein für häusliche Gesundheitspflege« und um »Heimstätten für Genesende«, protegierte die Bodelschwinghschen Arbeiter- und Handwerkerkolonien und gedachte, für brave und tüchtige Arbeiter menschenwürdige und familienfreundliche Wohnungen zu errichten. »Wir dachten«, resümierte seine Frau, »daß in der Lösung der Wohnungsfrage für die arme Bevölkerung in Berlin eine große Handhabe zur sittlichen Hebung dieser Klassen läge und man damit einem Teil der sogenannten sozialen Frage zu Leibe gehen könnte« – einem wesentlichen Teil, wie das im Zeichen idealistischer Humanität und eines bürgerlichen Altruismus erzogene Kronprinzenpaar meinte.

»Nur auf der Grundlage gesunder Volkserziehung kann gesunde Volkswohlfahrt gedeihen«, pflegte Friedrich Wilhelm zu sagen. In Bornstedt entstand ein Kinderheim nach Fröbelschem Vorbild, das Kronprinzenpaar übernahm das Protektorat des Berliner Pestalozzi-Fröbel-Hauses, förderte die städtischen Fortbildungsschulen in Berlin, in deren größter – in der Reichenberger Straße – der Thronfolger mündliche Prüfungen abhielt und schriftliche Arbeiten korrigierte.

Doch die soziale Frage war mit Hochherzigkeit allein nicht zu lösen, der soziale Frieden nur mit Wohltätigkeit nicht zu sichern. Sozialisten verwarfen den »Almosensozialismus«, verlangten eine Umverteilung der Güter, predigten den Klassenkampf gegen Feudalisten und Kapitalisten. Schon war es zu Arbeiterdemonstra-

Der Kronprinz als Weidmann: Jagdgesellschaft in Buckow bei Berlin.
Photographie vom 10. Januar 1886

tionen und Arbeitsniederlegungen gekommen. Am 11. Mai 1878 schoß der Klempnergeselle Hödel auf Wilhelm I., ohne ihn zu treffen, aber am 2. Juni 1878 wurde der Kaiser und König durch die Schrotkugeln, die Dr. Nobiling auf ihn abfeuerte, schwer verletzt.

Die Schuld an den Attentaten wurde der Sozialdemokratie zugeschoben, vom Monarchen, dem Kanzler wie vom nationalbewußten Bürgertum, das die »vaterlandslosen Gesellen« verabscheute und die sozialistischen Revolutionäre fürchtete. Bismarck benützte die Gelegenheit, um ein »Reichsgesetz gegen die gemeingefährlichen Bestrebungen der Sozialdemokratie« durchzusetzen. Die Versuche zum »Umsturz der bestehenden Staats- und Gesellschaftsordnung« sollten mit polizeistaatlichen Mitteln, durch Verbot von sozialistischen Vereinigungen, Versammlungen und Veröffentlichungen sowie durch die Ausweisung von Funktionären verhindert werden.

Auch Bismarck hatte erkannt, daß die soziale Frage gelöst werden müßte, aber wie alles wollte er sie durch den Staat und für den Staat lösen. Mit seinem Staatssozialismus beabsichtigte er, die deutschen Arbeiter von der internationalen Arbeiterbewegung zu trennen und sie für Kaiser und Reich zu gewinnen – durch weniger Arbeitszeit, mehr Arbeitslohn und Versicherungsschutz bei Krankheit, Invalidität sowie im Alter.

Nationalliberale kritisierten Bismarcks obrigkeitliches Sozialistengesetz wie seine staatliche Sozialpolitik zu einem Zeitpunkt, in dem der Reichskanzler eine Wende vom Freihandel zum Schutzzoll vollzog, sich von den Liberalen abwandte und den Konservativen wie dem Zentrum zuneigte.

Die erste Vorlage des Sozialistengesetzes wurde vom alten Reichstag abgelehnt, die zweite Vorlage von dem nach dem zweiten Attentat auf den Kaiser neu gewählten Reichstag angenommen. Die Nationalliberalen besaßen in ihm nur noch 99 statt 128, die Fortschrittspartei 26 statt 35 Mandate. Die Zeichen standen auf mehr Staat und weniger Liberalismus.

Dem Kronprinzen mißfiel Bismarcks Kursänderung, und er mißbilligte das Überhandnehmen der Auffassung, daß man auf die Macht des Staates setzen müsse, der alles fertigbringen würde. Altliberal, wie er geblieben war, hätte er ein freies, wenn auch nicht allzu freies Spiel der Kräfte vorgezogen. Arglos, wie er stets war, mochte er nicht daran glauben, daß die sozialistische Agitation zur sozialistischen Revolution führen könnte. »Ich glaube nun einmal nicht an die gemeinnützige Theorie der ›Partei des Umsturzes‹, schrieb er Karl von Rumänien. »Aber gut ist es freilich, die Augen offen zu halten . . .«

Am liebsten hätte er auch in der Arbeiterschaft »moralische Eroberungen« gemacht. Nach den Attentaten aber hielt auch er ein Sozialistengesetz für unumgänglich. »Hoffen wir«, schrieb er Karl von Rumänien, »daß das Sozialistengesetz den Beginn einer Radikalkur bedeutet, durch welche das Übel überwunden werden kann. Es wird uns jedoch viel Mühe kosten, bis wir diese Mißgeburt [die Sozialdemokratie] los sind, die mit so unglaublicher Schnelligkeit gewachsen ist, seit die Lehren dieser unheilvollen Gesellschaft ein so breites Publikum finden, und seit die Mordversuche, die jetzt noch zunehmen werden, die Richtung zeigen, in die sich eine mißverstandene Anwendung verliert.«

Er gab sich hart in der Sache, hätte aber lieber zu weicheren Methoden gegriffen. Die Nationalliberalen, die Bismarcks Gesetzentwurf entschärfen wollten, konnten mit ihm rechnen. Ohne Erfolg suchte er eine Auflösung des alten Reichstags mit seinen starken liberalen Fraktionen zu verhindern. Einigen Erfolg vermochte er im Verein mit den im neuen Reichstag zwar schwächer gewordenen, aber tonangebend gebliebenen Liberalen bei der Abmilderung der Polizeivorschriften zu erzielen.

In dieser Fassung unterschrieb er das Sozialistengesetz. Als Stellvertreter des beim Nobilingschen Attentat schwer verletzten Vaters konnte und mußte er dies tun. Die Genugtuung, endlich einmal, wenn auch nur vorübergehend, an der Spitze zu stehen, wurde durch den Umstand getrübt, daß er nur Unterschriftvollmacht und nicht Entscheidungsbefugnisse bekommen hatte.

15

Resignation

Auf Probe stand er, von Anfang Juni bis Anfang Dezember 1878, ein halbes Jahr lang an der Stelle des Kaisers und Königs. »Die gehäufte Arbeit, die Verantwortung, das hohe Amt gaben ihm eine Zeitlang Spannung und seinem Geist neue Schwingen, zur Freude und Überraschung seiner Umgebung«, bemerkte Gustav Freytag.

Der Sechsundvierzigjährige hatte schon fast die Hoffnung aufgegeben, jemals den nun einundachtzigjährigen, keineswegs amtsmüden und lebensmatten Vater abzulösen. Ein letzter Anlauf, wenigstens einen Zipfel der Macht zu erhaschen, war im Frühjahr 1878 fehlgeschlagen. Der Plan, Friedrich Wilhelm als Herrscher in Elsaß-Lothringen einzusetzen, scheiterte am Widerstand Wilhelms I. Aus dem Trübsinn, in den Friedrich Wilhelm daraufhin wieder verfiel und den er, wie so oft, in England aufzuhellen versuchte, riß ihn am 2. Juni 1878 ein Telegramm. Der durch das Nobilingsche Attentat schwer verletzte Vater rief ihn zur Übernahme der Staatsgeschäfte nach Berlin zurück.

Dafür gab es zwei Möglichkeiten: die Stellvertretung, eine bloße Geschäftsführung im Sinne des verhinderten Monarchen, und die Regentschaft in eigener Verantwortung. Diese wollte der Kronprinz haben, der lange darauf gewartet hatte. Doch der Vater, der sich nicht so leidend fühlte, daß er seinem unpreußischer Umtriebe verdächtigten Sohn die Zügel hätte überlassen wollen, übertrug ihm nur die Stellvertretung und schärfte seinem Ministerium ein, »daß fernerhin ganz in meinem Sinne weiter regiert wird, und daß alles so bleibt, wie es ist«.

So blieb Bismarck der Interpret und Exekutor des Monarchenwillens. Ein Regent, der seinen eigenen Willen hätte ausführen wollen, wäre von ihm kaum geduldet worden. Schon gar nicht konnte er einen liberalen Kapitän auf der Kommandobrücke zu einer Zeit brauchen, da er das Ruder nach rechts herumriß, den Kulturkampf beendete und das Sozialistengesetz durchdrückte.

Friedrich Wilhelm, noch im Vollgefühl endlich erreichter Verantwortlichkeit, ließ es auf einen Zusammenstoß mit Bismarck ankommen. Als der Reichskanzler und Ministerpräsident ihm die Stellvertretungs-Urkunde überbrachte, gedachte er sich nicht vor vollendete Tatsachen stellen zu lassen. Er forderte die Regentschaft. Bismarck konnte und wollte sie ihm nicht geben, und als der Kronprinz heftig wurde, traf der Kanzler Anstalten, das Zimmer zu verlassen. »Halt!« rief Friedrich Wilhelm. »Ich verlange, daß Sie hier bleiben. Wenn nicht mehr, bin ich jetzt der Stellvertreter meines Vaters und verlange von Ihnen als dem Ministerpräsidenten Rechenschaft über den Stand der Dinge im Staatsleben.«

Bismarck wahrte die Form, ohne in der Sache nachzugeben. Friedrich Wilhelm hatte sich die Genugtuung verschafft, »ihm den Herrn zu zeigen«, sich aber zugleich dem Befehl des Monarchen und dem Willen des Kanzlers gebeugt. Öffentlich erklärte er: »Es ist mein fester Wille, die mir von des Kaisers und Königs Majestät übertragene und übernommene Stellvertretung unter gewissenhafter Beobachtung der Verfassung und der Gesetze nach den mir bekannten Grundsätzen Seiner Majestät, meines kaiserlichen Vaters und Herrn, zu führen.«

So blieb jeder, was er bleiben sollte: Wilhelm I. die Majestät, Bismarck der Herr und der Kronprinz »der geborene Ersatzmann«. Bald empfand er die Stellvertretung nur noch als eine Last. Er durfte nicht tun, was er wollte, mußte genehmigen, was andere ihm vorlegten, täglich zum Rapport am Krankenbett des Vaters erscheinen, Bismarck in der Innenpolitik wie in der Außenpolitik folgen, dem Papst einen versöhnlichen Brief schreiben, das Sozialistengesetz unterschreiben und das Todesurteil gegen den Attentäter Hödel bestätigen. Dies fiel ihm besonders schwer. Seine Frau erinnerte ihn an sein – vergebliches – Eintreten für die Abschaffung der Todesstrafe, die Mutter Hödels appellierte an »unseren milden Kronprinzen«. Er schob die Unterzeichnung auf, solange es möglich war, und die Nacht vor der Hinrichtung wurde für ihn zu einer »fast schlaflosen, durch klägliches Eulengeheul noch besonders gepeinigten Nacht«.

Die mit der Stellvertretung verbundenen größeren und höheren Repräsentationspflichten allerdings genoß er in vollen Zügen. Er nahm Paraden ab, reiste nach Westpreußen und Süddeutschland, besuchte die Provinzial-Gewerbeausstellung in Hannover und enthüllte das Denkmal für König Friedrich Wilhelm IV. in Köln. Glanzvoll empfing er die zum Berliner Kongreß gekommenen Vertreter der europäischen Mächte, gab ein Galadiner im Weißen Saal des Berliner Schlosses, Gartenfeste in Potsdam und Wasserpartien auf der Havel.

Er machte die Honneurs, die Politik aber machte einzig und allein Bismarck. Auf dem Berliner Kongreß bemühte sich der Kanzler als »ehrlicher Makler« um einen Ausgleich zwischen den Mächten und die Erhaltung des europäischen Gleichgewichts. Rußland hatte es wieder einmal durch einen Angriffskrieg gegen die Türkei ins Wanken gebracht. Als die Russen vor Konstantinopel standen und im Frühjahr 1878 dem Sultan den Frieden von San Stefano diktierten, drohten England und Österreich mit militärischem Eingreifen.

Bismarck, der England wie Rußland in Schranken halten, vor allem das Dreikaiserabkommen zwischen Wilhelm I., Alexander II. und Franz Joseph I. erhalten wollte, intervenierte mit diplomatischen Mitteln und brachte den Frieden von Berlin zustande: England bekam Zypern, Österreich besetzte Bosnien und die Herzegowina, Rußland behielt Bessarabien und seine Satelliten Serbien, Montenegro und Rumänien, erhielt aber nicht ein Groß-Bulgarien und damit einen Zugang zum Mittelmeer.

Die Russen pfiffen den Schiedsrichter aus, Engländer wie Österreicher waren mit ihm nicht ganz zufrieden, und den Franzosen mißfiel, daß er sich diese Rolle angemaßt hatte. Der Kronprinz, der als Festredner »das von Europa so innig ersehnte Friedenswerk« feierte, zweifelte bald daran, ob es tatsächlich diesen Namen verdiente. Er hielt zwar den Denkzettel für Rußland für angebracht, befürchtete jedoch, daß Deutschland einen Strafzettel bekommen würde. Denn der verbitterte Zar traf Anstalten, ungeachtet des ideologischen Gegensatzes, sich mit dem Präsidenten der Französischen Republik gegen den Deutschen Kaiser zusammenzutun.

»Deutschland wird zwischen Frankreich und Rußland zerquetscht werden«, prophezeite die Kronprinzessin und forderte, um die Katastrophe zu verhüten, das Bündnis zwischen Deutschland und England. Der Kronprinz stimmte ihr zu. Diese Allianz hielt er zunehmend nicht nur aus weltanschaulichen Motiven für wünschenswert, sondern auch aus machtpolitischen Gründen für lebensnotwendig.

»Das Interesse Englands ist«, erwiderte Bismarck, »daß das Deutsche Reich mit Rußland schlecht steht, unser Interesse, daß wir mit ihm so gut stehen, als es der Sachlage nach möglich ist.« Der Reichskanzler hielt wenig von den liberalen Engländern und nichts von einem Bündnis mit der Seemacht, deren Festlandsdegen er sein sollte. Der konservative Staatsmann wollte die Verbindung zum Zaren pflegen und das traditionelle Bündnis mit Rußland so gut und solange es ging aufrechterhalten. Der Realpolitiker sah sich indessen durch die Sachlage nach dem Berliner Kongreß gezwungen, mit Österreich ein Verteidigungsbündnis gegen einen potentiellen russischen Angriff zu schließen.

Friedrich Wilhelm hätte Österreich lieber als Dritten in einem deutsch-englischen Bunde gesehen. Nun warb er für eine Aufnahme Englands in den deutsch-österreichischen Zweibund. Bismarck hatte die Erneuerung des Dreikaiserabkommens zwischen dem Deutschen Kaiser, dem russischen Zaren und dem Kaiser von Österreich im Sinn. Von der »Engländerei« wollte er nichts hören, dem Kronprinzen keine außenpolitischen Auskünfte mehr geben – wegen »Unzulänglichkeit seiner Arbeitskraft«, wie die Ausrede lautete. Seit der Beendigung der Stellvertretung bekam Friedrich Wilhelm überhaupt nichts mehr zu hören und hatte gar nichts mehr zu sagen. Aus der Halbbedeutung, die er für ein paar Monate gewonnen hatte, fiel er wieder in die Unbedeutung zurück, die sein Los war und blieb.

Der Vater, der am 5. Dezember 1878 die Zügel wieder ergriff, halfterte den Sohn aufatmend ab. Immerhin hatte er den Karren nicht verfahren. So bescheinigte er dem Kronprinzen, daß es dem verhinderten Amtsinhaber vergönnt gewesen sei, »mit wachsender Befriedigung den Gang der Regierungsgeschäfte während dieser Zeit zu beachten«, was zu seiner Genesung nicht unwesentlich beigetragen habe.

Der Kronprinz fühlte sich getroffen. Zum Unbefriedigtsein kam die Ehrenkränkung, zum Schaden der Spott. Die offiziöse »Norddeutsche Allgemeine Zeitung« spendete dem Ex-Stellvertreter das mit Hohn durchtränkte Lob, er habe »die ihm anheim gefallene Sicherung der gesellschaftlichen Ordnung nicht von gutherzigen, aber praktisch haltlosen Doktrinen und schönen Reden, sondern nur von der Energie der Tat erwartet«.

Sie machten sich über ihn lustig. Wilhelminer und Bismarckianer wußten nur zu gut, daß er kein Tatmensch war. Es war ihnen bekannt, daß er als Stellvertreter keine Taten – und schon gar keine, die seinen Überzeugungen entsprochen hätten – zu vollbringen vermochte. Und sie ahnten, daß er sich die Tatenlosigkeit, zu der er bestimmt war, so zu Herzen nehmen würde, daß er, selbst wenn er doch noch an die Regierung kommen sollte, kaum mehr die Energie der Tat aufbringen könnte.

»Seine Tätigkeit im letzten Jahrzehnt seines Lebens war unbedeutender als die eines einfachen Bürgers, der im öffentlichen Leben steht«, bemerkte der Diplomat Ludwig Raschdau. Der Kronprinz »fühlte die Leere, eine gewisse Ermüdung trat ein, Verstimmung überkam ihn, welche immer größer wurde«, schrieb Gustav Freytag. »Er gab sich mit Vorliebe trüben Gedanken und pessimistischen Stimmungen hin.«

Über »sein zerfahrenes Leben« klagte Friedrich Wilhelm. Noch bäumte er sich gegen die Resignation auf, die ihn an der Schwelle zum sechsten Lebensjahrzehnt zu früh zu übermannen drohte. Noch fand er Mut und Kraft, den Rückzug in Bereiche anzutreten, in denen er nach seinen Vorstellungen leben und wirken konnte.

Auf Reisen war das Angenehme, Berlin und Bismarck entronnen zu sein, mit dem Gefühl, sich auf seine Weise für das Vaterland nützlich zu machen, zu verbinden. In England erholte er sich von Preußen und stellte sich als Deutscher vor, der den Liberalismus schätzte und ein Bündnis mit Großbritannien suchte. In Wien hofierte er Kaiserin Elisabeth, die schöne und seltsame Frau, und umwarb Kaiser Franz Joseph, den Partner im Dreibund mit Rußland und im Zweibund gegen Rußland. In Sankt Petersburg, wo er 1881 an der Beisetzung des ermordeten Zaren Alexander II. teilnahm, umschmeichelte er, der die Russen nicht mochte, aus Staatsräson den neuen Zaren Alexander III.

Im Ausland trat er nicht als Oppositioneller, sondern als Gehilfe der Bismarckschen Außenpolitik auf. Wo er mit ihr übereinstimmte, tat er es mit Elan, beispielsweise in Italien. Berlin, Rom und Wien hatten ein gegen Paris gerichtetes Verteidigungsbündnis geschlossen. Bismarck hielt es für angebracht, daß der deutsche Kronprinz bei König Umberto im Quirinal vorsprach, um die Freundschaft zu festigen, aber auch Papst Leo XIII. im Vatikan aufsuchte, mit dem der Reichskanzler den Kulturkampf beenden wollte.

Im Advent 1883 kam Friedrich Wilhelm nach Rom. Überschwenglich begrüßte er den König, voller Bedenken ging er zum Papst. So schnell wie Bismarck konnte er seine Stimmung und Meinung nicht wechseln; überdies mußte er Leo XIII., der vom Unverbindlichen zum Verbindlichen kommen wollte, eingestehen, daß er nur für die Honneurs, nicht für Verhandlungen zuständig sei.

Eitel Sonnenschein hatte in den Wochen zuvor in Spanien geherrscht, das ein politischer Nebenschauplatz und eine touristische Hauptattraktion war. Außer Paraden und Bällen gefiel dem

Kronprinz Friedrich Wilhelm bei Papst Leo XIII.

Kronprinzen in Madrid am meisten der Prado. Namentlich die Gemälde von Velazquez zogen ihn an, Bilder, die fürstliche Repräsentanten in künstlerischer Vollendung zeigten.

Die Kunst war eine Trösterin des am Leben laborierenden Kronprinzen. Sein Geschmack war nicht besser und nicht schlechter als der seiner Zeitgenossen, die Pompöses à la Hans Makart oder Grandioses nach Art Anton von Werners schätzten. Dessen »Kaiserproklamation in Versailles« war zum Hauptaltarbild der Reichsgründungszeit geworden. Gemälde, die zeigten, wie Ruhm und Größe gewonnen wurden, mochte Friedrich Wilhelm weniger. Wer die Greuel des Krieges erlebt habe, meinte er, den verlange es nicht danach, sie auch noch gemalt zu sehen.

Unter den Baustilen der Vergangenheit, von denen die Architekten der Gegenwart nach Belieben Gebrauch machten, bevorzugte er nicht, wie man es von einem Reichsromantiker erwartet hätte, Romanik oder Gotik, sondern die Renaissance, mit deren Stilmerkmalen die neue Reichsmacht in Regierungsgebäuden und Bankpalästen demonstriert wurde.

Den preußischen Klassizismus hielt er als Ausdruck der Hohenzollerngröße nicht mehr für angemessen. Friedrich Wilhelm plante einen monumentalen Neubau des Berliner Doms, vornehmlich zur Verherrlichung der Dynastie und ihrer Geschichte. Den in der Gruft beigesetzten Hohenzollern sollten Standbilder errichtet werden, mit Inschriften in römisch-imperialer Prägnanz und mit deutsch-historiographischer Präzision. Der Kronprinz feilte daran, sandte seine Elaborate zur Begutachtung an Koryphäen wie Leopold von Ranke und Johann Gustav Droysen.

Im Zeitalter des Historismus mußten vor allem die Details stimmen, auch wenn man sie für die eigene Geschichtsanschauung zurechtbog. Preußen habe von Anfang an den Beruf zur Einigung und Führung Deutschlands gehabt, behaupteten Historiker, die auf dem Piedestal ihrer akademischen Reputation sich über jede Kritik erhaben dünkten.

Der preußische Kronprinz, der sich zum deutschen Kaiser berufen fühlte, huldigte der preußisch-deutschen Geschichtsauffassung. Den im Grunde weltbürgerlich gebliebenen Ranke zog er freilich dem nationalen Treitschke vor, der gegen Engländer, Liberale, Juden und Kosmopoliten aller Art wetterte und noch dem toten Friedrich III. grollte, weil dieser als Kronprinz den Antisemitismus getadelt und im Jahre 1885 Studenten der Königsberger Universität gewarnt hatte: »Sorgen wir dafür, daß jede Überhebung uns fernbleibe. Eine solche ist undeutsch ...«

Der Weimarer hatte gesprochen. Der Potsdamer vertiefte sich in die Hohenzollernhistorie. Friedrich Wilhelm ermöglichte eine Aktenedition zur Geschichte des Großen Kurfürsten, konferierte mit den Herausgebern, sorgte für die Ernennung seines ehemaligen politischen Beraters Duncker zum Direktor der preußischen Staatsarchive, forschte im Hohenzollernschen Hausarchiv und lieferte persönliche Beiträge zur Geschichte seiner Person und seiner Zeit. Er sammelte Material für die Denkwürdigkeiten seines Lebens. Sein Kriegstagebuch von 1870/71 ist eine wichtige historische Quelle geblieben.

Schwarz auf weiß wollte er festhalten, was er dachte und zu tun gedächte, wenn man ihn Geschichte machen ließe. Er blieb ihr Objekt. Dem Zugriff derer, die sie in der Gegenwart machten, suchte er sich durch Flucht in die Vergangenheit zu entziehen, und je härter er ihn empfand, desto weiter ging er zurück, bis zur Archäologie. Der Kronprinz förderte die Ausgrabungen seines Lehrers Ernst Curtius in Olympia und trug dazu bei, daß der Pergamon-Altar in Berlin aufgestellt werden konnte.

Das Wahre, Gute und Schöne suchte er in Museums-Archiven über die Ära von Eisen und Blut in bessere Zeiten hinüberzuretten. Wilhelm I. hatte ihn zum Protektor der königlichen Museen in Berlin ernannt. Der Kronprinz bemühte sich, die preußischen Kunstsammlungen den bayerischen in München und den sächsischen in Dresden gleichrangig an die Seite zu stellen, was ihm freilich nicht gelang. Dies lag weniger an ihm als an dem Umstand, daß die Hohenzollern, beschäftigt mit Dingen, die sie für wichtiger hielten, nicht rechtzeitig mit dem Sammeln begonnen hatten. In der Berliner Nationalgalerie, die vornehmlich der deutschen Kunst des 19. Jahrhunderts gewidmet war, hingen Bilder wie Schirmers »Deutscher Waldteich« oder Knilles »Tannhäuser und Venus«.

Das Kunstgewerbe, für das die Kreativität der Epoche ausreichte, wurde vom Kronprinzen und der Kronprinzessin, die als Zeichnerin und Malerin dilettierte, nach französischen und englischen Mustern gefördert. Das Londoner South Kensington Museum stand Pate für das Berliner Kunstgewerbemuseum mit seiner Kunstgewerbeschule. Friedrich Wilhelm legte Wert auf Materialechtheit. Dies bedeutete einen Fortschritt gegenüber dem Materialschwindel der Gründerzeit, doch nicht unbedingt eine Hinwendung zu wahrer Substanz.

Ein historisch getreues Milieu wollte er auf der Bühne haben. Deshalb hielt er das Meininger Hoftheater, das diesem Wunsch der historisierenden Zeitgenossen entsprach, für mustergültig. Dabei schien ihm das Kostüm mehr als die Gestalt zu faszinieren. Auf Kostümbällen spielte er selber historisches Theater.

Über historischer Lektüre vernachlässigte er die schöne Literatur. Die wichtigsten klassischen Stücke hatte er gelesen und sah sie gerne auf der Bühne. Unter den zeitgenössischen Schriftstellern schätzte er Berthold Auerbach und Friedrich Spielhagen. Da er so viel von Emile Zola hörte, wollte er sich mit ihm beschäftigen, doch als er gesagt bekam, daß dessen Naturalismus schockierend sei, ließ er es bleiben.

Fast ebenso ärgerniserregend war für Berliner Hofkreise das gesellschaftliche Leben des Kronprinzen und der Kronprinzessin, die auch dabei den Ton angab. Von einer »Herrschaft der Malermeister« wurde in der Umgebung Wilhelms I. gesprochen, wenn die Rede auf den Umgang des Thronfolgers kam. Dessenungeachtet verkehrte Friedrich Wilhelm lieber mit Künstlern, Schriftstellern und Gelehrten als mit Soldaten, Beamten und Superintendenten.

Er wie seine Frau zogen es vor, mit ersteren über schöne und interessante Dinge zu plaudern, als sich mit letzteren zu langweilen und überdies daran erinnert zu werden, wie wenig der Kronprinz und die Kronprinzessin im Staate zu sagen hatten. Je mehr sie sich jedoch von der eigentlichen Reichsgesellschaft abschlossen, desto mehr schlossen sie sich vom Reichsgeschehen aus.

Eher bürgerlich als fürstlich, mit einem Hauch von Boheme und einem Goût von Opposition, war das Leben im Berliner Kronprinzenpalais wie im Potsdamer Neuen Palais, wo die Familie die meiste Zeit des Jahres verbrachte. Bei den Mahlzeiten blieb die Familie unter sich, der Tee am Abend wurde mit den Damen und Herren des kronprinzlichen Hofes eingenommen, im Sommer im Freien, im Rosengarten von Sanssouci. Dabei sprach man über Gott und

Kronprinzessin Victoria, die spätere Kaiserin Friedrich.

die Welt; Bismarck hätte nicht alles hören dürfen. Gesprächsstoff lieferten die Zeitungen, die von allen eifrig studiert wurden. Schließlich zog sich Friedrich Wilhelm in sein Arbeitszimmer zurück, wo er oft bis nach Mitternacht das Erlebte und Erfahrene, meist Gelesenes, Gehörtes und Gedachtes, in seinem Tagebuch barg.

Weltbewegendes war schon lange nicht mehr aufzuzeichnen. Die Tage und Jahre rannen dahin, das Leben lief ihm davon, ohne ihn zu Bedeutsamem geführt zu haben. Gelegenheit zum Feiern boten nur noch Ereignisse, die eher Anlaß zum Trauern gaben.

An den Geburtstagen – der fünfzigste war am 18. Oktober 1881 gewesen – sah er immer mehr hinter sich und immer weniger vor sich liegen. Die Silberhochzeit am 25. Januar 1883 erinnerte den ewigen Zweiten auch an fünfundzwanzig Jahre Sekundärrolle in der Ehe. »Denn seine Hingabe und Unterordnung unter die geliebte Frau war eine völlige«, bemerkte Gustav Freytag. »Alles richtete er nach ihrer Persönlichkeit. Wo er ihr einmal nicht ganz folgen konnte, oder wo sein innerstes Wesen ihrer Forderung widersprach, war er tief unglücklich und unzufrieden mit sich selbst.« Karl von Normann fügte hinzu: Was Friedrich Wilhelm sei, fühle und denke, sei alles nur das Werk seiner Frau. Deshalb dürfe man niemals versuchen, »den Einfluß der Herrin auf ihren Gemahl zu bekämpfen«, weil das hieße, ihm jeden Halt zu nehmen.

Die Silberbraut war zweiundvierzig, durch acht Geburten erschöpft und von unbefriedigtem Ehrgeiz verzehrt. Je weniger die Engländerin in Preußen zu sagen hatte, desto mehr redete sie auf ihren Mann ein, und je mehr ihr zum Weinen war, desto häufiger setzte sie ein gezwungenes Lächeln auf. Beides wurde ihr von Preußen und Deutschen übelgenommen. Sie habe niemals Tränen vergossen, kritisierten die einen, und andere, wie Gustav von Kessel, eine Charge am kronprinzlichen Hof: »Ich kann das ewige Lächeln auf dem Gesicht nicht mehr sehen, diese Frau hat alle guten Geister in ihrem Hause herausgelächelt.«

Auf viktorianische Häuslichkeit blieb sie bedacht. Sie umsorgte Mann und Kinder, umgab sich mit Katzen, bemühte sich, das Heim mit neuen Dekorationen und alten Möbeln gemütlicher zu machen. »Nach Tisch saßen wir um den runden Tisch im Wohnzimmer, wir Damen handarbeiteten, manchmal zeichnete ich, ab und zu, vor allem als Graf Seckendorff kam, wurde vorgelesen«, erzählte Fräulein Marie von Bunsen. »So waren wir eigentlich den ganzen Tag zusammen, und obwohl der Ton ein durchaus harmloser und heiterer war, erschien mir das zuviel.«

Die Hausfrau sei zu oft mit ihrem Hofmarschall allein gewesen, behaupteten andere. Graf Götz von Seckendorff war zwei Jahre jünger als Victoria. Mit seiner schlanken, trainierten Figur wirkte er wie ein englischer Sportsmann, und da er in einem langen Hofleben gelernt hatte, alles mit Gelassenheit zu ertragen, hielt ihn die Herrin, freilich nur sie allein, für einen Gentleman.

Seckendorff war und blieb der Vertraute Victorias, der Hofmarschall des kronprinzlichen wie kaiserlichen Haushalts und später, wie gemunkelt wurde, der geheime Ehemann der Kaiserinwitwe. Der Geheimrat Friedrich von Holstein, der sich im Auswärtigen Amt auch und nicht zuletzt für Intimes zuständig fühlte, legte ein Dossier in Sachen Kronprinzessin-Seckendorff an. Er konnte ihm einen Brief hinzufügen, den vermutlich Gustav von Kessel am 24. September 1887 aus Toblach in Tirol schrieb, wo der Kronprinz Genesung und die Kronprinzessin Zerstreuung suchte.

»Vor ein paar Tagen war die Kronprinzessin nachmittags mit der Perponcher [einer Hofdame] und Seckendorff auf 3/4 Höhe eines Berges gestiegen, hatte dort in einer Art Baude übernachtet, um am nächsten Tag früh die Spitze zu ersteigen«, hieß es in diesem Brief. »Bei dieser Tour scheint dann die Gräfin Perponcher die ersten persönlichen Erfahrungen eines besonders warmen Einverständnisses zwischen beiden gemacht zu haben; sie kam sehr erstaunt, um mich nicht schärfer auszudrücken, von der Tour zurück. Und unten am Berge stand der gute Kronprinz in lebhaftester Unruhe und Sehnsucht nach der getreuen Gattin. Als sie endlich erschien, war seine Freude wirklich rührend, und nur ihre Gleichgültigkeit kam dem gleich.«

Holstein sammelte Material für eine Kampagne gegen die Engländerin. Er ging davon aus, daß Preußen und Deutsche nichts von der Herrschaft eines Weibes und gar eines solchen Weibes wissen wollten, und er hielt sich bereit, es auszuposaunen, daß der Kronprinz ein Pantoffelheld und ein Hahnrei sei.

Bismarck, der auch unter, genau gesagt über einer Kaiserin Friedrich Reichskanzler bleiben wollte, erzählte der Kronprinzessin die Gerüchte über ihr angebliches Verhältnis mit Seckendorff. Sie stehe allerdings so hoch, daß sie sich um Klatsch und Verleumdung nicht zu kümmern brauche, beteuerte er und gab ihr im gleichen Atemzug zu verstehen, daß er kaum so diskret sein würde, das Diskreditierende für sich zu behalten, falls sie nicht kuschte.

Der »wilden Frau« traute er Seitensprünge durchaus zu. Als sie sich um Alexander von Battenberg als Schwiegersohn in einer Weise bemühte, als ginge es mehr um ihren als den Mann ihrer Tochter Victoria, meinte Bismarck seine Beobachtung bestätigt zu finden, daß ungebrochene Sinnlichkeit aus ihren Augen spreche. Sie sei verliebt in den Battenberger, sagte er zur Baronin Spitzemberg, wolle ihn um sich haben wie ihre Mutter, Queen Victoria, seine Brüder, »wer weiß, mit was für blutschänderischen Gedanken«.

Alexander Prinz von Battenberg, von der Kronprinzessin Sandro genannt, war ein attraktiver Mann, dessen Verbindung mit Victoria, ihrer 1866 geborenen Tochter, auf zwei Hindernisse stieß, die auch die ältere Victoria nicht zu beseitigen vermochte.

Sandro galt Wilhelm I. nicht als ebenbürtig, und auch Friedrich Wilhelm hielt ihn »nicht von Geblüt«, denn er war der morganatischen Ehe Alexanders von Hessen mit der Gräfin Julie Hauke entsprossen. Mit der Zarenfamilie verwandt, war Alexander von Battenberg von Alexander II. von Rußland als Fürst von Bulgarien eingesetzt, aber wieder abgesetzt worden, nachdem er sich nicht als Mustersatellit erwiesen hatte. Die Alliance einer Hohenzollerin mit dem Battenberger hätte, wie Bismarck meinte, die ohnehin brüchige Allianz zwischen Deutschland und Rußland obendrein mit einer Familiensache belastet.

Aus der Heirat wurde nichts. Friedrich Wilhelm war darüber nicht unglücklich. Die ältere Vicky lamentierte über Bismarck, von dem ihr auch das noch angetan worden war, wie über ihren Mann, der auch dies nicht von ihr abgewendet hatte, und schrieb Sandro einen achtundzwanzigseitigen Brief. Die jüngere Vicky weinte sich die Augen aus und heiratete zunächst Adolf von Schaumburg-Lippe und später, als Greisin, einen um vierzig Jahre jüngeren russischen Kellner namens Zubkow. Baronin Spitzemberg, die über ihre Erfahrungen mit der Berliner Gesellschaft Tagebuch führte, hatte bereits das Benehmen der zweiundzwanzigjährigen Vicky beanstandet, eines »wenig achtbaren Mädchens, das in der Pause jeden Gardeoffizier genommen hätte und mit jedem Mann auf das gemeinste kokettiert hat, der ihr über den Weg kam«.

Die Töchter rechtzeitig und standesgemäß unter die Haube zu bringen, war ein mühsames Geschäft. Charlotte war seit 1878 mit Bernhard von Sachsen-Meiningen verheiratet. Sophie vermählte sich 1889 mit Konstantin I. von Griechenland, Margarethe 1893 mit Friedrich Karl von Hessen.

Die Söhne machten noch mehr Kummer. Sigismund starb 1866 als Zweijähriger an einer Hirnhautentzündung. Waldemar 1879 als Elfjähriger an der Diphtherie. Er habe zu schönen Hoffnungen berechtigt, »früh bereits Charakter gezeigt«, klagte der Vater, der solches von den beiden verbliebenen Söhnen nicht zu behaupten wagte. Heinrich wurde Seemann, ohne auf dem Ozean einen Blick für Großzügigkeit und einen Sinn für Freiheit zu gewinnen. Und Wilhelm, der Älteste, war von Anfang an ein Sorgenkind.

Das Unglück, als künftiger Soldatenkönig und Imperator einen verkrüppelten Arm zu haben, suchte er von früh an mit zur Schau getragener Selbstsicherheit, ja Selbstherrlichkeit zu kompensieren. Dazu trug die preußische Erziehung bei, die auf Strammheit Wert legte, ihn stets auf seinen Geburtsfehler aufmerksam machte und dazu anhielt, ihn durch forsches Auftreten und protzige Äußerungen wettzumachen.

Der Vater verstand ihn nicht, und die Mutter mochte ihn nicht. Schon den Fünfjährigen hielt sie für »so unverständig, dumm und konfus, daß ich gar nicht herausbekommen kann, was er sich denkt«. Noch erwartete sie, daß er »mit gründlichem Ekel und wahrem Abscheu vor den verderblichen und lächerlichen Grundsätzen der Reaktion« aufwachse. Als sich herausstellte, daß dies eine eitle Hoffnung gewesen war, verschloß sich die Mutter dem Sohn und wunderte sich, daß Wilhelm anschließend Gleiches mit Gleichem vergalt.

Der zweiundfünfzigjährige Vater stellte den vierundzwanzigjährigen Sohn zur Rede. Warum er sich von seinen Eltern absetze, über den Kopf des Kronprinzen hinweg sich an den König und Kaiser wende, begehrte er zu wissen und bekam eine patzige Antwort: Ihm bleibe nichts anderes übrig, denn der Vater könne ihn nicht ausstehen und die Mutter fahre ihn an, wenn er Ansichten über Politik äußere, die ihr nicht zusagten.

Der Sohn sei immer sehr erstaunt, wenn er für unliebenswürdig und grob gehalten werde, erklärte die Mutter. Wilhelm halte »seine Meinung für ganz unfehlbar, sein Verhalten stets für einwandfrei und verträgt nicht den leisesten Tadel«. Nicht nur, wie er sich, sondern vor allem, was er äußerte, mißfiel der Engländerin. Der Thronerbe überging den Liberalismus seiner Eltern, griff auf Altpreußisches zurück und nahm Neudeutsches vorweg.

Weniger aus eigener Überzeugung denn aus Widerspruch zu Mutter und Vater schien er sich illiberal zu geben, reaktionär zu gebärden und autoritär in Szene zu setzen. Demonstrativ verehrte er Wilhelm I., applaudierte er Bismarck, verkehrte er mit Junkern und Militärs, verhielt sich prorussisch und antibritisch – und verhehlte nicht seine Hoffnung, baldmöglichst zur Herrschaft zu gelangen, damit Deutschland nicht im englischen Netz gefangen würde und in liberaler Luft ersticken müßte.

*Prinz Wilhelm, der 1859 geborene älteste Sohn
Friedrich Wilhelms und Victorias, der spätere Kaiser Wilhelm II.
Photographie aus dem Jahre 1877*

Nur in einem Punkt schien er mit den Eltern übereinzustimmen: Er heiratete am 27. Februar 1881 Auguste Viktoria von Augustenburg, die Tochter des verhinderten Herzogs Friedrich von Schleswig-Holstein. Was jedoch Friedrich Wilhelm und Victoria als Wiedergutmachung an einer von den Hohenzollern betrogenen Dynastie begrüßten, galt Wilhelm als ertragreiche Investition für das eigene Haus. Ihm gefiel das Mädchen, das als Frau ihre Pflicht und Schuldigkeit zu tun versprach, Prinzen in die Welt zu setzen; was sie dann auch tat: 1882 Wilhelm, 1883 Eitel Friedrich, 1884 Adalbert, 1887 August Wilhelm, 1888 Oskar, 1890 Joachim.

Der Vater des mit Söhnen gesegneten Prinzen Wilhelm, Kronprinz Friedrich Wilhelm, hätte die in der menschlichen Natur wie im hohenzollernschen Herkommen liegenden Spannungen zwischen den Generationen leichter ertragen, wenn er nicht hätte befürchten müssen, daß er vor seinem Vater, Wilhelm I., als Kronprinz sterben und daß sein Sohn dem Großvater als Kaiser und König nachfolgen würde.

Wilhelm I. ging auf die Neunzig zu, gedachte die Gnade Gottes bis zur Neige auszukosten und bis zum letzten Atemzuge im Auftrag des Allerhöchsten und mit Hilfe Bismarcks zu regieren. »Ich kann doch nicht Selbstmord machen, damit mein Sohn an die Regierung kommt«, pflegte er zu sagen, und einmal verstieg er sich zu dem makabren Scherz: Er sterbe nicht, da der Kronprinz noch lebe.

Als ihm ein Künstler eine Skizze vorlegte, die den Kronprinzen mit einem Fuß auf der für den König und Kaiser bestimmten Erhöhung stehend zeigte, wollte Wilhelm I. das Bild verbessert haben, den Fuß des Nachfolgers auf die untere Stufe, wohin er gehöre, gestellt sehen. Wenn er dem Sohn eine Funktion einräumte, wie 1884 den Vorsitz im Staatsrat, dann eine solche, die wenig brachte und ihn Freunden entfremdete: denn Bismarck hoffte, allerdings vergebens, dieses Gremium gegen das Parlament einsetzen zu können.

Er werde nie zur Regierung kommen, klagte der Kronprinz, und wenn, dann bliebe für ihn nichts mehr zu tun übrig, da sein Vater schon alles vorweggenommen und ihm weggenommen habe. Und Bismarck war immer noch da, auch so einer, der nicht wußte, wann er aufhören sollte, der sich am liebsten den toten Kaiser auf den Rücken gebunden hätte, um weiterzuregieren. »Wenn es unser Herrgott mit Deutschland gut meint, dann läßt er den Kronprinzen nie zur Regierung kommen«, soll Bismarck, wie Friedrich von Holstein berichtet, geäußert haben. Jedenfalls setzte er nicht mehr auf Friedrich Wilhelm, den Vater, sondern auf Wilhelm, den Sohn, nicht ahnend, daß er damit, zumindest für sich persönlich, das größere Übel wählte.

Außenpolitisch war Bismarck, der den Rückversicherungsvertrag mit dem Zarenreich schloß, die Russophilie des Sohnes lieber als die Anglophilie des Vaters. Das Kronprinzenpaar lieferte ihm ein Beispiel für den Chamäleoncharakter ideologischer Politik. Als 1887 ein Präventivkrieg gegen Rußland gefordert wurde, standen Friedrich Wilhelm und Victoria, die Bannerträger des Liberalismus und Pazifismus, auf seiten der Militärpartei, während Bismarck für den Frieden eintrat.

Eine Auseinandersetzung mit dem Kronprinzen konnte er sich dabei ersparen, denn was dieser sagte und schrieb, fiel nicht mehr ins Gewicht. Er hatte sich politisch zwischen die Stühle gesetzt. Konservative wiesen späte Annäherungsversuche zurück, Liberale sahen darin Absetzbewegungen und Fahnenflucht.

Nicht nur der Hohenzoller, der Liberalismus insgesamt machte keine gute Figur. Die Nationalliberale Partei zerrieb sich am Reichsopportunismus. Entschiedenere Liberale, unter Führung Ludwig Bambergers, trennten sich von ihr, bildeten die Liberale Vereinigung, die 1884 mit der alten Fortschrittspartei zur Deutschen Freisinnigen Partei fusionierte. Vorsitzender des Zentralkomitees wurde der eher rechte Liberale Franz August von Stauffenberg, Vorsitzender des geschäftsführenden Ausschusses der eher linke Liberale Eugen Richter. Im Programm stand der Ausbau der Reichsverfassung in Richtung eines parlamentarischen Systems.

So weit wollte der Kronprinz nicht gehen, auch wenn er die neue Partei begrüßte und mancher ihrer Anhänger sich der Hoffnung hingab, daß er als Kaiser mit dieser Formation in eine neue Zeit ziehen würde. Wer ihn näher kannte, wie Karl von Normann, zweifelte freilich daran, daß der Tag seines Regierungsantritts auch der Tag einer liberalen Machtergreifung sein würde.

Friedrich Wilhelm schien nicht, jedenfalls nicht mehr zu wissen, wen er warum bekämpfen und was er wie anders machen sollte. Deutschlands liberale Hoffnung hatte kein klares Programm und nicht den festen Willen, ein solches aufzustellen oder gar durchzusetzen. Es waren schlechte Zeiten für den Liberalismus. Ein liberaler Kaiser war nicht in Sicht und die Deutsche Freisinnige Partei behielt bei den Reichstagswahlen 1884 nur noch 67 der 106 Mandate ihrer Vorgängerinnen, der Fortschrittspartei und der Liberalen Vereinigung. Und 1887 schrumpfte sie auf 32 Sitze.

Das war dem Kronprinzen nicht in die Schuhe zu schieben, was der eine oder andere Liberale nicht ungern getan hätte. Friedrich Wilhelm konnte es keinem mehr recht machen. Die einen erklärten, er höre nicht mehr so wie früher auf seine liberale Frau, die anderen behaupteten, er segle mehr denn je im Fahrwasser der Engländerin. Selbst ihr Onkel, Herzog Ernst II. von Sachsen-Coburg-Gotha, polemisierte, freilich anonym, in einem 1886 erschienenen Buch gegen »Mitregenten und fremde Hände in Deutschland«.

Liberale distanzierten sich von ihm, und Konservative isolierten ihn. 1884 wurde Karl von Normann, der ihm seit zwanzig Jahren gedient hatte, aus seiner Umgebung entfernt. »Wenn ich Kaiser bin, sind Sie der Erste, den ich in meine Nähe rufe«, sagte er ihm beim Abschied. Normann freilich versprach sich davon nicht mehr viel. Schon vorher war Friedrich Wilhelms Adjutant Albert von Mischke wegintegriert worden. Es kamen der konservative Oberst Rudolf von Winterfeld und Graf Hugo Radolinski, der als Hofmarschall für Feinde des Kronprinzenpaares spionierte.

Friedrich Wilhelm wagte nicht mehr aufzumucken. Der Mitfünfziger hatte fast allen Lebensmut verloren. Die Greise, die sich gerierten, als könnten sie ewig leben und immerdar regieren, woll-

Der deutsche Kaiser Wilhelm I. im Kreise seiner Familie.
Gemälde von H. Haritzsch, um 1887

ten und wollten nicht abtreten: der neunzigjährige Wilhelm I., der zweiundsiebzigjährige Bismarck, der siebenundachtzigjährige Moltke. Seine Stunde kam und kam nicht, die Zeit verstrich, und das »tatenlose Harren« verzehrte seine Kraft. Er mochte an den griechischen Läufer denken, der sich anstrengte, die Siegesnachricht von Marathon nach Athen zu bringen und, endlich am Ziel, tot zusammenbrach.

Wie es in ihm aussah, begann man ihm anzumerken. Die Siegfriedgestalt hatte ihre Spannkraft verloren, der Held von Anno 66 und 70/71 mußte sich mehrmals am Tage hinlegen, immer länger der Ruhe pflegen, und der wallende Vollbart vermochte das blasse, gelblich werdende Gesicht mit seinen leidenden Zügen nicht zu kaschieren.

Er sei ein Hypochonder geworden, klagte seine Frau, die keine Lebensschwäche zeigte, sich mehr denn je nach England, dem Land der »männlichen Männer«, sehnte. Die Frau entglitt ihm, Freunde wurden ihm genommen oder starben ihm weg, 1882 Karl Samwer und 1886 Ernst von Stockmar. Im selben Jahr verlor er auch seinen Intimfeind, Ludwig II. von Bayern.

Der Hohenzoller hatte den Wittelsbacher nicht gemocht, diesen König, der den Lohengrin spielte und ihn nie zu befragen vergaß, wie er es mit der Souveränität Bayerns hielte. Vermutlich konnte er diesen Monarchen auch deshalb nicht leiden, weil er fühlte, daß sie einander nicht unähnlich waren. Auch Ludwig II. litt an seiner Zeit, wurde mit sich und den Leuten, die ihn umgaben und umstellten, nicht fertig, und selbst der Umstand, daß er früh auf den Thron gelangt war, änderte nichts an der Tatsache, daß ihm die Macht versagt blieb; denn in Bayern regierte die Bürokratie, und in Deutschland herrschte der Preuße.

Vielleicht beneidete der preußische Friedrich Wilhelm insgeheim den bayerischen Ludwig, der immerhin die Mittel und die Phantasie besaß, sich ein Traumreich zu schaffen, die Kühnheit hatte, sich seiner Zeit zu verweigern und aus seinem Milieu auszusteigen, und schließlich den Mut aufbrachte, sich der Knechtschaft durch den Freitod zu entziehen. Dies tat ein paar Jahre später auch Kronprinz Rudolf von Österreich-Ungarn, den der Vater, Kaiser Franz Joseph I., neben sich nicht aufkommen ließ und der vor sich keine Zukunft mehr sah.

Neben Kronprinz Rudolf von Österreich-Ungarn war der preußische und deutsche Kronprinz Friedrich Wilhelm am 19. Juni 1886 im schwarzverhangenen München hinter dem Sarge Ludwigs II. geschritten. Mit ihm schien eine Generation, die nicht zum Zuge gekommen war, in die Gruft der Geschichte gesenkt zu werden. Friedrich Wilhelm folgte als nächster. Der Tod, den er nicht selber suchte, ereilte ihn in dem Moment, da er sich am Ziele wähnte.

16

Vom Tode gezeichnet

Seine Stimme war belegt, als er am 22. März 1887 dem Vater zum neunzigsten Geburtstag Glück wünschte. Da sich der Methusalem der Monarchen schonen mußte, hatte der fünfundfünfzigjährige Kronprinz die Pflichten des Gastgebers für fünfundachtzig fürstliche Gratulanten zu übernehmen. Die Freude an der Repräsentation wurde durch die Sorge getrübt, sein Halsweh, das ihm schon jetzt ein lautes Sprechen versagte, könnte ein Halsleiden ankündigen.

Seit Anfang des Jahres war Friedrich Wilhelm heiser. Zunächst hatte er dies einer normalen Erkältung zugeschrieben und keine Bedenken gehabt, sich darüber lustig zu machen. »Heiserkeit, meine Herren, verhindert mich, Ihnen etwas vorzusingen«, hatte er beim Empfang des Reichstagspräsidiums am 8. März 1887 geäußert.

Zwei Tage vorher war er von Professor Karl Gerhardt untersucht worden. Der als Kehlkopfspezialist geltende Internist entdeckte am Rande des linken Stimmbandes ein Knötchen. Er versuchte, es mit einer Drahtschlinge abzuschnüren, dann mit dem Ringmesser abzutragen und schließlich mit einem glühenden Platindraht wegzubrennen.

Durch die schmerzhafte Behandlung war der Patient so mitgenommen, daß der Professor gegen eine Kur in Bad Ems nichts einzuwenden hatte. Nach der Rückkehr des Kronprinzen am 15. Mai mußte Gerhardt feststellen, daß die Geschwulst nachgewachsen war, bösartig sein könnte. Er wandte sich an Dr. Ernst von Bergmann, einen Balten, der 1866 wie 1870/71 preußisch-deutsche Kriegslazarette geleitet hatte, 1882 als Professor der Chirurgie wie Direktor der chirurgischen Universitätsklinik in Berlin wirkte und zum Generalarzt ernannt worden war.

Am Morgen des 16. Mai 1887 untersuchte Bergmann den Kronprinzen, diagnostizierte Krebs und empfahl eine Operation: Spaltung des Kehlkopfes, Öffnung des Zugangs zur Geschwulst von außen und deren operative Entfernung. Noch am Nachmittag des 16. Mai und wiederum am 18. Mai trat ein Konsilium zusammen: neben Bergmann und Gerhardt die kaiserlichen Leibärzte Lauer und Tobold sowie Dr. Wegner, der Leibarzt des Kronprinzen. Diagnose wie Therapie Bergmanns wurden akzeptiert, allerdings unter der Bedingung, einen Kehlkopfspezialisten hinzuzuziehen. Einstimmig fiel die Wahl auf den Engländer Morell Mackenzie, der in ganz Europa als Autorität der in Deutschland noch wenig entwickelten Laryngologie, der Lehre von den Funktionen und Erkrankungen des Kehlkopfes, Ansehen genoß.

In der Kollegenschaft war die Meinung über Mackenzie geteilt. Queen Victoria, die von ihrer Tochter um Entsendung des Londoner Spezialisten gebeten worden war, teilte dieser die Auskunft ihres Leibarztes mit: »Sir William Jenner sagt, er sei sicherlich in diesem besonderen Fach der Kehlkopfbehandlung sehr bewandert, meint aber auch, daß er in Geldsachen höchst gewinn- und habsüchtig ist, aus seiner Behandlung möglichst Profit zu ziehen sucht und seine Kollegen ihn daher nicht mögen.«

Die deutschen Ärzte hatten die Operation auf den 21. Mai 1887 festgesetzt. Am Vortage übte Bergmann in der Anatomie an einer »unzerschnittenen Leiche« den Eingriff. Am Nachmittag des 20. Mai traf Mackenzie in Berlin ein, untersuchte den Kronprinzen und befand: »Natürlich kann es Krebs sein, aber Krebs muß bewiesen werden. Solch eine tückische Krankheit kann nicht ohne Beweis behauptet werden und auch nicht ohne Beweis operiert werden.« Der Beweis müsse unter dem Mikroskop, durch eine pathologische Untersuchung erlangt werden.

So kam es am 21. Mai nicht zu der von Bergmann vorgeschlagenen großen Operation, sondern nur zu dem von Mackenzie verlangten kleinen Eingriff. Der Engländer löste mit einer in Berlin gekauften französischen Zange erkrankte Gewebeteile aus dem Kehlkopf des Kronprinzen ab. Sie wurden in ein mit Spiritus gefülltes Fläschchen gelegt, das Generalarzt Wegner in das Pathologische Institut brachte, in das mit Skeletten dekorierte Arbeitszimmer des Direktors, Professor Rudolf Virchow.

Dr. Ernst von Bergmann (oben), Dr. Morell Mackenzie (unten)

Es war unverzeihlich, wenn auch nicht ganz unverständlich, daß die deutschen Ärzte diesen deutschen Kollegen nicht schon vorher, von sich aus, eingeschaltet hatten. Der fünfundsechzigjährige Pathologe und Anthropologe war eine Leuchte der Wissenschaft des 19. Jahrhunderts, eine Koryphäe der naturwissenschaftlich orientierten Medizin, der Begründer der Zellularpathologie: Der Organismus sei ein Verein autonomer Zellen, gewissermaßen ein Gemeinwesen gleichberechtigter, wenn auch nicht gleichbegabter Einzelwesen.

Hier schienen sich wissenschaftliche Erkenntnisse mit politischen Vorstellungen zu überschneiden. In der Tat war Virchow nicht nur Mediziner, sondern auch Politiker – und ein liberaler dazu. Der Berliner Privatdozent, der sich für die bürgerliche Revolution von 1848 eingesetzt hatte, konnte zunächst nur im bayerischen Würzburg einen Lehrstuhl bekommen. 1856 als ordentlicher Professor an die Berliner Universität berufen, wurde Virchow Mitglied des Nationalvereins und einer der Gründer und Führer der Fortschrittspartei. Im Verfassungskonflikt stand er gegen Bismarck und blieb als Reichstagsabgeordneter wie als Landtagsabgeordneter bei seiner oppositionellen Haltung. Nur im »Kulturkampf« – das Wort stammt von ihm – trat Virchow an Bismarcks Seite, wenn auch aus freisinnigen, nicht aus staatsautoritären Motiven.

Sein doktrinärer Liberalismus mißfiel den preußischen Generalärzten, vielleicht auch seine ex cathedra vorgetragene Lehre, daß das Wesen der Krankheit in mikroskopisch erkennbaren Störungen der Zellen und des Zellenverbandes im Organismus zu suchen sei. Indessen konnten sie dem Wunsch Mackenzies, Gewebeteile aus dem Kehlkopf des Kronprinzen von Virchow pathologisch untersuchen zu lassen, nicht widersprechen.

Das Ergebnis befriedigte sie keineswegs. Virchow meinte, unter dem Mikroskop keinen Beweis für Krebs gefunden zu haben. Dabei blieb er auch bei späteren Untersuchungen, auch wenn er sich immer vorsichtiger, schließlich sibyllinisch ausdrückte.

Der Patient wurde nicht nach den Vorstellungen Bergmanns operiert, sondern nach der durch Virchow gestützten Diagnose Mackenzies behandelt. Als der Patient im Jahr darauf starb, stellte es sich bei der Obduktion eindeutig heraus, daß Bergmann und

Dr. Rudolf Virchow, Mediziner und liberaler Politiker

seine Kollegen mit ihrer Feststellung, es sei Krebs und nichts anderes, recht gehabt hatten.

Waren die deutschen Ärzte sich dessen von Anfang an so sicher gewesen, wie sie im nachhinein behaupteten, als der Streit zwischen ihnen und dem englischen Arzt entbrannt war? War Mackenzie professionell so unbedarft, daß er von vornherein Krebs ausgeschlossen hätte?

Die Differenzen schienen sich weniger an der Diagnose als an der Therapie entzündet zu haben. Die Generalärzte neigten dazu, die Krankheit frontal anzugehen, das Übel im Sturm zu besiegen, alles auf die Karte des Eingriffes zu setzen, auch auf die Gefahr hin, daß der Kronprinz, den der Schlachtentod verschont hatte, auf dem Operationstisch sterben könnte. Bergmann, so behauptete der Geheimrat Holstein, habe keinen Fall gekannt, »wo der Patient dauernd geheilt wurde nach einer Halsoperation dieser Art«.

Der Engländer wußte, daß Kehlkopfoperationen kaum Überlebenschancen boten: »Sie besitzen selbst im besten Falle mehr oder weniger die Natur von Experimenten, sind immer lebensgefährlich, zerstören fast immer die Stimme, und lassen, selbst wenn sie erfolgreich ausfallen, doch nur zu häufig den Patienten unfähig für seinen Lebensberuf zurück oder zuweilen sogar in einer Lage, die schlimmer als der Tod selbst ist.« Kehlkopfkrebs sei so oder so nicht heilbar, meinte Mackenzie. Wer davon befallen sei, habe höchstens noch eineinhalb Jahre zu leben. Man könne nichts anderes tun, als ihm das Leben so erträglich und den unabwendbaren Tod so gnädig wie möglich zu machen.

Die deutschen Ärzte behielten recht mit ihrer Diagnose, der englische Arzt wiederum machte es richtig, indem er, bis zum von ihm fast genau vorausgesagten Termin des Todes, das Leiden des Patienten linderte.

Operieren oder nicht operieren – das war nicht nur eine medizinische, sondern auch eine politische Frage. Es ging um Sein oder Nichtsein des preußischen und deutschen Kronprinzen, der – eben hatte man den neunzigsten Geburtstag des Königs und Kaisers gefeiert – auf den Stufen des Thrones stand. Zwei Gewalten des auf die Wissenschaft setzenden wie auf den Staat ausgerichteten 19. Jahrhunderts war die Entscheidung anheimgegeben. In diesem besonderen Fall war die Staatsräson ausschlaggebend, konkret der Staatsmann, der sie in Preußen und Deutschland auslegte und entsprechend verfuhr: Otto von Bismarck.

Am Nachmittag des 20. Mai 1887 – am Vortage der von den deutschen Ärzten ins Auge gefaßten Operation – erschien der Kanzler bei der Kronprinzessin und eröffnete ihr, seine Frau Johanna, die vom »Doktorgesindel« nichts hielt, ließe ihr sagen, sie dürfe eine solche Operation nicht erlauben.

Diese menschliche Anteilnahme war mit politischen Motiven verknüpft. Wenn die Operation gelungen wäre, hätte das Reich einen Kaiser ohne Stimme bekommen, was vielleicht dem persönlichen Regiment des Kanzlers gedient, aber keineswegs den Vorstellungen Bismarcks von der Würde des Monarchen entsprochen hätte. Und wenn die Operation – was wahrscheinlicher war – mißlungen wäre, hätte die Nachfolge Wilhelms I. nicht Kronprinz Friedrich Wilhelm, sondern dessen Sohn Wilhelm angetreten. Mit ihm, der jetzt schon mit dem Zepter spielte und mit dem Säbel rasselte, vertrug sich Bismarck immer weniger, mit dem Erbprinzen, der anscheinend auf Bergmann, der zum Skalpell greifen wollte, gesetzt hatte.

»Die Überzeugung, daß die Gegner einer übereilten Operation im Frühjahr recht hatten«, schrieb Bismarck am 2. Dezember 1887 an Kronprinzessin Victoria, »wird heute nur selten noch bestritten, weil der Erfolg einer nicht durch unmittelbare Lebensgefahr erzwungenen Operation, auch für die seitdem gewonnenen sechs Monate, immer nur unsicher oder, im Falle des Gelingens, für den erlauchten Patienten kaum annehmbar gewesen wäre. Ich bestand deshalb auf Einholung der Erlaubnis des Kaisers ...«

»Der Kaiser, durch mich unterrichtet, verbot die Operation ohne Einwilligung seines Sohnes vorzunehmen«, resümierte Bismarck in seinen »Gedanken und Erinnerungen«. Friedrich Wilhelm, der sich schon den zum Schneiden bereiten deutschen Ärzten gefügt zu haben schien, wollte sich nun nicht mehr der Gefahr aussetzen, sein Leben oder auch nur seine Stimme zu verlieren. Zu lange hatte er darauf gewartet, zur Herrschaft zu gelangen, als daß er nun – kurz vor dem Ziel – durch eine mißlungene Operation hätte enden oder, nach einer geglückten Operation, ein stimmloser, regierungsunfähiger Herrscher hätte werden wollen.

»Oh, wie erleichtert bin ich. Ich werde heute nacht schlafen und meinen lieben Fritz ohne den furchtbaren Gedanken ansehen können, daß morgen der letzte Tag sein kann, den wir zusammen verbringen«, schrieb Kronprinzessin Victoria am Abend des 20. Mai, nachdem die Operation abgeblasen war. »Ich segne Dr. M. Mackenzie.«

Die Frau des Patienten atmete auf. Sie glaubte nur zu gerne, daß es vielleicht doch nicht Krebs sei, und sie hoffte inbrünstig, daß eine Heilung möglich sein könnte. Victoria setzte auf die Untersuchungen Virchows, und sie klammerte sich an Mackenzie, der wider besseres Wissen so barmherzig gewesen zu sein schien, eine Besserung in Aussicht zu stellen.

Auch wenn ihr die volle Wahrheit – Krebs mit tödlichem Ausgang binnen Jahresfrist – bekannt gewesen wäre, hätte sie Grund genug gehabt, gegen die Operation zu sein. Noch mehr als ihren Mann verlangte es sie nach dem Glanz der Kaiserkrone. Wenn er als Kronprinz Friedrich Wilhelm an den Folgen des Eingriffs gestorben wäre, hätte sie nie Kaiserin Friedrich werden können. Mackenzies Absicht hingegen, das Ende hinauszuschieben, ließ ihr angesichts des biblischen Alters und des schlechten Gesundheitszustands Wilhelms I. die Hoffnung, daß sie wenigstens einen Zipfel der Macht erlangen und ihr Haus – auch finanziell – werde bestellen können.

Selbst Bismarck behauptete, die deutschen Ärzte wären Ende Mai 1887 entschlossen gewesen, den Kronprinzen bewußtlos zu machen und ihn zu operieren, ohne ihm dies angekündigt zu haben. Konnte man es der Engländerin verdenken, daß sie zu befürchten begann, die preußischen Generalärzte und der »Russe« Bergmann wollten vielleicht dem fortschrittlichen, proenglischen und antirussischen Kronprinzen Friedrich Wilhelm den Weg zur Macht abschneiden und dem autoritären, antienglischen und prorussischen Erbprinzen Wilhelm den Weg zur Macht öffnen, durch eine in militärischem Geiste geplante und durchgeführte Operation? Die konservativen deutschen Ärzte, meinte der englische Historiker Richard Barkeley, seien entschlossen gewesen, den liberalen Friedrich Wilhelm »in eine andere Welt zu führen«.

Jedenfalls beschloß Kronprinzessin Victoria, den Generalärzten und ihrem Generalsohn aus dem Weg zu gehen. Fern von Preußen und dem Reich wollte sie sich ihren Mann bis zu jenem Tage erhalten, an dem sie an seiner Seite als Kaiserin nach Berlin zurückkehren könnte. Was der deutsche Historiker Michael Freund »eine Emigration, eine Fahnenflucht eines preußischen Generals« nannte, erschien Victoria und Friedrich Wilhelm als ein Erfordernis der Selbsterhaltung und als eine Voraussetzung der Machtgewinnung.

Diese Ansicht wurde durch das Verhalten des Erbprinzen Wilhelm bestärkt, der allein das deutsche Kaiserhaus beim Goldenen Thronjubiläum der Königin von Großbritannien vertreten wollte – als käme es nur noch auf ihn, den Enkel, und nicht mehr auf das Kronprinzenpaar an.

Am 29. Mai 1887 eröffnete Wilhelm seiner Mutter, der Kaiser habe ihn beauftragt, Deutschland in England zu vertreten. »Ich finde es nicht sehr schön von Wilhelm, sich in den Vordergrund rücken zu lassen, bevor er unsere Wünsche und Pläne kennt«, klagte Victoria ihrer Mutter. Selbstverständlich wollten sie nach London, wohin Dr. Mackenzie, dem sie sich anvertraut hatten, zurückgekehrt war. Selbstredend wollten sie bei einem Jubiläum dabei sein, welches mit der Monarchin einem Regierungssystem galt, das sie am liebsten auch in Deutschland eingeführt hätten.

Aber Wilhelm, erklärte die Kronprinzessin der Queen, »hat ein ausgezeichnet arbeitendes System, sich nur dem Kaiser allein verantwortlich zu betrachten, um mit ihm alles zu besprechen, als ob wir überhaupt nicht auf der Welt wären.« Den Alleinvertretungsanspruch Wilhelms unterstützten konservative Höflinge, die den liberalen Kronprinzen am liebsten jetzt schon abgeschrieben hätten, und Generalarzt Bergmann, der den Patienten – wie die Kronprinzessin argwöhnte – nur zu gerne aus der Welt geschafft hätte.

Der kaiserliche Patriarch verfuhr gnädig mit seinem unglücklichen Sohn. Wenn er unbedingt nach England wollte, möge er fahren, sich aber den Strapazen der Feierlichkeiten nicht allzusehr aussetzen. Und wenn er dem Engländer Mackenzie nun einmal vertraue, solle er sich weiter von ihm behandeln lassen. Preußische Ärzte müßten freilich mit von der Partie sein – und Erbprinz Wilhelm.

So wurde den aus England, dem Empire und Europa in London zusammengeströmten Festgästen vorgeführt, was mit dem forschen Wilhelm auf sie zukam und was ihnen mit Friedrich Wilhelm entschwand. Auf einem Schimmel, in Kürassieruniform, ritt er bei der großen Parade am 21. Juni 1887 wie ein Wagnerscher Opernheld dahin.

»Lohengrin!« riefen Damen der Londoner Gesellschaft. Der deutsche Medizinprofessor Robert Hartmann beobachtete: »Das Gesicht des Kronprinzen wirkte weiß, fast schon gelblichweiß. Bewegungslos, wie er auf dem Pferd saß, glich er eher einer weißen Statue als einem lebenden Menschen. Seine Augen lagen tief, und mir war, als drückten sie eher das ahnungsvolle Gefühl eines schmerzlichen Abschieds als ein stolzes Bewußtsein über die Bewunderung aus, die ihm entgegenströmte.« Das sei nicht Lohengrin, das sei der Commandatore aus »Don Giovanni«, meinte Hartmanns englischer Kollege Sir Felix Semon und dachte an den Komtur, den »steinernen Gast« der Mozart-Oper.

Zwischen Hoffnung auf Heilung und Ergebung in sein Schicksal wurde Friedrich Wilhelm hin- und hergerissen. Wenn er dabei nicht vorzeitig zerrieben wurde, dann war das vornehmlich das Verdienst seiner Frau, die von der Zuversicht nicht ließ, ihren Mann für sich behalten und für den gemeinsamen Thron bewahren zu können. Victoria lächelte ihm zu und munterte ihn auf, hielt seine Hand und stützte ihn, erinnerte ihn ständig daran, was sie beide noch zu tun hätten: zumindest den Anfang für ein neues Deutschland zu machen.

In Berlin und Potsdam hätte sie dies nicht durchgehalten. In ihrer englischen Heimat fand sie die Kraft, von der einiges auf ihren Mann überging, ihm Blicke über den Abgrund erlaubte und ihn davor zurückhielt, schon jetzt in die Bodenlosigkeit zu stürzen.

Auch Gegner der »Engländerin« – deren Zahl mit der Dauer des Fernseins von Deutschland und der zunehmenden Aussichtslosigkeit auf den Thron wuchs – mußten dies einräumen. Selbst Wilhelm II., der ungeliebte Sohn der von ihm nicht geliebten Mutter, sprach rückblickend von ihrem schmerzerfüllten, verzweifelten Kampf »um Rettung des angebeteten Mannes und zugleich um ihren Lebensinhalt, um alles, warum sie auf dieser Erde zu sein glaubte ... Mit ihrem ganzen, großen Willen lehnte sie sich gegen ihr Geschick auf.«

Ihr Beispiel stärkte den Lebenswillen ihres Mannes. Schon freute sich die Queen, daß der Schwiegersohn wieder mit einer natürlichen Stimme spreche. Im »British Medical Journal« war zu lesen, daß die Wiederherstellung seiner Stimme auf das Gemüt des Kronprinzen einen höchst günstigen Eindruck gemacht habe und sein allgemeiner Gesundheitszustand ausgezeichnet sei.

An den englischen Stätten seiner Jugend schien ihm neues Glück zu erblühen. Auf der Insel Wright dachte er an die schönen Tage von Osborne, die frohen Stunden in der königlichen Residenz, die vielleicht doch noch nicht zu Ende gehen würden, und das Traumklima förderte mit der Erinnerung die Besserung.

Im schottischen Hochland gedachte er der Verlobung mit einem sanften Mädchen, aus dem eine resolute, zu resolute Frau geworden war; doch in der Rückschau war alles mit weißem Heidekraut bekränzt, »White Heather«, wie er einen neuen Dampfer taufte.

Das linke Stimmband bewege sich wieder freier, stellte Dr. Mackenzie fest. »Er verließ mich nach zwei Tagen ungemein befriedigt, so daß er den Ausspruch tat, er betrachte mein Leiden als behoben, auch wenn noch eine lange Zeit der Schonung in Ruhe und Schweigsamkeit unabweisbar notwendig bleibt, um Rückfällen vorzubeugen«, schrieb Friedrich Wilhelm der Queen, die Mackenzie zum Ritter schlug.

Der deutsche Arzt Wilhelm Landgraf stellte indessen eine Verschlimmerung fest. Wie ein Stabsarzt, ziemlich roh und ungeschickt, untersuchte er den Hals, ließ einen wunden und matten Patienten zurück, der von dem unverblümt vorgetragenen Befund schockiert war: Die Geschwulst am Kehlkopf sei nachgewachsen und werde sich ausbreiten. Die Schluckbeschwerden stellten sich wieder ein, wurden zunehmend heftiger. Sie seien die Folge einer Erkältung, behauptete Mackenzie und empfahl eine Luftveränderung.

Der Patient dachte an Toblach in Tirol, wo er bereits gewesen war und sich wohlgefühlt hatte. Seiner Frau war jeder Ort recht, der weit genug von Berlin entfernt lag. Und Mackenzie schien nicht zu wissen, daß in dem 1243 Meter über dem Meeresspiegel im Pustertal gelegenen Dorf zwar der Sommer warm, aber der Herbst kühl war.

Am 7. September 1887 traf das Kronprinzenpaar in Toblach ein und nahm im Südbahnhotel Quartier. Sir Morell Mackenzie war in London geblieben, hatte seinen Assistenten Dr. Mark Hovell mitgeschickt. Zunächst schien der Chefarzt entbehrlich zu sein. Friedrich Wilhelm fühlte sich ganz gut, redete zu viel, schritt rüstig mit seiner Victoria fürbaß, der es nicht schnell genug gehen konnte. Bald kam er nicht mehr mit.

»Na, überhaupt die Kronprinzessin«, hieß es in dem Brief vom 24. September 1887, den vermutlich die kronprinzliche Hofcharge Kessel schrieb und den der Geheimrat Holstein seinem Dossier hinzufügte. »Jetzt,. wo es so grimmig kalt ist, daß wir alle mit den Zähnen klappern vor Frost und die Prinzessinnen mit blauen Nasen und Pulswärmern herumlaufen, erklärt sie das Wetter für unerträglich heiß und läßt die Fenster öffnen ... Bei den Spaziergängen rennt sie voran, wie von der Tarantel gestochen, bis der Kronprinz erschöpft stehen bleibt und sagt: ›Ich kann nicht weiter, meine Frau rennt wieder zu toll.‹«

Bei diesem Tempo und in diesem Klima erkältete sich Friedrich Wilhelm prompt, ermüdete und ermattete, und Heiserkeit wie Schluckbeschwerden nahmen wieder zu. Mackenzie wurde herbeigerufen. »Die Ärzte sagen übereinstimmend, daß diese neue Erkältung diesmal für das eigentliche Leiden nicht geschadet habe«, hieß es in einem Brief vom 28. September, den Holstein hortete.

*Kaiser Friedrich III. während seiner kurzen Regierungszeit.
Photographie aus dem Jahre 1888*

»Wenn aber noch einige solcher Erkältungen wie in Toblach kämen und infolgedessen neue Schwellungen«, soll Mackenzie geäußert haben, »dann könne er dem Kronprinzen nicht viel mehr als drei Monate Lebenszeit geben«. Mildere Luft sei lebensnotwendig.

Die mitunter schwüle und morbide Atmosphäre Venedigs wurde gewählt, die Lagunenstadt, in der alles an die Vergänglichkeit gemahnte. Während Victoria nach Antiquitäten suchte, saß Friedrich Wilhelm im Hotel und dachte an Richard Wagner, den vor vier Jahren der Tod im Palazzo Vendramin ereilt hatte. Nach außen hin gab er sich zuversichtlich. »Meine Genesung ist in vollem Gange«, schrieb er am 2. Oktober seinem alten Mathematiklehrer Karl Schellbach, »jedoch kann dieselbe nur eine sehr langsame, und von milderer Herbstluft als die heimatliche es ist, angeregte sein.«

Aber auch die sanfte Luft von Baveno am Lago Maggiore, wohin er am 6. Oktober weitergereist war, vermochte das Leiden nicht zu lindern. Am Tage darauf war Mackenzie zur Stelle und wiederholte, er könne in wenigen Monaten gesund sein, »es hinge aber alles von ihm und davon ab, daß er nicht spricht und Kälte und Feuchtigkeit vermeidet«. Dies meldete Victoria befriedigt ihrer Mutter, mußte aber bald hinzufügen: Fritz wolle nicht glauben, daß es ihm besser gehe.

Diesmal behielt er recht. Am 28. Oktober hörte Vicky zum letztenmal die natürliche Stimme ihres Mannes. Am 31. Oktober vermeldete sie aus der Villa Clara in Baveno: »Fritz ist wieder heiserer, aber nicht wegen Erkältung oder aus irgendeinem erkennbaren Grunde.« Der Grund wurde eine Woche später gefunden, nachdem der Kranke an der italienischen Riviera, in die Villa Zirio in San Remo, übersiedelt war. Am 6. November bemerkte der herbeigeeilte Dr. Mackenzie im Kehlkopf des Kronprinzen eine neue Geschwulst mit bösartigem Charakter.

Hatte der Engländer dies wirklich erst jetzt erkannt? Lagen seiner bisherigen Diagnose und der ihr entsprechenden Therapie eher politische als medizinische Motive zugrunde?

Im Oktober 1887 hatte die nationalliberale Berliner »Nationalzeitung« geschrieben, der Kronprinz leide an Krebs, was man verschweige, um einen zwar regierungsuntauglichen, aber der Fortschrittspartei ergebenen Kaiser zu bekommen. Im Juni 1888 resümierte die »Norddeutsche Allgemeine Zeitung«, ein Sprachrohr Bismarcks: Friedrich Wilhelm habe sich nicht für regierungsunfähig gehalten, wenn er mit Krebs erklärtermaßen behaftet sei; darum habe man die Fiktion aufrechterhalten, es liege eine andere Krankheit vor, und Mackenzie habe sich zum Träger dieser Fiktion gemacht.

Dies klingt nicht unwahrscheinlich. Die Frage bleibt, ob die Kronprinzessin die Urheberin dieser Fiktion war und inwieweit der Kronprinz davon gewußt und sie aufrechterhalten hat.

Victoria, die unbedingt, wenn auch nur für kurze Zeit, sich und ihren Mann auf den Thron bringen wollte, stand von Anfang an in engem Einvernehmen mit Mackenzie. Sie schätzte ihn als Gentleman, stimmte mit ihm politisch überein, verteidigte ihn gegen die Angriffe deutscher Ärzte und deutscher Zeitungen. Ein Zusammenspiel von Victoria und Mackenzie ist denkbar, wäre verständlich.

Friedrich Wilhelm scheint eher passiv als aktiv an diesem Spiel beteiligt gewesen zu sein. »Ob er Victoria die optimistischen Erklärungen über seine Krankheit glaubte oder nicht, ist nicht völlig auszumachen«, erklärte Michael Freund, der zuletzt die Krankheitsgeschichte Friedrichs III. umfassend und detailliert dargestellt hat. »Die Wahrscheinlichkeit spricht dafür, daß beide die Wahrheit kannten und beide wußten, daß der andere sie kannte.«

Mackenzie hat die Szene vom 6. November 1887, dem Tage der Wahrheit, geschildert. Im Kehlkopf habe sich eine ungünstige Veränderung vollzogen, hob der Arzt an. »Ist es Krebs?« unterbrach ihn der Patient. »Leider sieht es dem sehr ähnlich, doch kann man dies noch nicht mit unbedingter Sicherheit feststellen«, erklärte Mackenzie und erhielt die Antwort: »Ich habe schon in letzter Zeit so etwas Ähnliches befürchtet. Ich danke Ihnen, Sir Morell, daß Sie so offen zu mir sind.«

»Er ließ nicht das geringste Zeichen von Niedergeschlagenheit erkennen«, erzählte Mackenzie, »sondern verbrachte den Tag mit seinen gewöhnlichen Beschäftigungen; und beim abendlichen Diner war er heiter, ohne sich dazu anscheinend zu zwingen.« Natürlich habe ihn die Eröffnung Mackenzies sehr bedrückt, schrieb Victoria ihrer Mutter. »Es ist wirklich eine harte Prüfung.«

Noch am selben Abend wurden zur Unterstützung Mackenzies und Hovells weitere Kehlkopfspezialisten telegraphisch nach San Remo berufen, Professor Leopold Schrötter aus Wien und Privatdozent Hermann Krause aus Berlin. Es sei Krebs, erklärten die Ärzte einstimmig. Keine Übereinstimmung fanden sie in der Frage, wie er zu behandeln sei. Zwei Möglichkeiten wurden erwogen: entweder Entfernung des Kehlkopfes durch eine lebensgefährliche, aber vielleicht heilbringende Operation, oder – bei Erstickungsgefahr – die Tracheotomie, ein Luftröhrenschnitt, der Erleichterung, aber keine Heilung versprach.

Vor diese Alternative wurde der Kronprinz gestellt. »Da muß ich wohl nun mein Haus bestellen«, sagte er, ging in das Nebenzimmer und formulierte seine schriftliche Antwort an die Ärzte: »Ein Kaiser ohne Kehlkopf ist nicht fähig, sein Amt auszuführen. Totale Operation nein, Tracheotomie wenn notwendig.«

Nun war es unwiderruflich: Der Kronprinz hatte Kehlkopfkrebs, eine Heilung war nicht möglich. Denn jetzt wie damals scheute er vor einer Operation zurück, die ihn hier und heute das Leben hätte kosten können oder, selbst wenn sie, was wenig wahrscheinlich war, geglückt wäre, ihn zu einem Kaiser ohne Kehlkopf gemacht hätte, der selbst das Wenige, das ihm zu sagen verblieben wäre, nicht hätte sagen können. So baute er auf die Gnade des Schicksals, wenigstens noch so lange leben zu dürfen, daß er seine Thronbesteigung erlebte.

Der »Reichsanzeiger« beeilte sich, das Kommuniqué der Ärzte, das einem Todesurteil gleichkam, der Nation kundzutun. »Nach wiederholten, eingehenden Untersuchungen sind die versammelten Ärzte vollkommen klar, daß es sich bei Seiner Kaiserlichen Hoheit um Krebs des Kehlkopfes handelt. In bezug auf die Behandlung wurden ebenfalls die verschiedenen Möglichkeiten durchgesprochen, Seine Kaiserliche Hoheit wurde in dieselben eingeweiht, und wurde der seinerzeit notwendig gewordene tiefe Luftröhrenschnitt empfohlen.«

An der Veröffentlichung dieses von den Ärzten unter Verschluß gehaltenen Kommuniqués war in erster Linie dem ältesten Sohn des Todkranken gelegen, Erbprinz Wilhelm. Nun wußte es Deutschland und die Welt, daß er vielleicht unmittelbar dem Großvater nachfolgen, jedenfalls den mit Hängen und Würgen auf den Thron gelangten Vater baldigst ablösen würde.

Ein junger, gesunder und energischer Thronfolger stand vor den Toren der Macht, und – am 9. November 1887 – vor der Tür der Villa Zirio in San Remo. Seine Mutter hätte ihm am liebsten nicht aufgemacht. Er käme auf Befehl Wilhelms I., um nach dem Rechten zu sehen, habe einen Arzt seines Vertrauens, den Frankfurter Nasen-, Hals- und Lungenspezialisten Moritz Schmidt, mitgebracht, polterte der Erbprinz. Er wolle den Vater nach Berlin schaffen lassen, damit die Militärchirurgen ihn umbrächten und der Herr Sohn schnell an die Regierung käme, giftete die Mutter. Der Vater, arglos wie immer, kam ihm lächelnd entgegen.

Kaum war der Sohn wieder weg, wurde am 15. November im »Reichsanzeiger« verkündet, daß für den Vater keine Hoffnung mehr bestünde. Wenige Tage später erschien ein preußischer Feldjäger im Unteroffiziersrang in der Villa Zirio und überbrachte einen Brief des Reichskanzlers, durch den der Kronprinz von einem am 17. November 1887 an den Erbprinzen Wilhelm gerichteten, von Wilhelm I. gezeichneten und von Bismarck gegengezeichneten Erlaß in Kenntnis gesetzt wurde:

»In Betracht der Wechselfälle Meiner Gesundheit, welche Mich vorübergehend zur Erhaltung von Geschäften nötigen, und in Betracht der Krankheit und verlängerten Abwesenheit Meines Sohnes, des Kronprinzen Kaiserliche und Königliche Hoheit, beauftrage ich Ew. Königliche Hoheit in allen Fällen, wo Ich einer Vertretung in den laufenden Regierungsgeschäften und namentlich in der Unterzeichnung von Ordres zu bedürfen glauben werde, mit dieser Vertretung, ohne daß es für die einzelnen Fälle einer jedesmaligen besonderen Ordre bedarf.«

Der Erbprinz war als Stellvertreter des Kaisers und Königs eingesetzt worden, ohne daß mit dem Kronprinzen vorher darüber gesprochen worden war. Sollte Friedrich Wilhelm nicht nur jetzt, sondern auch nach dem in Bälde zu erwartenden Tode des Kaisers umgangen werden, Wilhelm II. direkt Wilhelm I. nachfolgen? Dies befürchtete die Kronprinzessin, welche die Post entgegennahm und nach Lektüre des Stellvertretungserlasses beschloß, ihn ihrem kranken Mann vorzuenthalten. »Du weißt«, schrieb sie ihrer Mutter, »wie argwöhnisch und verzagt Fritz von Natur aus ist.«

Er erfuhr es doch und regte sich auf. Hatten sie ihn in Berlin schon abgeschrieben? Er sei doch nicht blödsinnig oder indispositionsfähig, ließ er den Justizminister wissen. Und dem Kanzler, der hinter allem steckte, gab er zu verstehen:

»Ich räume ein, daß angesichts des Leidens, welches mich in Italiens milder Luft zu weilen nötigt, für die Dauer meiner Abwesenheit Anstalten getroffen werden müssen, welche im Falle einer Behinderung Seiner Majestät die Geschäftserledigung regeln. Dagegen hat es mich empfindlich berührt, daß, ohne mich von dem gesagten Vorhaben in Kenntnis zu setzen, noch auch meine Ansicht einzuholen, der ich doch ebenso gesunden Sinnes wie völlig im Besitz meiner Kräfte bin, ein gewichtiger, die Rechte des Thronerben betreffender Schritt geschah, zumal im Augenblick kein Grund vorlag, mit solcher Eile vorzugehen. Bei dem dringenden Wunsch, den ich hege, meinen Pflichten in jeder Weise nachzukommen, und angesichts des Vertrauens, welches ich zu Ihnen hege, bitte ich Sie daher ebenso dringend wie aufrichtig, in künftigen Fällen Rücksicht auf mich, trotz meiner Abwesenheit, zu nehmen und sich erst mit mir in Verbindung zu setzen, ehe entscheidende Schritte geschehen.«

Eher als Bittsteller denn als Beschwerdeführer näherte sich der Kronprinz dem Kanzler, der Entscheidungsinstanz. Bismarck habe damit gerechnet, daß der Stellvertretungserlaß in San Remo Verstimmung hervorrufen würde, bemerkte Landwirtschaftsminister Lucius von Ballhausen am 19. November. »Über den Kronprinzen sprach Bismarck kein Wort, er rechnet offenbar schon nicht mehr mit ihm.« Der Kanzler schien voll und ganz auf den achtundzwanzigjährigen Erbprinzen gesetzt zu haben, den er – zumindest erklärte er das – nicht für zu jung und unreif hielt: Friedrich II. sei mit achtundzwanzig Jahren zur Regierung gekommen, also im Alter des Prinzen Wilhelm, der Große Kurfürst mit zwanzig Jahren, Friedrich Wilhelm III. mit siebenundzwanzig Jahren.

»Mit dem Kronprinzen ist es vorbei«, notierte am 9. November 1887 Holstein, »der Mann mit den Hyänenaugen«, wie Bismarck bemerkte. Nun sah der Geheimrat nicht nur das Ende des Kronprinzen, sondern auch den Anfang vom Ende des Kanzlers voraus. Denn der junge Herr würde sich von dem zum Fürsten avancierten Junker nicht das bieten lassen, was der Großvater hingenommen hatte und vermutlich auch der Vater weggesteckt hätte.

Schon schien Bismarck derartiges zu befürchten: Wilhelm sei ein Brausekopf, könne nicht schweigen, sei Schmeichlern zugänglich und könnte Deutschland in einen Krieg stürzen, ohne es zu ahnen und zu wollen. Aber wäre dies nicht auch von seinem Vater zu erwarten gewesen? Sterbenskrank, von Taten abgehalten, verfaßte Friedrich Wilhelm am 12. Dezember 1887 eine Denkschrift über das Verhältnis zu Rußland, in der er sich als Sympathisant der preußisch-deutschen Militärpartei entpuppte, die von Bismarck mühsam und schließlich erfolgreich von einem Präventivkrieg gegen das verbündete Rußland abgehalten wurde.

Wilhelm I. war friedlich gestimmt, in einem Moment, da der Tod nach ihm wie nach seinem Sohn griff. Noch unlängst hatte der sparsame Hohenzoller darüber geklagt, wie teuer ihn die Krankheit des Thronfolgers zu stehen käme, die Reisen, die Mieten, die Arzthonorare; Mackenzie kassierte insgesamt 240 000 Goldmark. Nun schrieb er dem Sohn, es tröste ihn, daß er sich in christlicher Ergebung in Gottes Ratschluß füge, und dem Reichstagspräsidium erklärte er, es erschüttere ihn tief, daß der Kronprinz »von einem Leiden ergriffen ist, das ihn zwischen Tod und Leben schweben läßt, so daß seine völlige Wiederherstellung fast wie ein Wunder erscheinen muß«.

Hinter der Kulisse habe es anders ausgesehen, behauptete der Geheimrat Holstein. Für den Kaiser solle der Kronprinz überhaupt nicht mehr existieren, notierte er bereits im Mai 1887 und fügte später hinzu: »In den ganzen drei Generationen der Familie ist die Gefühlswärme wenig entwickelt«: beim Kaiser, der sich gegen seinen Sohn vollkommen gefühllos zeige, beim Kronprinzen, »obschon der Gemütsmensch in der Gruppe«, der es an spitzen Bemerkungen über die Langlebigkeit der Eltern nicht fehlen ließe, und beim Erbprinzen, der die Krankheit des Vaters rein geschäftsmäßig behandele und nur noch an die Geschäftsübernahme denke. »Wenn man sieht, wie die Gesellschaft unter sich ist, was soll der übrige Mensch noch von ihnen erwarten?«

Friedrich Wilhelm erwartete vom Vater, daß er ihn respektiere, und vom Sohn, daß er sich nicht schon wie Wilhelm II. geriere. Wilhelm I. kam ihm entgegen: Er habe den Kronprinzen nicht irritieren, deshalb dem Erbprinzen keine eigentliche Stellvertretung geben, sondern nur eine begrenzte Unterschriftsvollmacht übertragen wollen.

Bismarck mußte einlenken. »Seine Kaiserliche Hoheit hatte die Gnade, mir in Betreff vorübergehender Stellvertretung Seiner Majestät des Kaisers zu schreiben«, antwortete er, reichlich verspätet, am 2. Dezember 1887. »Ich habe in der Presse nur in zweiter Hand mitgewirkt, konnte auch Seiner Majestät dem Kaiser keine Schwierigkeiten entgegenstellen in der Erfüllung des berechtigten Wunsches, in Krankheitsfällen Sich geschäftsfreie Tage schaffen zu können. Die Frage, um die es sich dabei für Seine Kaiserliche Hoheit handelt, ist nur die der vorgängigen Meldung; für letztere lag bei der Schnelligkeit, mit welcher Seine Majestät die Sache erledigte, keine Möglichkeit vor ...«

Der Kronprinz gab sich mit der Ausrede des Kanzlers zufrieden. Die Kronprinzessin, die Bismarck mehr denn je für einen Beelzebub hielt, blieb dabei, daß in Berlin Kräfte am Werk seien, die einen Thronverzicht des kranken Kronprinzen, eine Stabübergabe an den Erbprinzen verlangten.

Wilhelm tat so, als habe er den Stab bereits in Händen, und er hantierte damit in einer Weise, die ihm den Beifall von Militärs und Höflingen wie den Zulauf der Opportunisten einbrachte. »Schon jetzt«, bemerkte ein französischer Beobachter, der Schriftsteller

Jules Laforgue, »lavieren besonders Geschickte und sorgen vor, daß sie beim Kehraus auf der Seite des Besenstiels sind.«

Noch aber gab es Deutsche, die erwarteten, daß mit Bismarck und den Konservativen Schluß gemacht werden würde, und die weiterhin auf Friedrich Wilhelm als Deutschlands liberale Hoffnung setzten. In der »Nation«, einem Organ der Fortschrittspartei, hieß es: »Und bleibt der Fritz auch heiser, / Drum wankt das Reich noch nicht. / Man hört den deutschen Kaiser, / Auch wenn er leise spricht.«

Franz von Roggenbach, der alte liberale Freund des kronprinzlichen Hauses, wollte Genaueres wissen, begab sich nach San Remo und berichtete dem Gesinnungsgenossen Albrecht von Stosch am 2. Dezember 1887: Er habe den Kronprinzen »äußerlich absolut unverändert, eher etwas blühender aussehend« vorgefunden. Auch sei die Stimme, »welche begreiflich nicht forciert wird, durchaus vernehmlich«. Man denke bereits an eine Rückkehr Friedrich Wilhelms nach Berlin im Mai des nächsten Jahres.

Weihnachten 1887 wurde in San Remo unter deutschen Christbäumen gefeiert. Dem Fest des Glaubens und der Liebe folgte am 18. Januar 1888 der Reichsgründungstag, den Friedrich Wilhelm als Tag der Hoffnung, der zweite Kaiser werden zu können, zu begehen gedachte. Doch am Vortag hustete der Patient ein Gewebestück aus, und am Tag darauf schrieb er in sein Tagebuch: »Es überkommt mich in letzter Zeit ein allgemeines elendes Gefühl, gegen das die Ärzte mit allen Mitteln anzukämpfen suchen.«

Die Hustenanfälle wurden heftiger, die Auswürfe dunkler und blutiger, die Schwellungen im Kehlkopf größer und gefährlicher. Am 29. Januar traf Sir Morell Mackenzie wieder in San Remo ein. Am 5. Februar hörte Dr. Max Schrader, der Leibarzt, bei Tisch die Atemgeräusche des Kronprinzen bis zur entgegengesetzten Seite der Tafel. In der Nacht vom 7. zum 8. Februar stöhnte der Patient, nach Luft ringend: »Ich halte es nicht mehr aus.« Am Morgen war er dem Ersticken nahe.

Der Zeitpunkt für eine Tracheotomie, den Luftröhrenschnitt, war gekommen. Er würde ihn vor ein Kriegsgericht bringen, wenn er nicht sofort den Chirurgen Bergmann aus Berlin herbeirufe, brüllte Adjutant Kessel den Engländer Mackenzie an. Doch die Erstickungsgefahr war so groß, daß der Patient sofort operiert werden mußte, von Dr. Fritz Gustav Bramann, dem in San Remo stationierten Assistenten Bergmanns.

Als der Chef eintraf, blieb ihm nur die Feststellung, daß der »Sekundärarzt« es fast so gut gemacht hatte, wie es der Ordinarius hätte machen können. »Daß aber die mit der Behandlung des Kronprinzen betrauten Ärzte es auf diese Kunstprobe ankommen ließen, das würden sie noch unter Friedrich dem Großen am Galgen zu bereuen gehabt haben.«

Als Friedrich Wilhelm aus der Narkose erwachte, wußte er, daß er fortan nur noch durch eine Kanüle atmen und nicht mehr würde sprechen können. Seinen Dank an Dr. Bramann kritzelte er auf einen Schreibblock, der künftig das Medium zwischen ihm und der Umwelt sein sollte.

Der Schnitt Bramanns sei nicht genau der Mittellinie entlang erfolgt und die von Bergmann bevorzugte Kanüle tauge nichts, behauptete Mackenzie. Die Ärzte stritten sich weiter, und je schwächer der Patient wurde, desto heftiger suchten sie sich gegenseitig die Schuld zuzuschieben.

Die Operation hatte ihn vor dem Ersticken, nicht vor dem Dahinsiechen bewahrt. Der Atem ging pfeifend durch die Kanüle, der Auswurf bestand aus bräunlichem, übelriechendem Schleim, vermischt mit zerfallenen Gewebeteilen. »Krebsjauche« nannte dies Bergmann, der konstatierte: »Der Gebrauch des Morphiums und des Chloroforms habe seine Züge verzerrt und seinem Gesicht eine schreckliche Färbung gegeben. Es wirkt wie entzweigerissen ...«

Auf Betreiben Bergmanns wurde ein deutscher Lungenspezialist herangezogen, Professor Adolf Kußmaul aus Straßburg, der feststellte: Der Auswurf stamme nicht aus den gesunden Lungen, sondern aus dem Kehlkopf, der von Krebs befallen sei. Mackenzie wartete immer noch auf eine eindeutige pathologische Diagnose Virchows. Da der Geheimrat in Ägypten weilte, wurde sein Vertreter, Heinrich Wilhelm Waldeyer, nach Sam Remo gerufen. Er fand im Auswurf »sofort die Anwesenheit der für den sogenannten Plattenepithelkrebs charakteristischen Bildungen« und erklärte, »daß unzweifelhaft ein Krebsleiden vorliege«.

Die Kronprinzessin wollte es immer noch nicht glauben, doch ihre Hoffnung wankte, wenn sie ihren Mann betrachtete. »Ich habe ihn noch nie so krank gesehen«, schrieb sie ihrer Mutter. »Seine

Geduld geht allmählich auf die Neige, und sein Gemüt ist stark umdüstert.«

Nach außen hin zeigte er sich schicksalsergeben. Im Jahre 1870, gab er seiner Umgebung zu verstehen, hätte ihn eine Kugel treffen können, und sein Leiden sei auch nichts anderes als eine Kugel, die ihn früher oder später ereilen werde, »wie Gott es will«. Als preußisch-deutscher Hiob stellte er sich hin. Aber die Verzweiflung nagte an ihm, förderte das Zerstörungswerk der Krankheit, und das vergebliche Aufbäumen beschleunigte den Verfall.

In den Hafen von San Remo waren britische Kriegsschiffe eingelaufen. Man hatte sie ersucht, keinen Salut zu schießen, um den hohen Kranken nicht zu stören. Wie gerne hätte er den englischen Gruß entgegengenommen, ihn als Zeichen für ein künftiges Zusammenwirken Deutschlands und Englands gewertet! Der Kronprinz trat auf die Terrasse der Villa Zirio, betrachtete die britischen Flaggen, die auf den Schiffen gehißt waren, und dachte an seine Hoffnungen, die er niederholen mußte. Er trat in sein Zimmer zurück und brach zusammen.

Noch einmal kam der Sohn, Erbprinz Wilhelm, um sich Gewißheit über seine baldige Thronbesteigung zu verschaffen. Waldeyer ließ ihn durch das Mikroskop blicken. »Also diese kleinen Körperchen, die ich da sehe, sind das, worauf es ankommt!«

»Was sind wir? Der größte Gedanke hängt ab von einer Faser im Gehirn«, hatte der Historiker Ranke erklärt, als Friedrich Wilhelm IV., von einem Gehirnleiden niedergeworfen, Wilhelm I. Platz machen mußte. Nun hing das Avancement Wilhelms II. von den winzigen Kugeln des Rattenepithelkrebses ab.

Der Vater habe höchstens noch sechs Monate zu leben, sagte ihm Bergmann. Der Großvater bremste indessen den Machtdrang des Enkels. Wilhelm I. starb am 9. März 1888, vor seinem Sohn.

»An des Kaisers und Königs Majestät« war das Telegramm gerichtet, das noch am selben Tage in San Remo eintraf. »So habe ich denn den Thron meiner Väter und den der Deutschen Kaiser bestiegen«, schrieb der neue Herrscher, der sich Friedrich III. nannte, in sein Tagebuch.

Der vom Tode Gezeichnete wußte, daß seine Tage gezählt waren. Doch er zeigte sich dankbar, daß ihm noch ein wenig Macht und ein Hauch von Herrlichkeit vergönnt wurde.

17

Die 99 Tage

Nach Berlin mußte er nun, und jetzt wollte er auch. Lange genug hatte der Kronprinz Preußen und Deutschland gemieden, um in milderem Klima, fern von Generälen und Stabsärzten Heilung zu suchen und Ruhe zu finden. Der Platz des Kaisers und Königs war in seiner Haupt- und Residenzstadt, auch wenn sie nur eine Zwischenstation auf dem Weg zum offenen Grabe sein konnte.

Noch einmal schien der Sechsundfünfzigjährige aufzuleben. Schon in San Remo stürzte er sich in die Regententätigkeit. Er holte den »Erlaß an den Reichskanzler« hervor, den bereits vor drei Jahren seine Vertrauten Heinrich Geffcken, Franz von Roggenbach, Albrecht von Stosch und Ernst von Stockmar entworfen hatten.

»Der Gedanke ist so hart, daß mein armer Fritz seinem Vater als ein kranker und hinfälliger Mann folgt«, seufzte die siebenundvierzigjährige Victoria, die endlich Kaiserin geworden war, aber einen mehr mit Wehmut als mit Wein gefüllten Becher vor sich hatte. »Wieviel Gutes hätte er tun können! Wird er genügend Zeit haben?«

Er durfte sich nicht einmal so nennen, wie er es sich vorgenommen hatte. Als Friedrich IV. gedachte er die Reihe der römisch-deutschen Kaiser fortzusetzen, in der es, im 15. Jahrhundert, den Habsburger Friedrich III. gegeben hatte. Doch eine solche Berufung auf die alte Reichstradition hätte der preußischen Staatsräson wie der neuen deutschen Reichsräson widersprochen. Seinem Vater wäre es nicht einmal im Traume eingefallen, an Wilhelm von Holland anzuknüpfen, der im 13. Jahrhundert zum deutschen König gewählt worden war.

Der Sohn steckte zurück und nannte sich Friedrich III. Es war ein tragbarer Kompromiß: Preußische Royalisten mochten ihn für einen Nachfolger Friedrichs II., des Großen, halten, deutsche Reichsromantiker ihn in der Nachfolge des Stauferkaisers Friedrichs II. sehen, der ein Licht der Welt und eine Leuchte der Wissenschaft gewesen war, was auch Liberalen gefallen konnte.

Bevor Friedrich III. am 10. März 1888 San Remo verließ, verschickte er Telegramme, welche die Beschränkung seiner Macht und das Ausmaß seiner Ohnmacht offenbarten. Der Königin von Großbritannien wiederholte er seinen »aufrichtigen und ernsten Wunsch für eine neue und dauernde Freundschaft zwischen unseren beiden Nationen« – genau wissend, daß er diesem Wunsch nicht Nachdruck und Nachhaltigkeit verleihen könnte. Den Reichskanzler und preußischen Ministerpräsidenten ließ der Kaiser und König wissen, daß er mit seinem Beistand rechne – dabei in Kauf nehmend, daß er Bismarck damit zu seinem Vormund bestellte.

Jahrzehntelang hatte das Kronprinzenpaar auf den Tag gewartet, der mit dem Beginn seiner Kaiserherrlichkeit das Ende der Kanzlermacht bringen sollte. Vornehmlich Victoria hatte gehofft, mit dem »Eisernen Kanzler« die Ära von Blut und Eisen hinter sich lassen, eine Epoche des Friedens und der Freiheit einleiten zu können.

Es wäre ein Segen, wenn die Regierung des allgewaltigen Bismarck nicht ewig dauerte und andere Grundsätze, Gedanken und ein neuer Geist in die deutsche Regierung einzögen, hatte die Kronprinzessin am 5. Januar 1888 geschrieben. »Man muß gerecht und dankbar sein, aber da man vom Dornbusch keine Trauben und von Disteln keine Feigen ernten kann, so darf man auch von ihm nicht das erwarten, nach dem das moderne Deutschland hungert und dürstet: das heißt Friede zwischen seinen Gesellschaftsklassen, Rassen, Religionen, Parteien, gute und freundliche Beziehungen mit seinen Nachbarn, Freiheit und Achtung vor dem Recht anstatt der Gewalt, den Schutz der Schwachen gegen die Unterdrückung der Starken...«

Aber auch Victoria zweifelte an der Erfüllbarkeit ihrer Erwartungen: »Ich bin eines Systems müde, das sich niedriger Mittel bedient, wenn es auch von einem noch so großen Mann geleitet wird und seine Erfolge, sein Glanz von einem Haufen kurzsichtiger Bewunderer verehrt werden, die sich selbst, da ihrer nationalen Eitelkeit geschmeichelt wird, als große Patrioten vorkommen, während das Niveau der nationalen Gefühle und die nationalen Ziele niedriger und schlechter werden. Wie lange, wie lange soll das noch dauern! Vermutlich wird es länger als unsere Lebenszeit währen!«

Der Kronprinz hatte sich bereits vor dem Ausbruch seiner tückischen Krankheit dem Fürsten Bismarck genähert, hingezogen zum Repräsentanten preußisch-deutscher Macht, hingesunken in persönlicher Schwachheit und politischer Unentschlossenheit. Seitdem er wußte, daß er, wenn überhaupt, nur kurze Zeit herrschen könnte, hatte er sich mit den Kompetenzen des Kanzlers wohl oder übel abgefunden. Zum Kaiser auf baldigen Abruf geworden, bestellte er Bismarck auch zu seinem Kanzler, unterstellte sich dem »kurbrandenburgischen Vasallen«, der seinen alten Lehnsherrn Wilhelm I. gelenkt hatte und seinen neuen Lehnsherrn Friedrich III. leiten wollte.

Bismarck hätte einen Konflikt mit dem neuen Kaiser und König nicht gescheut, obschon er nach fünfundzwanzigjähriger Herrschaft und im dreiundsiebzigsten Lebensjahr lässiger im Besitz der Macht und schwächer in ihrem Gebrauch geworden war. »Seine Art zu arbeiten wird mehr und mehr dilettantenhaft und unzusammenhängend«, bemerkte der Geheimrat Holstein, der eine Witterung für Verfallendes und Absterbendes hatte: »Die Haupteigenschaften des Fürsten waren früher Schlauheit und Energie (was selten zusammengeht), seine Hauptfehler Herrschsucht und Eitelkeit. Die Energie ist weg. Die Schlauheit, mit der er jetzt allein die Sache machen will, geht in schnörkelhafte Übertreibung über.«

Dem nicht mehr so eisernen Kanzler blieb eine Kraftprobe mit Friedrich III. also erspart. Generalarzt Bergmann hatte ihm gemeldet, daß der neue Kaiser den Sommer nicht überleben werde. Bismarck ging daran, die Frist seines Überlebens zu nützen, seine Stellung zu stabilisieren und seine Politik zu verfestigen. Er brauchte eine günstige Ausgangsposition für den unvermeidlichen Konflikt mit dem kraftprotzenden und herrschsüchtigen Wilhelm II., der hinter dem verblassenden und verdämmernden Friedrich III. stand.

Am 9. März 1888 – Wilhelm I. war eben verschieden und sein Nachfolger weilte noch in San Remo – erschien Fürst Bismarck im Interimsrock mit den Generalsabzeichen und dem Großkreuz des

Roten-Adler-Ordens im Reichstag und verkündete den Hingang des alten Monarchen. »In Folge dieses Ereignisses ist die preußische Krone und damit nach Artikel 11 der Reichsverfassung die deutsche Kaiserwürde auf Seine Majestät Friedrich III., König von Preußen, übergegangen.«

Mit dieser – staatsrechtlich einwandfreien – Formulierung bedeutete er Friedrich III., der erstrangig Deutscher Kaiser sein wollte, daß er primär König von Preußen war. Und daß die preußische Staatsräson und nicht eine deutsche Reichsemotion für ihn verbindlich war, auch wenn er sich selbst für den wiedererstandenen Barbarossa halten mochte.

Den Mitgliedern des Bundesrates, den Vertretern der Bundesregierungen erklärte der Reichskanzler: Er selbst habe keinen Grund zur Annahme, daß er nicht in seiner Stellung verbleiben und nicht die Politik fortführen werde, welche auf gegenseitiges Vertrauen basiert sei und bleiben müsse. Die vertragsmäßigen Rechte der verbündeten Fürsten und freien Städte würden wie bisher respektiert werden, dafür bürge er.

Der bayerische Graf Lerchenfeld, Wortführer des Bundesrates, dankte dem Kanzler. Er und seine Kollegen hatten verstanden. Es würde alles beim alten bleiben, keine Experimente geben, vor allem keine Weichenstellung in Richtung Einheitsstaat, wie es dem nationalliberalen Friedrich vorschweben mochte.

Bismarck fuhr Friedrich III., der am Morgen des 10. März 1888 von San Remo abgereist war, in Begleitung von Staatsministern entgegen. Am Nachmittag des 11. März trafen sie im Leipziger Hauptbahnhof im Salonwagen des Monarchen zusammen. Der Kanzler küßte dem Herrscher die Hand, gab ihm jedoch zu verstehen, daß der Regierungschef das Heft in Händen halte.

Die Majestät, berichtete Lucius von Ballhausen, der dabeigewesen war, »trug offenen Militärüberrock, das Eiserne Kreuz und Pour le mérite um den Hals. Der Rockkragen stand offen, war aber durch den Vollbart gedeckt. Mienenspiel, Gesichtsausdruck, Gestikulation war lebhaft, so daß man in einiger Entfernung gesehen den Eindruck eines lebhaft Sprechenden hatte. Die Gesichtsfarbe erschien bei dem Gaslicht gut, etwas echauffiert, Haar und Bart unverändert – nicht ergraut –, Figur und Gesicht etwas abgemagert, aber keineswegs abgezehrt oder gar elend. Allein er ist völlig

Bismarck verkündet am 9. März 1888 das Ableben Kaiser Wilhelms I.

stimmlos und schrieb, was er sagen wollte, auf einen Papierblock, wovon er die einzelnen Blätter abriß.«

Auf dem ersten Zettel stand: »Haben Sie etwas Besonderes vorzutragen?« Der Kanzler ergriff das Wort, nützte die Gelegenheit, seine Unentbehrlichkeit zu demonstrieren, sprach über dringliche, sofort und von ihm zu erledigende Geschäfte. »Seine Majestät vollzog willig alle Vorschläge«, notierte Lucius von Ballhausen, der nach fünfzehn Minuten mit den anderen Ministern den Salonwagen wieder verließ. Bismarck blieb im Zug und am Zug.

Kurz vor Mitternacht kamen Kaiser und Kanzler im Berliner Bahnhof Westend an. Es stürmte und schneite, und auf dem Bahnsteig stand Wilhelm, der nun preußischer und deutscher Kronprinz geworden war und es kaum mehr erwarten konnte, König von Preußen und Deutscher Kaiser zu werden – und allein, ohne Bismarck zu regieren.

Mit gemischten Gefühlen wurde Friedrich III. empfangen. »Ich konnte an nichts denken als an den armen Kaiser Friedrich, der nun hier ankommt, aus dem Frühling des Südens in dieses unwirtliche Klima der Heimat, an die Leiche des Vaters, den er seit einem Jahr nicht gesehen, er selbst endlich König und Herr, vor ihm Berge von Pflichten, Ehre und Arbeit, und dabei ein todkranker Mann! Oh, es ist um zu verzweifeln, um zu knirschen, um an Gott zu verzagen!« So klagte die Baronin Spitzemberg, während Gustav Freytag meinte, es wäre besser gewesen, wenn der Sohn nicht den Vater überlebt hätte, und Theodor Fontane bemerkte: »Es wird ein furchtbar kurzes Interregnum sein, und es ist gut so. Dilettantismus, wo noch eben Meistervirtuosen die Geige spielten!«

»Ich glaube, wir werden im allgemeinen nur als vorüberhuschende Schatten angesehen«, fürchtete die Kaiserin Victoria. »Ich kann mich irren, aber es kommt mir so vor, als ob die Partei, die sich uns so lange widersetzt und uns so schlecht behandelt hat, es kaum der Mühe für wert hält, ihre Haltung sichtbar zu ändern, da sie mit einer ganz anderen Zukunft rechnet.«

Der Schattenkaiser bezog eine Schattenresidenz: das ziemlich vernachlässigte Schloß Charlottenburg. Es war von Friedrich I., dem ersten preußischen König, erbaut worden, aber Königin Luise und dann Friedrich Wilhelm IV. hatten weniger den barocken Pomp und die von Friedrich II. hinzugefügte Rokoko-Pracht als den Schloßgarten geschätzt, der aus dem Kunstpark in ein Landschaftsidyll überging.

Friedrich III. hielt die Renaissance für einen angemessenen Stil der Renovatio imperii. Aber wo hätte er sonst residieren sollen? In Potsdam spukte der Geist Friedrichs des Großen, auf den sich die Wilhelminer beriefen. Gegenüber dem Palais Unter den Linden, der Residenz des Vaters und des Witwensitzes der Mutter, lag das Akademiegebäude mit seiner nachts erleuchteten Normaluhr, deren vorrückende Zeiger ihm ständig vor Augen gehalten hätten, wie die kurze Zeit, die ihm beschieden war, Stunde für Stunde verstrich. Und die tägliche Wachparade hätte ihn stets daran gemahnt, daß seine Wachablösung bereits auf dem Marsch war.

Am Abend des 12. März 1888 veröffentlichte der »Deutsche Reichs-Anzeiger und Königlich Preußische Staats-Anzeiger«

Residenz des 99-Tage-Kaisers:
Das königliche Schloß Charlottenburg bei Berlin,
erbaut unter König Friedrich I.

Friedrichs III. Aufruf »An mein Volk«. Zuerst wurden die Verdienste des Vaters hervorgehoben: »Indem König Wilhelm mit nie ermüdender landesväterlicher Fürsorge das Preußische Heer auf die Höhe seines ernsten Berufes erhob, legte Er den sicheren Grund zu den unter Seiner Führung errungenen Siegen der Deutschen Waffen, aus denen die nationale Einigung hervorging.« Der Liberale, der die Reorganisation des preußischen Heeres kritisiert hatte, nach dessen ersten Waffenerfolgen zum Nationalliberalen geworden war, schien schließlich ein Friderizianer geworden zu sein, dem die Armee als Grundstock der Größe und als Garant der Macht galt.

Friedrich III. fügte hinzu, es werde sein ganzes Bestreben sein, »das Werk in dem Sinne fortzuführen, in dem es begründet wurde, Deutschland zu einem Horte des Friedens zu machen und, in Übereinstimmung mit den verbündeten Regierungen sowie mit den verfassungsmäßigen Organen des Reiches wie Preußens, die Wohlfahrt des Deutschen Landes zu pflegen«. Ähnliches hatte auch der alte Kaiser nach der Reichsgründung verkündet. Vom neuen Kaiser war mehr erwartet worden. Aber »Sein Volk« vernahm keine Silbe seines ursprünglichen liberalen Programms, nur den unverbindlichen, mehr nach rückwärts als nach vorwärts weisenden Satz: »Ich bin überzeugt, daß auf dem Grunde der untrennbaren Verbindung von Fürst und Volk, welche, unabhängig von jeglicher Veränderung im Staatenleben, das unvergängliche Erbe des Hohenzollernstammes bildet, Meine Krone allezeit ebenso sicher ruht, wie das Gedeihen des Landes ...«

Das war Liberalen, die seinem Regierungsantritt mit gewissen, freilich zunehmend gedämpften Erwartungen entgegengesehen hatten, entschieden zu wenig, Konservativen jedoch fast schon zu viel.

»Es ist, wie wenn Gladstone oder Prinz Consort Redivivus an die Regierung gekommen wären«, meinte Theodor Fontane, dessen Realitätssinn nicht immer mit seiner Formulierungskunst in Einklang stand. Heinrich von Treitschke, der ohne Umschweife zum preußisch-deutschen Anliegen kam, hoffte inständig, daß Friedrich III. nicht mehr die Zeit und die Kraft finden möge, »das bestehende System – das beste, das wir nach Lage der Dinge verlangen können – ernstlich zu verändern«.

Liberale waren enttäuscht. »Die Nation«, ein freisinniges Blatt, vermißte Hinweise auf eine längst fällige, auch vom Kronprinzen Friedrich Wilhelm für notwendig erachtete Verstärkung der Kompetenzen des Reichstages. Als Kaiser schien er davon nichts mehr wissen zu wollen, genauer gesagt: wissen zu dürfen.

Auch der am selben Tag wie der Aufruf »An mein Volk«, am 12. März 1888, veröffentlichte »Erlaß Seiner Majestät des Kaisers und Königs an den Reichskanzler und Präsidenten des Staats-Ministeriums« vermochte die Fortschrittlichen nicht zu befriedigen, auch wenn – mehr zwischen den Zeilen – Liberales darin aufschien.

»Ich bin entschlossen, im Reiche und in Preußen die Regierung in gewissenhafter Beobachtung der Bestimmungen von Reichs- und Landesverfassung zu führen.« Eine Verletzung der Verfassung, wie Anfang der sechziger Jahre im preußischen Verfassungskonflikt, war von ihm also nicht zu erwarten, aber eben auch keine Fortentwicklung der Verfassung in liberalem Geiste und in demokratischen Formen. Dazu hatte Friedrich III. weder Grund noch Lust, keine Kraft und keine Zeit.

In der preußisch-deutschen Form der konstitutionellen Monarchie war und blieb die Monarchie das Substantiv. »Im Reiche sind die verfassungsmäßigen Rechte aller verbündeten Regierungen ebenso gewissenhaft zu achten, wie die des Reichstages; aber von beiden ist eine gleiche Achtung der Rechte des Kaisers zu erheischen.« Sie könnten durch einen potenten Reichstag gestärkt werden, meinte »Die Nation«, doch ihr Leitartikler glaubte wohl selbst nicht daran. Denn die Rechte des Deutschen Kaisers wie des Königs von Preußen waren nicht auf die Volkssouveränität, sondern auf die Monarchensouveränität gegründet. In einem betont konstitutionellen oder gar parlamentarischen System wären sie geschmälert worden – was auch und gerade der auf sein Herrscherprestige so sehr bedachte Friedrich III. kaum geduldet hätte.

»Ich will, daß der seit Jahrhunderten in Meinem Hause heilig gehaltene Grundsatz religiöser Duldung auch ferner allen Meinen Untertanen, welcher Religionsgemeinschaft und welchem Bekenntnisse sie auch angehören, zum Schutze gereiche.« Das war eine Wiederholung des Versprechens Friedrichs des Großen, daß in seinem Staate jeder nach seiner Façon selig werden könne – eine

Maxime, deren Wiederholung zwar nach beendetem Kulturkampf nicht gänzlich unangebracht war, die aber im vorletzten Jahrzehnt des fortgeschrittenen 19. Jahrhunderts eher als banal und abgenützt erschien.

Nicht einmal liberale Kathedersozialisten, geschweige denn Sozialdemokraten konnten einen weiteren Passus des Erlasses Friedrichs III. an Bismarck für zeitgemäß und zeitgerecht halten: »Einig mit den Anschauungen Meines Kaiserlichen Herrn Vaters, werde ich warm alle Bestrebungen unterstützen, welche geeignet sind, das wirtschaftliche Gedeihen der verschiedenen Gesellschaftsklassen zu heben, widerstreitende Interessen derselben zu versöhnen und unvermeidliche Mißstände nach Kräften zu mildern, ohne doch die Erwartung hervorzurufen, als ob es möglich sei, durch Eingreifen des Staats allen Übeln der Gesellschaft ein Ende zu machen.«

Keiner vermöge zu sagen, was errungen und erreicht werden könnte, resümierte »Die Nation«. Die deutschen Liberalen schwankten zwischen Optimismus und Pessimismus, übertriebener Erwartung und ernüchternder Einsicht.

Der Liberalismus, der in der Reichsgründungszeit aufgeplustert einherstolziert war, hatte im Reichsalltag Federn lassen müssen. Bei den Reichstagswahlen im Jahre 1887 waren die Mandate der Nationalliberalen zwar von 51 auf 99 angestiegen, aber 1874 waren es 155 und 1877 noch 128 gewesen. Die links von den Nationalliberalen stehende Deutsche Freisinnige Partei hatte von ihren 1884 errungenen 67 Sitzen 1887 mehr als die Hälfte eingebüßt, nur 32 behalten.

Ein Jahr später wurden die deutschen Liberalen noch mehr geduckt. Der Kaiser und König, auf den sie gewisse Hoffnungen gesetzt hatten, kam als sterbenskranker Mann auf den Thron, und der Monarch, auf den es nach wie vor in ersten Linie ankam, verkündete kein fortschrittliches, sondern ein konservatives Regierungsprogramm. Der alte Kaiser Wilhelm hätte sein Freude daran gehabt, und Bismarck, dessen Amtsstellung wie Herrschaftssystem bestätigt worden waren, genoß seine Genugtuung.

Am 13. März 1888, einen Tag nach Veröffentlichung der beiden Proklamationen, erklärte Bismarck bei einer Sitzung des preußischen Staatsministeriums: Er fühle sich von der großen Besorgnis, mit einem todwunden Mann gegen unzweckmäßige Absichten kämpfen zu müssen, bis zur Forderung der Entlassung, sehr erleichtert. Alles gehe leicht und angenehm mit dem neuen Herrn, wie ein »jeu de roulette«.

Bismarck gewann, Friedrich verlor, und Victoria hatte das Nachsehen. Selbst in einer Familienaffäre, die der Kanzler freilich für eine Staatsaffäre hielt, zog sie den kürzeren: Nicht einmal als Kaiserin vermochte sie Alexander von Battenberg, den von ihr hochgeschätzten Sandro, als Schwiegersohn durchzusetzen: Als Victoria die Vermählung ihrer Tochter Vicky mit dem beim Zaren in Ungnade gefallenen Exfürsten von Bulgarien in der ihr eigenen, durch die Kaiserwürde gesteigerten selbstherrlichen Art verlangte, drohte der Kanzler mit Rücktritt. Und er ließ die Reptilienpresse auf die »Engländerin« los, die aus Berlin eine Filiale Londons machen wolle.

Der Kanzler, der eben den geheimen Rückversicherungsvertrag mit Rußland geschlossen hatte, wußte natürlich, daß eine hohenzollerisch-battenbergische Alliance kaum ein Minus für das Reich und schon gar nicht ein Plus für Großbritannien bringen würde. Aber er wollte demonstrieren, wer in Deutschland die Hosen anhatte, und klarstellen, daß das Interregnum Friedrichs III. kein »weibliches Zwischenregiment« bedeutete, der Reichskanzler weiterhin der Reichsverweser war.

Einen weiteren Grund für Bismarcks Verhalten im Fall Battenberg machte der Geheimrat Holstein ausfindig: Der Kanzler habe die Gelegenheit benutzen wollen, sich beim Kronprinzen, dem er in letzter Zeit ein paarmal die Meinung hatte sagen müssen, wieder die frühere Vertrauensstellung zurückzuerobern.

Wilhelm war der entschiedenste Gegner einer Verbindung zwischen dem gloriosen Hause Hohenzollern und dem dubiosen Hause Battenberg; aus verschiedenen Gründen. Der Kronprinz versuchte, auch die geringste Trübung des deutsch-russischen Verhältnisses zu vermeiden. Der Sohn der »Engländerin« tat gerne das Gegenteil von dem, was die Mutter wollte. Und der Bruder gönnte der Schwester nicht den feschen Sandro, den er gar nicht ausstehen konnte und dem er zu verstehen gab: Wenn er Vicky heiratete, würde er ihn als Feind seiner Familie und als Feind seines Landes betrachten.

Der kranke Kaiser stand zwischen seinem machtbewußten Kanzler, seiner herrschsüchtigen Frau und seinem ungeduldigen Sohn. Er hielt sich an den Stärksten, und das war Bismarck. Am 12. April 1888 berichtete dieser im Staatsministerium: Er sei gestern beim Kaiser gewesen, der ihn schriftlich fragte: Ob er die Krisis als beendet ansehe? Auf sein Ja hin habe »Seine Majestät einen vorher geschriebenen Zettel herausgezogen, in welchem er den Wunsch aussprach, die Sache, Battenberger Heirat betreffend, im Sinne Bismarcks beigelegt zu sehen. Bismarck meinte, damit sei seines Erachtens die Sache erledigt«.

Die Kaiserin mußte sich mit dem Herrn im Hause abfinden, dem Kanzler, der ihr seinerseits eine Abfindung nicht versagte, was er ungalant und nicht ganz richtig vermerkte: »Ich bin mit ihr als Kaiserin ganz gut ausgekommen. Ich habe ihr aus dem Kronschatz der Hohenzollern zwölf Millionen Mark zukommen lassen. Das hat sie überzeugt, daß ich ihr treuer Diener wäre.«

Victoria wußte, daß sie nicht lange Kaiserin bleiben würde, und es war ihr nicht zu verdenken, daß sie sich um ihre Zukunft Gedanken machte, für sich und ihre Kinder Vorsorge traf.

Am 12. April 1888 – einen Tag, nachdem der Kaiser dem Kanzler in der Battenberg-Affäre nachgegeben hatte – machte Friedrich III. sein Testament, schrieb in sein Tagebuch: »Heute per eigner Urkunde Schenkungen aufgesetzt. Eine Million Mark an Frauchen. Zwei Millionen Mark an Charlotte. Zwei Millionen Mark an Vicky. Zwei Millionen Mark an Sophie. Zwei Millionen Mark an Margarethe.«

Frau und Töchter wurden mit 9 Millionen Mark, die Söhne mit dem Pflichtteil bedacht. Die Summe floß aus dem hohenzollernschen Hausvermögen, über das der Monarch mit Einverständnis des Ministerpräsidenten verfügen konnte.

War dies ein Grund, warum sich das Kaiserpaar in der Frage Battenberg mit Bismarcks Antwort abgefunden hatte? War dies einer der Beweggründe, daß es unbedingt auf den Thron gelangen wollte, eine lebensgefährliche Operation ablehnte und ein tödlich verlaufendes, doch eine Zeitlang dauerndes Siechtum in Kauf nahm?

Jedenfalls war Sir Morell Mackenzie, der sich den operationswütigen deutschen Ärzten widersetzt und für das Erleben der Thronbesteigung gesorgt hatte, zum kaiserlichen Leibarzt ernannt worden. »Dank Ihnen, daß Sie mir diesen Augenblick möglich gemacht haben«, hatte ihm Friedrich III. bei seinem Herrschaftsantritt auf einen Zettel geschrieben.

Wenige Wochen später – der von Mackenzie vorausgesagte Termin des Todes rückte näher – verlangte Sir Morell die sofortige Auszahlung von 60 000 Mark, die ihm von seiner letzten Reise nach San Remo noch zuständen. »Er hat wohl das Gefühl, auf heißem Boden zu stehen«, kommentierte Bismarck, der am selben Tag, dem 16. April 1888, von einem Besuch beim Kaiser berichtete: »Es geht zu Ende! Ich komme eben von Charlottenburg, wo ich den hohen Herrn in Uniform leidlich aussehend fand, aber mit glühend heißen Händen! Erst als er aufstand und mir voraus nach der Tür eilen wollte, sah ich, wie schwach und schwankend sein Gang war, so daß ich die Arme ausstreckte, ihn aufzufangen.«

»Ich muß gesund werden, ich habe noch so viel zu tun!« stöhnte der Todkranke. »Verweile doch, du bist so schön!« hätte er, als für ihn endlich die Sonne der Herrschaft aufgegangen war, am liebsten gerufen. Zunehmend war ihm nun nach einer Variation des Goethe-Wortes zumute: »Verweile noch, auch wenn alles so unschön ist!«

»Tauwetter, Sonne«, schrieb er am 25. März 1888 in sein Tagebuch, »sehr erschöpft und matt«, und Anfang April: »Kalt, morgens Schneetreiben ...« Am 12. April fügte er hinzu: »Sehr geplagte Nacht wegen Schleim und Hustenreiz. Gegen Morgen eigentümlicher Ton im Hals ... Sehr angegriffen.«

Nach außen hin suchte er Haltung zu bewahren, den Eindruck zu erwecken, seinen Pflichten gewachsen zu sein. Er zwang sich, jedenfalls die erste Zeit, zu einer strengen Tageseinteilung, als wollte er sich an der Regelmäßigkeit aufrichten, durch die ständige Wiederholung seinem Leben Beständigkeit verleihen.

Gegen acht Uhr morgens frühstückte er im Bett. Anschließend begab er sich, von seiner Frau begleitet, in die Orangerie, wo er sich in den Frühling der Riviera zurückversetzt fühlte. Von zehn bis zwölf saß er in seinem Arbeitszimmer. Die Mittagsstunde verbrachte er am liebsten wieder in der Orangerie, seinem San Remo unter Glas. Nach dem Gabelfrühstück ruhte er. Der Nachmittag war Staatsgeschäften vorbehalten. Um acht Uhr wurde diniert. Zwischen halb zehn und zehn ging er zu Bett.

Des Dienstes gleichgestellte Uhr lief ohne bedeutende Resultate ab. Der Kranke war an Charlottenburg gefesselt und der Monarch im preußisch-deutschen Staatssystem gefangen. Bismarck wachte darüber, daß in das Schloß keine liberalen Politiker hinein und keine liberalen Verfügungen heraus kamen.

Nicht einmal dekorieren durfte er, wen er wollte. Bismarck ließ die Verleihung des Schwarzen-Adler-Ordens an einige Persönlichkeiten passieren, auf die seiner Meinung nach die Ordens-Devise »Suum cuique – Jedem das Seine« anzuwenden war.

Der preußische Justizminister Heinrich von Friedberg zum Beispiel, der juristische Berater Friedrichs III., hatte sich um das Reichsstrafgesetzbuch und das Reichsmilitärstrafgesetzbuch verdient gemacht. Eduard von Simson, der Reichsgerichtspräsident und frühere Reichstagspräsident, hatte sich von einem fortschrittlich-liberalen Saulus zu einem nationalliberalen Paulus gewandelt.

Schwerer fiel Bismarck die Zustimmung zur Dekoration derer, die dem neuen Kaiser näher und dem Reichssystem ferner standen. Einer Verleihung des Schwarzen-Adler-Ordens an die Engländerin Victoria, die Königin von Preußen und Deutsche Kaiserin geworden war, konnte er sich schwerlich widersetzen. Max von Forckenbeck, der Oberbürgermeister des renitenten Berlin, hatte sich immerhin als Präsident des Abgeordnetenhauses für die Reichsgründungskoalition zwischen Konservativen und Nationalliberalen eingesetzt. Und der Pathologe und Erzliberale Rudolf Virchow galt allgemein als Leuchte der Wissenschaft und Bismarck im besonderen als Lieferant des Schlagwortes »Kulturkampf« für seine Auseinandersetzung mit Kirchengläubigen und Reichsfeinden. Aber Virchow erhielt den Orden nur als verdienter Mediziner und Forckenbeck die zweite Klasse des Roten-Adler-Ordens »wegen seiner Verdienste um die Hochwassergeschädigten«.

Die von Friedrich III. gewünschte Auszeichnung des anglophilen und freisinnigen Georg von Bunsen sowie Karl Schraders, des späteren Führers der Freisinnigen Vereinigung, lehnte Bismarck rundweg ab: Dies seien »Leute ohne alles öffentliche Verdienst, wenn nicht die scharf oppositionelle Haltung dahin zu rechnen sei«.

Auch amnestieren durfte der Monarch nicht, wen er wollte, vor allem nicht politisch Oppositionelle. Als Wilhelm I. 1861 König von

Preußen und 1871 Deutscher Kaiser geworden war, hatte er Amnestien erlassen. 1888 befand Bismarck: Es sei »ein sonderbarer Gnadenerweis, eine Verbrecherschar über das Land loszulassen«, insbesondere dürfe »von einer Begnadigung der Sozialdemokraten, von Hoch- und Landesverrätern nicht die Rede sein«. Dementsprechend wurde die Amnestie eingeschränkt: politisch Bestrafte wurden ausgenommen.

Ihr Fritz habe eine umfassende Amnestie angestrebt, aber nicht erreicht, stellte Victoria fest. »Er befürchtete in liberalen Kreisen hierüber eine gerechte Enttäuschung, die auch eintrat.« Desillusioniert wurden sie auch vom Ausgang einer verfassungsrechtlichen Auseinandersetzung zwischen Kaiser und Kanzler über das Vetorecht des Monarchen gegenüber Gesetzen des Reiches und Preußens.

Wilhelm I. lebte noch, als der Reichstag in Übereinstimmung mit dem Bundesrat das Gesetz über die Verlängerung der Legislaturperiode des Reichstages und das Gesetz über die Verlängerung des Sozialistengesetzes im Februar 1888 verabschiedete. Vom alten Kaiser konnten diese Gesetze nicht mehr vollzogen werden. Liberale und Demokraten erwarteten, daß der neue Kaiser sie nicht verkünden würde.

Seine Majestät habe die Vollziehung abgelehnt, alle die Gründe der Fortschrittspartei sich angeeignet, welche diese gegen jene Gesetze vorgebracht habe, berichtete Bismarck am 22. März im Staatsministerium. Überdies habe der Monarch der Regierung vorgeworfen, sie habe beim Zustandekommen der Gesetze einen Druck ausgeübt, den er nicht billige.

Bismarck weidete sich einen Augenblick an der Aufregung der Minister, bevor er ihnen mitteilte, daß er bereits am Vortage alles in preußisch-deutsche Ordnung gebracht habe. Der Kanzler hatte zunächst die Kaiserin aufgesucht und ihr vorgestellt, daß erstens eine Nichtvollziehung der mit den erforderlichen Mehrheiten angenommenen Gesetze »eine völlige Umkehrung der bisherigen Regierungspolitik bedeuten würde«, und zweitens dem Kaiser verfassungsrechtlich überhaupt kein Vetorecht gegenüber Reichsgesetzen zustehe.

Der Kanzler war zum Schmied, der Kaiserin, und nicht zum Schmiedlein, dem Kaiser, gegangen. Victoria, als Engländerin in konstitutionellen Fragen geschult, begriff sogleich die verfassungsrechtliche Unanfechtbarkeit des Bismarckschen Standpunktes, auch wenn sie nur zu gerne dessen Politik umgekehrt hätte. Sie lief in das Arbeitszimmer ihres Mannes, blieb ein paar Minuten dort – und der Kanzler konnte »beide Gesetze, mit noch nassen Unterschriften versehen«, nach Hause tragen.

Anders waren die verfassungsrechtlichen Voraussetzungen bei der Verlängerung der Legislaturperiode des Abgeordnetenhauses, die beide Häuser des preußischen Landtages im Februar 1888 beschlossen hatten. Hier stand dem König ein Vetorecht zu, und Friedrich III. wollte es zunächst auch ausüben. In einer Verlängerung der Legislaturperiode von drei auf fünf Jahre sah er eine Beschränkung der Wahlfreiheit, eine Benachteiligung der liberalen Freunde und eine Begünstigung seiner konservativen Gegner, die – wie sie behaupteten – dem Lande eine häufigere Erregung durch Wahlen und »die mit ihnen notwendig verknüpften Agitationen« ersparen wollten.

Der König verweigerte dem Innenminister die Unterschrift. Robert von Puttkamer, dieser preußische Oberbürokrat, erzkonservative Liberalenschreck und Sozialistenfresser, war ihm politisch wie persönlich zuwider. Nachdem er den Innenminister hinauskomplimentiert hatte, schickten sie ihm den Justizminister, Heinrich von Friedberg, dem er vertraute und dem es am 27. Mai nach einstündigem Zureden gelang, die Unterschrift zu erlangen.

Überraschenderweise sprach sich nun der Ministerpräsident gegen eine Verkündigung des Gesetzes aus. Bismarck erschien am nächsten Tag bei Friedrich III. und forderte ihn auf, »einmal zu zeigen, daß er der König sei, und daß ihn weder Ministerien noch Kammer etwas angingen«. Der sprachlose Monarch schrieb auf einen Zettel: »Dann möge man das Gesetz nicht publizieren.«

Als Bismarck dies brühwarm herumerzählte, war er quietschvergnügt wie ein Fähnrich. Die Minister rätselten, wie Landwirtschaftsminister Lucius von Ballhausen berichtete, »ob hier ein tief angelegter Plan vorliege oder ein plötzlicher, unüberlegter Einfall. Man könne ersteres annehmen, wenn er eine Gesamtkrisis des Staatsministeriums wünscht, um Seiner Majestät die freie Entschließung zu geben, einen ganzen oder teilweisen Wechsel der Persönlichkeiten herbeizuführen.«

Wahrscheinlich wollte Bismarck es allen zeigen, daß er jeden in der Hand hatte: die Minister, denen er das Portefeuille, das er ihnen gegeben hatte, auch wieder abnehmen könnte. Und den Monarchen, den er auf die theoretische Macht hinwies, um ihm die tatsächliche Ohnmacht zu beweisen.

Selbstverständlich unterschrieb Friedrich III. schließlich doch das Gesetz über die Verlängerung der Legislaturperiode des Abgeordnetenhauses, nicht ohne auf einen Zettel gekritzelt zu haben: »Das wird eine bittere Enttäuschung für die Freisinnigen sein!«

Seltsamerweise sperrte sich Bismarck in einem Falle nicht gegen einen Wechsel im Staatsministerium. Vermutlich wollte nicht nur der König den Ultra Puttkamer loswerden, sondern auch der Kabinettschef ein Kabinettsmitglied, das den Mißkredit der preußischen Regierung bei Liberalen und Demokraten überzogen hatte.

Im Jahre 1885 hatte es bei der Wahl zweier konservativer Abgeordneter, von denen einer der jüngere Bruder Puttkamers war, behördliche Wahlbeeinflussungen gegeben. Das Abgeordnetenhaus kassierte am 26. Mai 1888 die beiden Mandate. Der liberale Linksaußen Eugen Richter griff den Innenminister Puttkamer an, der für die Wahlmanipulationen die Verantwortung zu tragen hatte und auch für andere reaktionäre Übergriffe – zum Beispiel den Anti-Streik-Erlaß – zur Rechenschaft gezogen werden sollte.

Victoria, die eigentliche Regentin, hielt es für angebracht, an Puttkamer ein Exempel zu statuieren, durch seinen Sturz ein liberales Zeichen zu setzen – wofür es nach dreimonatiger Herrschaft nicht zu früh und angesichts des täglich zu erwartenden Hinscheidens des Monarchen fast schon zu spät war.

»Ihre Majestät« – ihre Bezeichnung, die jetzt immer häufiger als »Seine Majestät«, die Bezeichnung ihres Gemahls, auftauchte – stand über Frau von Stockmar mit Ludwig Bamberger in Verbindung. Dieser ebenso freisinnige wie machtbewußte Politiker schrieb sich den Löwenanteil am Sturze Puttkamers zu, den die Kaiserin und Königin selbstredend für sich und ihren Mann in Anspruch nahm.

Dabei räumte die »Kaiserin Friedrich« ein, daß für diese einzige liberale Regierungshandlung der 99 Tage weniger eine Kraftaufwallung Friedrichs III. als vielmehr ein Schwächeanfall Bismarcks ausgenutzt wurde. »Es kam Fritz zu Ohren, daß der Reichskanzler

Ludwig Bamberger, Mitgründer der Freisinnigen Partei, die in Opposition zu Bismarck stand und auf Friedrich III. setzte

in seinem Herzen die Beseitigung Puttkamers wünschte, aber aus kollegialen, Familien- und Parteirücksichten niemals hierin die Initiative ergreifen würde! Um so mehr glaubte also Fritz, seiner Neigung, seinen längst gehegten Plänen und Absichten nach handeln zu können, folgen zu dürfen.« Er habe nur auf eine Gelegenheit gewartet, sich und seine Regierung von einem Minister zu befreien, »dessen Richtung und Grundsätze ihm so verderblich schienen«.

Friedrich III. schrieb Puttkamer einen Brief, den Victoria als »fest, sicher und rasch« und Bismarck als »ausgesucht grob und geradezu beleidigend« kennzeichnete. Er habe, hieß es in dem Allerhöchsten Handschreiben, mit Mißfallen die Wahlbeeinflussung bemerkt und könne den Vorfall auch durch die versuchte Rechtfertigung nicht als beseitigt erachten. Die Freiheit der Wahlen dürfe nicht angetastet werden.

Der Innenminister, der sich vom Ministerpräsidenten nicht hinreichend gedeckt fühlte, bot dem Monarchen seinen Rücktritt an, dem – am 8. Juni 1888 – sofort stattgegeben wurde. Bismarck erklärte, er und die übrigen Minister dürften daraus nicht die Konsequenz ziehen, ebenfalls zu gehen. Das wäre ein Verbrechen am Staat, welcher jetzt nur ein »Caput mortuum« habe.

Der dem Tod geweihte Herrscher und die dies immer noch zu verdrängen suchende Herrscherin konnten keinen Innenminister-Kandidaten ihrer Couleur benennen. Roggenbach hatte an den Nationalliberalen Johannes Miquel gedacht. Aber nicht einmal ein bürgerlicher Bundesgenosse der preußischen Konservativen – in den »Kartellwahlen« zum Reichstag hatte die konservativ-nationalliberale Koalition im Jahre 1887 einen knappen Sieg errungen – war für Bismarck annehmbar. Der Posten des Innenministers wurde erst am Beginn der Herrschaft Wilhelms II. mit dem Bürokraten Ludwig Herrfurth besetzt.

Die erste und einzige Chance, eine liberale Bresche in die konservative Mauer zu schlagen, war im Grunde gar keine wirkliche Chance. Die Nationalliberalen waren zu regierungsfromm und die Freisinnigen zu regierungsfern, ihre Zahl zu klein, ihr Rückhalt im Volk zu schwach und ihr Programm zu diffus. Friedrich III., der Hoffnungsträger des deutschen Liberalismus, war sterbenskrank, und wenn er gesund gewesen wäre, hätte er kaum gewußt, was er wirklich wollte, und schwerlich das durchsetzen können, wozu er sich, mit Hilfe Victorias und liberaler Ratgeber, durchgerungen hätte.

»Zu wünschen wäre, daß das Bewußtsein der kurzen gegönnten Frist benutzt würde, wenigstens solche Akte zu vollziehen, die der kurzen Regierung einigermaßen einen bestimmten Charakter verleihen könnten«, war die Hoffnung Franz von Roggenbachs noch am 24. März 1888 gewesen – doch schon am 4. April wurde sie gedämpft: »Alles, was ich aus Berlin höre, erfüllt mich mit Besorgnis, die voraussichtlich kurze Zeit dieser Regierung könnte mit mehr Mißgriffen als Weisheit ausgefüllt werden.« Am 2. Juni resignierte Roggenbach: Der Kaiser sei »absolut machtlos« und die Kaiserin habe keine Möglichkeit, »darin etwas zu bessern«.

Schließlich, am 14. Juni 1888, konnte es der liberale Badener Roggenbach kaum noch erwarten, vom Regen Friedrichs III. in die Traufe Wilhelms II. zu kommen. »Es ist ein tragisches Geschick, das sich vollendet, nicht am wenigsten dadurch, daß jeder Einsichtige sich sagen muß, daß dem Vaterlande, wie dunkel auch die Zukunft unter einem jungen Regenten sein mag, mit dem jähen Ende dieser kurzen Regierung ein letzter Dienst geleistet wird.«

Der Nachfolger hatte bereits einen Fuß auf der Bühne. Er konnte sich damit abfinden, daß der von Friedrich III. am 21. März 1888 erneuerte Stellvertretungserlaß Wilhelms I. vom 17. November 1887 Papier blieb. Der Kronprinz wurde nicht zur Entlastung des todkranken Kaisers herangezogen. Die Kaiserin ließ es sich nicht nehmen, die kurze Zeit, bis der Vorhang fiel, die Regentin zu spielen. Der Gatte, der in die Loge verwiesen worden war, sah lieber die Gattin als den Sohn agieren. Und Wilhelm wußte, daß sein Auftritt unmittelbar bevorstand. Denn das bißchen Sand, das in der Lebensuhr des Vaters verblieben war, rieselte rasch dahin.

»Wilhelm hält sich schon ganz für den Kaiser – und zwar für einen absoluten und autokratischen«, konstatierte die Kaiserin. Das Verhältnis zwischen Mutter und Sohn glich einer Feuerstelle, auf der die Flammen des Hasses alles vertilgt hatten und die Asche zu erkalten begann.

Die Regierungspresse hatte sich auf die Engländer in Berlin eingeschossen, auf Sir Morell Mackenzie, den englischen Doktor Eisenbart, der den Deutschen Kaiser angeblich zu Tode kurierte, und auf die Engländerin Victoria, die ihren Landsmann berufen hatte und ihn gewähren ließ. Die Getroffenen und Betroffenen vermuteten, daß die Angriffe auch und nicht zuletzt dem Throninhaber galten, der selbst dann noch unpreußischer und undeutscher Umtriebe verdächtigt wurde, nachdem er sich bereits zum Sterben hingelegt hatte.

Dieser Hohenzoller, den viele, die meisten Deutschen ohnehin nicht verstanden, konnte sich nun, da er die Sprache verloren hatte, nicht einmal mehr verständlich machen. Seine aus dem liberalen England stammende Frau führte für ihn, in buchstäblichem wie übertragenem Sinne, das Wort – was für jeden echten Preußen und jeden rechten deutschen Mann unstatthaft und unerträglich war.

Gustav Freytag, der ihr – als er ihrem Gemahl nahestand und ihm durch Anbiederung noch näher kommen wollte – den ersten Band seiner »Ahnen« gewidmet hatte, bereute dies längst: »Vor einem unserer deutschesten Dichtwerke steht nun für alle Zeit, wie ein englisches Etikett, das Gedankenbild dieser widerwärtigen Frau.«

Als Damen der Berliner Gesellschaft, darunter Anna von Helmholtz, die gebildete Frau des berühmten Physikers, und die Frauenrechtlerin Henriette Schrader-Breymann, eine Ergebenheitsadresse an die neue Kaiserin und Königin zur Unterschrift in Umlauf setzten, wurde den Ministergattinnen eine Beteiligung untersagt. Daraufhin hielten sich Beamten- und Offiziersfrauen zurück, und die Baronin Spitzemberg, die zwar immer vorne sein, aber auch in der Reihe bleiben wollte, beeilte sich zu versichern: Sie sei in die Agitation für die »unselige Frau« hineingezogen worden.

»Ich bin kein Anhänger der Kaiserin; eher das Gegenteil«, bemerkte der Geheimrat Holstein. »Aber ich kann nicht verkennen, daß ihre Unbeliebtheit jetzt für viele ein Vorwand ist, um sich vom Kaiser ab und dem Thronfolger zuzuwenden.« Die Leute, »welche heute die Kaiserin unnötig kränken, werden die Entschädigung von Wilhelm II. erhalten, welcher ihnen beibringen wird, was ein Monarch ist«.

In Briefen an die Mutter beklagte sich Victoria über die Beleidigungen, denen sie ausgesetzt war, und artikulierte ihr Leid über das Dahinsterben ihres Mannes und das Dahinschwinden ihrer Hoffnungen. Die Queen ärgerte sich »über das unerhörte Benehmen des Prinzen Wilhelm«, den »schrecklichen Kreis von Leuten«, welcher das unglückliche Kaiserpaar umringe, und über Bismarck, dessen Verhalten »illoyal, schlecht und äußerst töricht« sei. Und sie beschloß, in Berlin nach dem rechten zu sehen.

Am 24. April 1888 traf die Königin von Großbritannien in Charlottenburg ein. Zunächst kümmerte sie sich um den Schwiegersohn. Er habe nur noch ein paar Wochen zu leben, möglicherweise zwei Monate, aber kaum drei, eröffnete ihr Dr. Mackenzie. »Fritz lag im Bett«, berichtete die Queen. »Er hob beide Hände in großer Freude hoch, als er mich sah.« Das konnte auch als Geste der Ergebung in sein Schicksal gedeutet werden, was die Tochter anzunehmen schien. »Ihre Verzweiflung über das nahe sichere Ende, das sie zu sehen scheint, ist schrecklich.«

Bismarck sprach in Charlottenburg vor, suchte die Bedenken der großen Victoria bezüglich der Feindseligkeit gegen die Engländerin und einer Feindschaft gegen England zu zerstreuen. Und er versuchte bei dieser Gelegenheit, auch die kleine Victoria einzuwickeln. Beim Diner im Schloß wählte Bismarck zum Dessert

»einen großen Bonbon, der mit einer Photographie der Kaiserin geschmückt war. Es amüsierte mich zu sehen«, berichtete Sir Edward Malet, »wie er die Aufmerksamkeit der Kaiserin mit einigen geschickten Worten darauf lenkte, seinen Rock aufknöpfte und die Photographie an seinem Herzen barg.«

Immerhin glaubte der britische Botschafter annehmen zu dürfen, daß der Besuch der Queen »die fleißig gewebten Spinnweben entfernt und die Spinnen, deren es unglücklicherweise zu viele gab, gezwungen hat, sich in ihre Löcher zurückzuziehen«. Sir Edward Malet sah, was er gerne sehen wollte. Der Wirklichkeit entsprach dies nicht. Die Spinnen waren noch da und hatten die Beute bereits im Netz.

Der Kaiser dachte an den Kronrat vor einem Monat, in dem der Reichskanzler die Grundlinien seiner Außenpolitik dargelegt hatte. Bismarck baute weiterhin auf ein Einvernehmen der drei konservativen Mächte Deutschland, Österreich-Ungarn und Rußland, auch wenn die Interessengegensätze zwischen Petersburg und Wien zunahmen und der Panslawismus nicht nur das habsburgische Vielvölkerreich, sondern auch das in Preußen über Teile Polens verfügende Deutsche Reich bedrohte. Und dieses blieb im Westen mit dem französischen Revanchismus konfrontiert.

Und England? Für den Kontinentaleuropäer Bismarck blieb es eine Macht mit primär maritimen Interessen und einer missionarischen Ideologie, die der preußisch-deutschen Staatsanschauung fremd war und die vom Reiche ferngehalten werden mußte, auch und gerade in einer Zeit, in der eine Engländerin und ein Englandfreund auf dem Hohenzollernthron saßen.

Als Macht konnte und mußte er England respektieren. Es gelte dieses Land in seiner europäischen Stellung zu erhalten, um des Gleichgewichts und damit des Friedens willen, erklärte Bismarck im Kronrat. Aber der Leiter der deutschen Außenpolitik – betonte er mit einem Blick auf Friedrich III. – dürfe nur eine deutsche, nicht aber eine fremde, auch nicht englische Politik machen.

Während der Ausführungen des alten Reichskanzlers nickte der neue Kaiser wiederholt mit dem Kopfe. Sagen konnte er nichts, weil er keine Stimme mehr hatte, und zu ändern vermochte er nichts, weil er keine Macht besaß und keine Zeit mehr hatte, nach ihr zu greifen.

»Das ist alles aus und vorbei«, schrieb er und fuhr mit der Hand ein paarmal über das vor ihm liegende Papier, als wollte er die letzte Hoffnung auswischen, wenigstens im Reiche der Kunst herrschen zu können. Professor Delbrück hatte ihn an seine Pläne zum Ausbau des Berliner Doms erinnert. Nicht einmal jene Erwartungen vermochte er zu erfüllen, von denen der Franzose Jules Laforgue ein Jahr zuvor gesprochen hatte: Nur die Maler könnten

Victoria, Königin von Großbritannien und Irland im Jubiläumsjahr 1887

sicher sein, daß der Wechsel der Herrschaft ein Wechsel der Kunstrichtung sein würde.

Und wie hatte er sich danach gesehnt, als Kaiser zu glänzen, als Herrscher zu repräsentieren! An eine preußische Krönung in Königsberg und eine deutsche Krönung in Aachen, wie er es sich vorgestellt hatte, war nicht zu denken. Nicht einmal in Berlin konnte er als König und Herr auftreten, nur ab und zu in Charlottenburg, das eher einem Hôtel-Dieu als einer Kaiserresidenz glich, den Commendatore darstellen.

Bei der Hochzeit seines zweiten Sohnes Heinrich mit Irene von Hessen, am 24. Mai 1888, erschien er in der Charlottenburger Schloßkapelle in Uniform, stand während der Zeremonie aufrecht da, auf seinen Stock gestützt. »Die große Anstrengung, welche der Kaiser machte, um so wohl wie möglich zu erscheinen, überstieg fast seine Kräfte«, bemerkte Dr. Mackenzie.

Der mit dem preußischen Schwarzen-Adler-Orden dekorierte englische Leibarzt führte nach wie vor das Kommando am Krankenlager, erlaubte deutschen Ärzten nur Handreichungen, mit denen er sich höchst unzufrieden zeigte, wenn er sie – dem Druck von Hofklatsch wie öffentlicher Meinung nachgebend – einmal zugelassen hatte.

Der Chirurg Bergmann wurde hinzugezogen, als es Schwierigkeiten mit der Kanüle gab. Der deutsche Professor stieß eine neue Kanüle so ungeschickt in die Luftröhre, daß sie – wie Mackenzie behauptete – »die zarten Gewebe daselbst wie mit einem Pfluge aufriß und in dieser Weise einen technisch sogenannten ›falschen Weg‹ machte, und wieder folgten dem Herausziehen furchtbarer Husten und Ströme von Blut«.

Dem Assistenten Bergmanns, Dr. Bramann, gelang schließlich die Einführung der Kanüle. »Warum steckte Bergmann seinen Finger in meinen Hals?« fragte der Patient schriftlich seinen Leibarzt. »Ich weiß nicht, Majestät«, entgegnete Mackenzie – und erhielt die Antwort: »Ich hoffe, Sie werden Professor Bergmann nicht mehr erlauben, irgend weitere Operationen an mir vorzunehmen.« An diesem 12. April notierte Friedrich in sein Tagebuch: »Bergmann nachmittags zur Konsultation, der sich aber gleich an Sir Morell Mackenzies Stelle setzte und mit roher Gewalt den anderen Tubus hineinzwängte. Atmungsnot behoben. Sehr angegriffen.«

Bald kam es wieder zu Erstickungsanfällen, »und mit den Hustenstößen entleerte sich oft auf einmal ein ganzer Eßlöffel einer mit Eiter gemischten braunen Flüssigkeit«. Unaufhaltsam zerstörte der Krebs den Kehlkopf. Es ging nur noch darum, die Lebensdauer etwas zu verlängern und das Sterben zu erleichtern.

In einem Wägelchen, das zuerst von Ponies, dann von Lakaien gezogen wurde, fuhr er ab und zu durch den Schloßpark. Nur selten kam er über Charlottenburg hinaus. Noch einmal sah er in Berlin die Linden, das Kronprinzenpalais, in dem er Jahr für Jahr auf den Tag seines Herrschaftsantritts gewartet hatte, und das Palais des Vaters, dessen Zählebigkeit diesen so zermürbend lange hinausgezögert hatte.

Die Berliner sahen ihn im offenen Vierspänner vorüberfahren, »sehr gerade, fast unnatürlich aufgerichtet«, wie ein Augenzeuge berichtete. »Der Vollbart und die hohe Kopfbedeckung ließen nur

Ausfahrt Kaiser Friedrichs im Schloßpark von Charlottenburg

einen kleinen Teil seines Gesichts erkennen. Aber dieser Teil war mager und wächsern.« Doch »Sonne und Blumen schufen trotz alledem ein Bild der Zuversicht«. Die Berliner ließen ihn hochleben, als wollten sie damit das Schicksal beschwören, ihn länger behalten zu dürfen und ihre Hoffnungen weiter keimen zu lassen.

Als er nicht mehr ausfahren durfte, versammelten sich Tag für Tag Menschen vor dem Charlottenburger Schloß. Sie warteten, bis er sich am Fenster zeigte, winkten ihm zu, schickten Veilchen und Eau de Lourdes in das Krankenzimmer. Die Hoffnung verwandelte sich in Mitleid, über das sich Trauer zu senken begann.

Unter Ausschluß des Publikums, das durch das Trauerspiel erschüttert war, fand die erste und letzte Militärparade vor Friedrich III. statt. Es war eine Demonstration preußisch-deutscher Macht, die derjenige, welcher den Vorbeimarsch abnahm, nie ausgeübt hatte und nicht mehr ausüben sollte – was derjenige, welcher die Truppen anführte, dem Schattenkaiser vorführen wollte: Kronprinz Wilhelm, der heranmarschierende Kaiser Wilhelm II.

Er hatte diese Idee gehabt und dem Vater am 28. Mai geschrieben: »Meine Brigade exerziert morgen zum letzten Mal im Terrain in der Tegeler Heide und endigt mit einem Sturm auf die Charlottenburger Brücke des Berlin-Spandauer Kanals. Darf ich eventuell, wenn dies Dir Spaß machen sollte, auf dem Nachhauseweg die Truppen – ohne Spiel zu rühren, an Deinem Fenster vorbeiführen? Entweder vor dem Schloß, oder vielleicht besser hinten durch den Park die Straße entlang? Von der Absicht weiß niemand etwas...«

Zum erstenmal und zum letztenmal setzte der Oberste Kriegsherr den Helm auf, nahm im Wagen die Parade der drei Regimenter der von Kronprinz Wilhelm befehligten zweiten Garde-Infanterie-Brigade ab. »Er war sehr bewegt«, bemerkte Dr. Mackenzie. »Ob von dem Gewicht des Helms oder infolge der Erregung: Die Stirn des Kaisers war in Schweiß gebadet, obgleich der Tag durchaus kein heißer war.« Er vermochte die Last des preußischen Helms nicht mehr zu tragen, der – wie Gustav Freytag meinte – noch lange Zeit die deutsche Kaiserkrone sein würde.

Zum Sterben kehrte er an den Ort zurück, an dem er geboren worden war, in das Neue Palais zu Potsdam. Der Bauherr, Friedrich der Große, hatte es eine Fanfaronnade, eine Prahlerei genannt. Denn er wollte mit diesem Schloß imponieren, mit dessen Pracht vorgeben, daß er mehr Macht und mehr Mittel besitze, als er nach dem Siebenjährigen Krieg tatsächlich noch hatte. Bei Friedrich III. klafften Schein und Sein noch weiter auseinander. Friedrichskron wurde nun das Neue Palais genannt, wobei offen blieb, ob man dabei an die Kaiserkrone oder an eine Dornenkrone denken sollte.

Am ersten Tag des Monats Juni, dessen letzten er nicht mehr erleben sollte, übersiedelte Friedrich III. nach Potsdam, nachdem er am Vorabend das Charlottenburger Mausoleum, die letzte Ruhestätte Wilhelms I., besucht hatte. Auf der Dampfjacht »Alexandra« fuhr er die Spree hinab, in die Havel hinein, und von den Brücken fielen auf das Schiff Blumen wie in ein offenes Grab herab.

»Er war erschreckend verändert«, bemerkte sein Bibliothekar Robert Dohme, der ihn am 11. Juni zum letztenmal sah. Am Tage darauf berichtete Sir Edward Malet, der britische Botschafter: »Wenn man sich seinem Antlitz nähert, deutet schon der üble Geruch allein auf den Ernst der Lage hin.« Am 13. Juni meldete Mackenzie der Queen: »The Emperor is sinking.«

Auch sie fühlte sich wie ein sinkendes Schiff, schrieb Victoria der Mutter. »Was heißt es für mich, meinen armen Liebling so verändert zu sehen! Er ist ein wahres Skelett, und sein schönes, dichtes Haar ist ganz dünn geworden. Sein armer Hals bietet einen so schrecklichen Anblick, daß ich es kaum über mich bringen kann, ihn anzusehen ...«

Er habe noch nie einen Krebskranken so leiden gesehen, erklärte Professor Heinrich Adolf von Bardeleben, der an die Stelle Bergmanns getreten war. Seit dem 7. Mai wurde er mit der Schlundsonde künstlich ernährt. Milch gelangte in die Luftröhre, eine Lungenentzündung kam hinzu.

»Der alleinige Arzt dort droben wird alles nach seinem Willen anordnen, dem ich mich jetzt wie zu allen Zeiten meines Lebens unterordne«, hatte Friedrich zu Beginn seines Todesjahres dem Oberhofprediger Kögel geschrieben. Die preußischen Großlogen hatte er wissen lassen: Für ihn sei die Freimaurerei »eine Quelle, das mir auferlegte Leid in Ergebenheit gegen den Willen Gottes zu tragen«. Einen Geistlichen werde der Kaiser für seine letzten Augenblicke nicht haben, behauptete der Geheimrat Holstein. Die Kaiserin habe gesagt: Man komme ohne Geistlichen zur Welt und könne auch ohne Geistlichen wieder hinausgehen.

Die erste und letzte Truppenparade vor Kaiser Friedrich III.

am 29. Mai 1888 in Charlottenburg. Gemälde von Georg Koch

Als es, am 15. Juni 1888, so weit war, stand die Familie am Sterbebett. »Victoria, ich und die Kin ...« waren die letzten Worte, die er niederschrieb. Um 11.15 Uhr nahm ihm der Tod den Stift und das Zepter aus der Hand, das er nur 99 Tage lang gehalten, aber nicht geführt hatte.

Am Tage zuvor war der Kanzler zum letztenmal bei ihm erschienen. Der sterbende Kaiser legte die Hand Victorias in die Hand Bismarcks. Die Kaiserin, die in wenigen Stunden Ex-Kaiserin sein sollte, meinte in den Augen des Kanzlers »die Freude und Beruhigung des endlichen Triumphes blitzen zu sehen«.

»Es war mir«, resümierte die Kaiserin Friedrich, »als hätte ich ein herrliches, stolzes Schiff auf hoher See untergehen sehen, mit allen Hoffnungen der Nation, mit ihrer Freiheit, ihrem Fortschritt, mit einer ganzen holden, lichten Zukunft!«

Schluß

Das Wendejahr 1888

Friedrich III. hatte kaum die Augen geschlossen, als Wilhelm II. nicht nur die Macht als Kaiser und König ergriff, sondern auch den Angriff gegen das Andenken des Vaters und das Erbe des Vorgängers eröffnete.

Als die Standarte auf Halbmast sank, umzingelten Gardeinfanteristen, Gardehusaren und Gardeulanen das Sterbehaus, riegelten Park und Schloß Friedrichskron ab, ließen niemand heraus und niemand hinein. Die Poststation wurde besetzt, berichtete die Kaiserinwitwe, »so daß nicht einmal wegen Krepp und Trauersachen aus der Garderobe nach Berlin telegraphiert werden konnte«. Rudolf von Winterfeld, Generaladjutant des eben verschiedenen Monarchen, durchstöberte die Schubladen, als ob er hoffte, »vielleicht ›liberalen Verschwörungen‹ auf die Spur zu kommen«.

Die Blitzaktion warf ein Schlaglicht auf Charakter und Intentionen des neuen Herrschers, doch sie führte nicht zu dem beabsichtigten Ergebnis. Wilhelm II. wollte verhindern, daß gewisse Papiere seines Vaters nach England gebracht würden. Aber sie waren bereits dort. Friedrich und Victoria, die ihren Pappenheimer kannten, hatten sie rechtzeitig in Sicherheit gebracht.

Es ging vor allem um die Tagebuchaufzeichnungen aus den Jahren 1870 und 1871, in denen der damalige Kronprinz liberale und proenglische Gedanken geäußert und Überlegungen, die mit der offiziellen Politik Preußens und des Reiches nicht konform gingen, angestellt hatte.

Am 18. Juli 1887 – die tödliche Krankheit hatte ihn bereits in den Klauen – deponierte Friedrich Wilhelm »drei mir persönlich gehörende, hölzerne, mit Eisen beschlagene Kisten« in Windsor Castle. Die darin enthaltenen Papiere habe ihr Mann »bei Mama für besser geborgen« gehalten, »als in unserem Hause in Berlin«, erklärte Victoria. Als Wilhelm II. die Entsiegelung und Sichtung des schriftlichen Nachlasses Friedrichs III. befahl, ließ die Kaiserinwitwe die Kisten aus England zurückholen. Das Kriegstagebuch 1870/71 wurde im Hausarchiv unter Verschluß genommen.

Aber noch im Jahre 1888, im Oktoberheft der »Deutschen Rundschau«, wurden Auszüge aus dem Kriegstagebuch 1870/71 veröffentlicht, von Professor Heinrich Geffcken. Dem Studienfreund und Vertrauten hatte der damalige Kronprinz im Jahre 1873 Einblick gestattet. Er exzerpierte zwanzig Seiten, »vorzugsweise die politischen Nachrichten«, von denen er etwa fünfzehn, nach »Weglassung von ihm bedenklich scheinender Stellen«, publizierte.

Bismarck erschien die Veröffentlichung noch bedenklich genug. Gegen Geffcken, den der Kanzler als »beständigen Reichsfeind« bezeichnete, wurde ein Landesverratsverfahren angestrengt, doch das Reichsgericht setzte ihn 1889 außer Verfolgung.

Geffcken sollte geschlagen, aber Friedrich III. getroffen werden. Er habe seinerzeit nicht »über intimere Fragen unserer Politik« mit dem Kronprinzen gesprochen, weil »Indiskretionen an den von französischen Sympathien erfüllten englischen Hof« zu befürchten gewesen wären, schrieb der Reichskanzler in seinem am 27. September 1888 im »Reichsanzeiger« veröffentlichten Immediatbericht an Kaiser Wilhelm II. Kaum verhüllt bezeichnete Bismarck postum den Gemahl der »Engländerin« als präsumtiven Landesverräter.

Kein Blatt vor den Mund nahm Bismarck am 3. Dezember 1888 in einem Gespräch mit der Baronin Spitzemberg: »Daß Kaiser Friedrichs Liberalismus seiner unglaublichen politischen Schwachköpfigkeit entsprang, muß den Leuten erst noch klarwerden. Er war ja ein ganz gutmütiger Mensch, wenn er nicht von Eitelkeit betört, von Leidenschaft verblendet, von anderen beeinflußt war.«

Bismarck blieb dabei: Den deutschen Liberalismus in seiner freisinnigen, fortschrittlichen, parlamentarischen Ausprägung hielt er für einen inneren, das liberale, freihändlerische und meerbeherrschende England für einen äußeren Reichsfeind.

Wilhelm I. lebte noch, als der Reichskanzler am 6. Februar 1888 im Reichstag erklärte: »Wir Deutsche fürchten Gott, aber sonst nichts auf der Welt«, aber zugleich seine Befürchtungen angesichts

Wilhelm II., Deutscher Kaiser und König von Preußen

der Lage Deutschlands mitten in Europa äußerte: »Wir haben mindestens drei Angriffsfronten.« Um einen Mehrfrontenkrieg gegen das Reich zu verhüten, hatte Bismarck Bündnisse mit Österreich-Ungarn und Italien, letzthin den Rückversicherungsvertrag mit Rußland geschlossen. Doch den Alpdruck der Koalitionen wurde er nicht los, vor allem seitdem Wilhelm II. die Fäden seiner Antikoalitionen zu verwirren begann.

Der neue Kaiser vertrieb seine Mutter aus Schloß Friedrichskron (sie baute sich am Taunus bei Kronberg das Schloß Friedrichshof, in dem sie am 5. August 1901 starb) und richtete sich in dem nun wieder Neues Palais genannten Schloß Friedrichs des Großen ein, dessen Gründungsmotiv das Leitmotiv seiner Politik wurde: die Fanfaronnade, die Prahlerei, das Großsprechen und Großtun.

Den Prinzen von Wales, den späteren König Eduard VII., der zum Begräbnis Friedrichs III., seines Schwagers, gekommen war, ließ Wilhelm II. spüren, daß nun ein anderer Wind aus Potsdam wehte. Bei seiner ersten Auslandsreise, im Juli 1888 nach Rußland, suchte er dem Zaren gleicherweise zu gefallen wie zu imponieren. Am 16. August 1888 tönte Wilhelm II. in Frankfurt an der Oder: Er glaube, »darüber kann nur eine Stimme sein, daß wir lieber unsre gesamten achtzehn Armeekorps und zweiundvierzig Millionen Einwohner auf der Walstatt liegen lassen«, als nur einen einzigen Stein der Eroberungen und Errungenschaften der Reichsgründerzeit aufzugeben.

Friedrich der Große hatte Preußen zur deutschen, Wilhelm I. Deutschland zur europäischen Großmacht erhoben. Wilhelm II. wollte das Reich zur Weltmacht emporbringen, gegebenenfalls – nach preußisch-deutschem Muster – emporkämpfen.

Er habe die Karte von Deutschland vor sich gesehen, auf der ein fauler Fleck nach dem anderen erschien und abblätterte, hatte Bismarck bereits ein Jahr nach der Reichsgründung gesagt. Nun, zwei Jahre vor seiner Entlassung durch Wilhelm II., der ein persönliches Regiment und eine politische Remedur anvisierte, seufzte Bismarck: »Wehe meinen Enkeln!«

Noch hing am patriotischen Ehrenplatz eine 1882 aufgenommene Photographie, auf der vier Hohenzollerngenerationen zu sehen waren: der greise Kaiser Wilhelm I.; sein Sohn, der noch nicht vom Tode gezeichnete Kronprinz Friedrich Wilhelm; sein Enkel, Erbprinz Wilhelm, der spätere Kaiser Wilhelm II.; und sein Urenkel, der 1882 geborene Wilhelm, der spätere Kronprinz, der nicht mehr auf den Thron seiner Väter gelangte.

Die Hohenzollernmonarchie stürzte nach der deutschen Niederlage im Mehrfrontenkrieg 1914 bis 1918. Wilhelm I. wie Friedrich III. hatten ihn vermeiden wollen, Bismarck hatte ihn zu verhindern versucht, Wilhelm II. ihn von Anfang an nicht ausgeschlossen und zunehmend heraufbeschworen.

Als, im Wendejahr 1888, Kaiser Friedrich III. starb und Kaiser Wilhelm II. die Macht ergriff, habe die Welt schwerer geatmet, schrieb der Diplomat Albrecht von Rechenberg. Auch Deutsche bekamen Atembeschwerden. Ernst Curtius, ein Lehrer und Freund Friedrichs III., klagte: »Was für Katastrophen gehen wir noch entgegen!«

Hätten sie vermieden werden können, wenn Friedrich III. und mit ihm seine Generation früher zur Herrschaft gekommen, länger an der Regierung geblieben wären? Hätte der Erste Weltkrieg nicht stattgefunden, wenn eine nach Westeuropa hin orientierte Reichsaußenpolitik betrieben worden wäre?

»Eine Narrheit wäre dem Reich unter Friedrich und Victoria erspart geblieben: die antienglische Wendung und der Bau der Schlachtflotte, der Großbritannien auf Leben und Tod herausfordern sollte«, meinte der Historiker Michael Freund. Aber wären die Interessengegensätze zwischen England und Deutschland nicht ausschlaggebender als die Anglophilie eines deutschen Kaisers und die Familienbindung einer deutschen Kaiserin gewesen? Jedenfalls entzündete sich der Erste Weltkrieg auch durch die Reibungen zwischen der etablierten und der aufstrebenden Weltmacht.

Wäre das preußisch-deutsche Herrschaftssystem durch Friedrich III. geändert, zumindest gemildert worden? Hätte durch eine rechtzeitige Reform die Revolution von 1918 vermieden werden können?

In der ersten deutschen Republik meinte der Schriftsteller Herbert Eulenberg: »Ob Friedrich III. als Kaiser, wenn er länger die Macht gehabt hätte, wirklich unter den Hohenzollern der erste wahrhaft freiheitlich gesonnene Volksherrscher geworden wäre, erscheint nach der Überlieferung seines Hauses und nach seinem eigenen Wesen sehr fraglich«. In der zweiten deutschen Republik, nach dem Zweiten Weltkrieg, erklärte der Historiker Rüdiger vom Bruch: »Von der Würde der Krone fast übermäßig erfüllt und keineswegs bereit, sich einem parlamentarischen Regierungssystem nach englischem Vorbild zu unterwerfen, eignet Friedrich sich schlecht für die Vorstellung eines Bannerträgers des parlamentarischen Liberalismus.«

Er hätte diese Rolle in der Tat kaum spielen wollen und schon gar nicht spielen können. Als Herrscher – so hatte es Bismarck von einem voll und länger regierungsfähigen Friedrich III. erwartet – hätte er es Anhängern wie Gegnern gezeigt, daß er ein echter Hohenzoller gewesen sei, ein Regent, dem bewußt geblieben wäre, daß Preußen eine Schöpfung seiner Könige und das Deutsche Reich eine Schöpfung Preußens war, ein Monarch, dem klar geworden wäre, »daß Thronrecht und Volksrecht so verteilt sind, daß das letztere nur auf Kosten des ersteren vermehrt werden kann«.

Weil er – gerade er, der ein Herrscher mit Reichsapfel und Purpurmantel hätte sein wollen – kein Jota von seinen Herrscherrechten abgegeben hätte, wären – so Bismarck – »die liberalen Theorien, mit denen er sich bis dahin ohne Gefahr und Verantwortung beschäftigen konnte«, dahingeschwunden »wie Nebel vor der Sonne«.

Bismarck wußte, wovon er redete. Denn der Nachfolger des fast zu allem Ja und Amen sagenden Wilhelm I. ließ die Absicht erkennen, den Reichskanzler und preußischen Ministerpräsidenten zu entmachten und die monarchische Regierungsgewalt wiederherzustellen. Maßnahmen, die der sterbenskranke Friedrich III. noch treffen wollte, beispielsweise die Ausübung des Vetorechtes gegen Beschlüsse des Reichstages und des preußischen Abgeordnetenhauses, zielten auf eine Stärkung des Monarchen und nicht auf eine Stärkung des Parlaments.

Selbst wenn er seine Herrschermacht für liberale Ziele und parlamentarische Zwecke hätte einsetzen wollen – er hätte schwerlich die Gefolgschaft gefunden, deren im fortgeschrittenen 19. Jahrhundert ein konstitutioneller oder gar parlamentarischer Monarch bedurfte. Im Jahre 1888 besaß die Deutsche Freisinnige Partei, die als Kronprinzenpartei bezeichnet wurde und die Kaiserpartei hätte sein sollen, lediglich 32, das heißt 8,1 Prozent der Reichstagsmandate, die mit 973000 Stimmen – 12,9 Prozent – errungen worden waren. Und dieses Häuflein war noch in einen linken und einen rechten Flügel gespalten. Keineswegs auf den ersteren, höchstens auf den letzteren hätte sich Friedrich III. stützen mögen, am liebsten im Verein mit den Nationalliberalen, die jedoch weder liberaler Fisch noch konservatives Fleisch waren.

War das deutsche Bürgertum überhaupt zu einem Liberalismus nach westeuropäischer Art und in freiheitlich-parlamentarischer Weise fähig? Franz von Roggenbach, der auf den Kronprinzen Friedrich Wilhelm gesetzt hatte und vom Kaiser Friedrich abgerückt war, schrieb am 4. März 1890 seinem Gesinnungsfreund Albrecht von Stosch: »Die Nation als solche ist aus *sich heraus*, wie sie seit zwei Jahrtausenden bewiesen hat, absolut unfähig, einen politischen Organismus zu schaffen oder zu ertragen, der an sie den

Kaiser Friedrich III., gestorben am 15. Juni 1888, auf dem Totenbett

Anspruch der selbständigen Mitwirkung in Gesetzgebung und Regiment macht – unter Achtung und Wahrung des Rechts und der Freiheit anders denkender Mitbürger.«

Hätte sich diese Nation, die das Geführtsein gewohnt war, von einem liberalen Kaiser zu Liberalismus und Parlamentarismus hinführen lassen? Selbst wenn das Volk den Willen dazu gefaßt und der Kaiser die Kraft dazu gehabt hätte: die äußeren Umstände in Preußen und Deutschland wie die innere Verfassung des mutmaßlichen Führers hätten dies kaum gestattet.

Die alten Gewalten – Monarch, Adel, Militär, Bürokratie – hatten durch die Reichsgründungskoalition mit dem nationalliberalen Bürgertum konstitutionelle Rückendeckung erhalten, während die fortschrittlichen Kräfte auf obrigkeitlich begrenztem Terrain und am Rande der Reichsfeindschaft operierten.

»Nation und Verfassung«, die Doppelforderung des Jahrhunderts, wurde zwar auch in Deutschland in einem Atemzuge ausgesprochen, konnte aber 1848/49 nicht in einem Geschäftsgang verwirklicht werden. 1866 zogen dann die Nationalliberalen die erreichbare Einheit der erwünschten, doch nicht zu bekommenden Freiheit vor.

Auch Friedrich III. hatte als Kronprinz diesen Dualismus zugunsten des nationalen Weges und zuungunsten des liberalen Zieles gelöst.

So wurde er eine Symbolgestalt des deutschen Liberalismus, in deren persönlichem Schicksal das politische Schicksal der liberalen Bewegung versinnbildlicht ist.

»An der Verpfuschung des Liberalismus hatte der Kronprinz seinen besonderen Anteil«, erklärte Oskar Klein-Hattingen, ein zeitgenössischer liberaler Historiker. Hätte er als Kaiser die Entscheidung von 1866 umkehren, zumindest die Freiheit gleichrangig neben die Einheit stellen können? Er hatte sich kaum gewandelt, und die Zustände hatten sich, was die Herrschaftsformen und Gesellschaftsstrukturen betraf, wenig verändert. Und durch die Veränderungen, die sich anbahnten, wären liberale Vorhaben des Monarchen und Erwartungen der Liberalen eher gehemmt als gefördert worden. Denn mit dem 19. Jahrhundert ging die Glanzzeit der Monarchen wie die hohe Zeit des Bürgertums zu Ende – die in Deutschland noch gar nicht richtig begonnen hatte.

Auf dem Marsfeld in Paris wurde der Eiffelturm errichtet, aus Eisen, dem Material des 19. Jahrhunderts, mit einer Höhe von dreihundert Metern – zur Demonstration eines nicht nur horizontalen, sondern auch vertikalen Fortschritts. Ein Ausrufezeichen sollte über den Errungenschaften der Bourgeoisie stehen, die auf der Weltausstellung 1889 präsentiert wurden. Doch schon erschien es als Fragezeichen, vor allem denen, die durch ihre Arbeit jene Errungenschaften mitgeschaffen hatten, ohne am Gewinn und Genuß beteiligt worden zu sein: Im selben Jahr 1889 wurde in Paris die Zweite Internationale der Sozialisten gegründet.

Wäre es – wenn Friedrich III. länger und fortschrittlich regiert hätte – in Deutschland ähnlich wie in England gelungen, den Übergang vom Feudalismus über die Bourgeoisie zur Sozialdemokratie und zum konservativen Populismus zu finden und dabei die Monarchie zu erhalten? Aber Deutschland war eben nicht England, und die Vorstellung, Deutschland hätte unter Friedrich III. – wie es der Historiker Ernst Rudolf Huber ausdrückte – »rechtzeitig und zuverlässig in das westeuropäische Verfassungssystem einer liberaldemokratischen Parlamentsherrschaft übergeleitet« werden können, war und blieb Wunschdenken.

Es wäre besser gewesen, wenn der Sohn nicht den Vater überlebt hätte, meinte der Nationalliberale Gustav Freytag, als Friedrich III. den alten Kaiser Wilhelm I. abgelöst hatte. Wie er nun einmal war – primär ein stolzer Hohenzoller, sekundär ein gouvernementaler Liberaler und stets ein schwankender Charakter – hätte er vermutlich seine konservativen Gegner zufriedengestellt und seine liberalen Anhänger enttäuscht.

War denn Friedrich III. tatsächlich Deutschlands liberale Hoffnung – oder wurde er erst nachträglich zu einem Hoffnungsträger des Liberalismus hochstilisiert? Dies hatte jedenfalls der Liberale Karl Schrader im Sinn, der kurz nach dem Tode des 99-Tage-Kaisers verlangte: Dieser Hohenzoller müsse dem Volk nicht nur als Truppenführer der deutschen Einigungskriege, sondern auch und vor allem als Leitfigur des nationalen Fortschritts vorgestellt werden.

Der »liberale Kaiser« – war er nur eine Gallionsfigur des liberalen Orlogschiffes? Eine Hoffnung und wenig mehr, nichts weiter? »Aber eine Hoffnung ist besser als gar nichts«, meint heute Ralf

Dahrendorf, der liberale Wissenschaftler und Politiker. »Diejenigen, die bei aller Fremdheit der Zeit und des Standes die Engländerei, die Humanitätsduselei und noch die Malermeister des Kaisers Friedrich dem Blut und Eisen des Kanzlers Bismarck vorziehen, können in der kurzen Geschichte des Deutschen Reiches nichts Erhebenderes finden.«

Ein Glück war dem unglücklichsten der Hohenzollern beschieden: Er mußte nicht den Beweis antreten, daß er Hoffnungen, die er geweckt hatte, auch hätte erfüllen können.

So gelangte Friedrich III. zur Ehre der liberalen Altäre: der Liberale, der das Dilemma des deutschen Liberalismus verkörperte, der Kaiser, der die Dualismen der Reichsgründung in sich trug, der Mensch, der mit seinen Widersprüchen nicht fertig wurde – ein preußisch-deutscher Hamlet, den das Nichtmehrsein vor dem Wenigsein bewahrte.

ANHANG

Zeittafel

1797–1840 Friedrich Wilhelm III.
1830 Juli-Revolution in Frankreich.
1831 29. Juni: Reichsfreiherr Karl vom und zum Stein gestorben.
 18. Oktober: Friedrich Wilhelm von Preußen, der spätere Friedrich III., wird als ältester Sohn von Prinz Wilhelm von Preußen und Prinzessin Augusta von Preußen, geb. Prinzessin von Sachsen-Weimar-Eisenach, in Potsdam geboren.
 14. November: Georg Wilhelm Friedrich Hegel gestorben.
1834 Unter Führung Preußens wird der Deutsche Zollverein gegründet.
1838 3. Dezember: Geburt der Schwester Luise.
1840 7. Juni: König Friedrich Wilhelm III. von Preußen gestorben. Sein Sohn Friedrich Wilhelm IV. wird Nachfolger.
1844 Aufstand der schlesischen Weber.
1847 Einberufung des Vereinigten Landtages.
1848/49 Österreichisch-Italienischer Krieg.
1848 Märzrevolution.
 Nach Barrikadenkämpfen in Berlin beruft Friedrich Wilhelm IV. das liberale Ministerium Camphausen und verspricht eine Nationalversammlung.
 5. Dezember: Der König löst die preußische Nationalversammlung auf und oktroyiert eine Verfassung.
1849 Die Nationalversammlung in der Frankfurter Paulskirche erläßt eine Verfassung und wählt den preußischen König zum Kaiser. Friedrich Wilhelm IV. lehnt ab.
 Prinz Friedrich Wilhelm tritt in den aktiven Militärdienst ein und nimmt seine Studien an der Universität Bonn auf.
1850 Vertrag von Olmütz: Wiederherstellung des Deutschen Bundes unter österreichischer Führung.
 Der Friede von Berlin beendet den ersten Krieg mit Dänemark.
 »Revidierte« preußische Verfassung (konstitutionelle Monarchie).

1851	1. Mai: Eröffnung der Ersten Weltausstellung in London. Prinz Friedrich Wilhelm lernt die Princess Royal Victoria, die Tochter von Queen Victoria, kennen.
1852	Louis Napoleon wird als Napoleon III. Kaiser von Frankreich.
1855	2. März: Nikolaus I. von Rußland gestorben. Sein Sohn Alexander II. wird Zar. Prinz Friedrich Wilhelm von Preußen wird zum Obersten ernannt.
1858	25. Januar: Vermählung von Prinz Friedrich Wilhelm von Preußen und der Princess Royal Victoria in London.
1858–1888	Wilhelm I. übernimmt bis 1861 die Regentschaft für den erkrankten König. Beginn der »Neuen Ära«.
1859	27. Januar: Geburt von Friedrich Wilhelm Victor Albert, dem späteren Wilhelm II.
1860	24. Juli: Prinzessin Charlotte geboren.
1861	2. Januar: Friedrich Wilhelm IV. von Preußen gestorben. Wilhelm I. wird König.
1862–1866	Verfassungsstreit in Preußen.
1862	14. August: Prinz Heinrich geboren. 23. September: Bismarck preußischer Ministerpräsident und seit 8. Oktober auch Außenminister.
1863	Ferdinand Lassalle gründet den Allgemeinen Deutschen Arbeiterverein.
1864	Deutsch-Dänischer Krieg. Friede von Wien: Dänemark tritt Schleswig, Holstein und Lauenburg an Preußen und Österreich ab. 15. September: Prinz Sigismund geboren.
1865	Vertrag von Gastein: Holstein wird von Österreich verwaltet, Schleswig und Lauenburg von Preußen.
1866	Preußisch-Österreichischer Krieg: Preußen besiegt Österreich in der Schlacht bei Königgrätz. Auflösung des Deutschen Bundes. Hannover, Kurhessen, Frankfurt und Schleswig-Holstein kommen an Preußen. 12. April: Prinzessin Victoria geboren. 18. Juni: Prinz Sigismund gestorben. Gründung des Norddeutschen Bundes.
1867	Pariser Weltausstellung.
1868	10. Februar: Prinz Waldemar geboren.
1869	Gründung der Sozialdemokratischen Arbeiterpartei.
1870/71	Deutsch-Französischer Krieg. Am 18. Januar 1871 wird der preußische König Wilhelm I. zum deutschen Kaiser proklamiert.

	Der Kronprinz unterstützt Bismarcks Reichsgründung und bewegt seinen Vater zur Annahme der Kaiserwürde.
1870	14. Juni: Prinzessin Sofie geboren.
	4. September: Ausrufung der Französischen Republik.
1871–1878	Kulturkampf in Preußen.
1872	22. April: Prinzessin Margarete geboren.
1875	Vereinigung der Arbeiterparteien zur Sozialistischen Arbeiterpartei in Gotha.
1878–1890	Sozialistengesetze.
1878	11. Mai: Attentat auf Kaiser Wilhelm I.
	2. Juni: Wilhelm I. bei einem zweiten Attentat schwer verletzt.
	Juni–Dezember: Kronprinz Friedrich Wilhelm fungiert als Stellvertreter des Kaisers.
1879	27. März: Prinz Waldemar gestorben.
	7. Oktober: Zweibund. Geheimes Verteidigungsbündnis zwischen dem Deutschen Reich und Österreich-Ungarn.
1880	Burenaufstand in Südafrika.
1881	13. März: Zar Alexander II. ermordet. Nachfolger auf dem russischen Thron wird sein Sohn Alexander III.
	18. Juni: »Dreikaiser-Vertrag«. Geheimes Neutralitätsbündnis zwischen dem Deutschen Reich, Österreich-Ungarn und Rußland auf drei Jahre.
	27. Februar: Prinz Wilhelm heiratet Prinzessin Auguste Viktoria von Schleswig-Holstein-Sonderburg-Augustenburg.
1882	Dreibund: Geheimes Verteidigungsbündnis zwischen dem Deutschen Reich, Österreich-Ungarn und Italien.
1884	Der Kronprinz wird zum Vorsitzenden des neuen Preußischen Staatsrates ernannt.
1887	Januar: Kronprinz Friedrich erkrankt.
	Wilhelm I. feiert sein 80jähriges Militärjubiläum und seinen 90. Geburtstag.
	März/November: Beim Kronprinzen wird Kehlkopfkrebs festgestellt.
1888	9. Februar: Operation des Kronprinzen in San Remo.
	9. März: Tod Kaiser Wilhelms I.
	15. Juni: Kaiser Friedrich III. nach 99tägiger Regierungszeit gestorben.
	Wilhelm II. wird Kaiser des Deutschen Reichs.

Friedrich Wilhelm, der Große Kurfürst

I		II
Karl Emil, * 1655, † 1674	Friedrich III. (I.), Kurfürst v. Brandenburg, König in Preußen, * 1657, † 1713, ⚭ II Sophie Charlotte v. Hannover	Philipp Wilhelm, Markgraf v. Schwedt, * 1669, † 1711

Friedrich Wilhelm I., König in Preußen, * 1688, † 1740, ⚭ Sophie v. Hannover

Friedrich, * 1700, † 1771, Heinrich, * 1709, † 1788

| Wilhelmine, * 1709, † 1758, ⚭ Friedrich v. Bayreuth | Friedrich II., der Große, König v. Preußen, * 1712, † 1786, ⚭ Elisabeth v. Braunschweig-Wolfenbüttel | Luise, * 1714, † 1784, ⚭ Karl v. Ansbach | Luise Ulrike, * 1720, † 1782, ⚭ Adolf Friedrich v. Schweden |

| Friedrich Wilhelm IV., König, * 1795, † 1861 | Wilhelm I., König v. Preußen, Deutscher Kaiser, * 1797, † 1888, ⚭ Augusta v. Sachsen-Weimar | Charlotte (Alexandra), * 1798, † 1860, ⚭ Nikolaus I. v. Rußland |

| Friedrich III. (Friedrich Wilhelm), König und Kaiser, * 1831, † 1888, ⚭ Victoria v. England | Luise, * 1838, † 1923, ⚭ Friedrich I. v. Baden |

| Wilhelm II., König u. Kaiser, * 1859, † 1941, ⚭ I Auguste Viktoria v. Schleswig-Holstein-Sonderburg-Augustenburg, II Hermine v. Reuß | Heinrich, * 1862, † 1929, ⚭ Irene v. Hessen | Viktoria, * 1866, † 1929, ⚭ I Adolf v. Schaumburg-Lippe II Alexander Zubkow | Sophie, * 1870, † 1932, ⚭ Konstantin I. v. Griechenland |

Wilhelm, Kronprinz, * 1882, † 1951, ⚭ Cecilie v. Mecklenburg-Schwerin

Stammbaum Friedrichs III.
(gekürzt)

Stammtafel der Hohenzollern
(Auszug)

Albrecht Friedrich, Markgraf v. Sonnenburg
* 1673, † 1731

Karl, * 1705, † 1762,
Friedrich, * 1710, † 1741,
Wilhelm, * 1714, † 1744

August Wilhelm, * 1722, † 1758, ⚭ Luise v. Braunschweig-Wolfenbüttel

Amalie, * 1723, † 1787

Heinrich, * 1726, † 1802

Ferdinand, * 1730, † 1813

Friedrich Wilhelm II., König, * 1744, † 1797, ⚭ II Luise v. Hessen-Darmstadt

Louis Ferdinand, * 1772, † 1806

August, * 1779, † 1843

Friedrich Wilhelm III., König, * 1770, † 1840, ⚭ I Luise v. Mecklenburg-Strelitz

Ludwig, * 1773, † 1796

Heinrich, * 1781, † 1846

Wilhelm, * 1783, † 1851

Karl, * 1801, † 1883

Albrecht, * 1809, † 1872

Friedrich, * 1794, † 1863

Adalbert, * 1811, † 1873

Waldemar, * 1817, † 1849

Friedrich Karl, * 1828, † 1885

Albrecht, * 1837, † 1906, Regent v. Braunschweig

Alexander, * 1820, † 1896

Georg, * 1826, † 1902

Bibliographie

Kaiser Friedrich

Kaiser Friedrich III.: Tagebücher von 1848–1866. Hrsg. von Heinrich Otto Meisner. Leipzig 1929. – Kaiser Friedrich III.: Das Kriegstagebuch von 1870/71. Hrsg. von Heinrich Otto Meisner. Berlin und Leipzig 1926. – Tagebuch meiner Reise nach dem Morgenlande 1869. Bericht des preußischen Kronprinzen Friedrich Wilhelm über seine Reise zur Einweihung des Suez-Kanals. Hrsg. von Hans Rothfels. Berlin 1971. – Briefe, Reden und Erlasse des Kaisers und Königs Friedrich III. Hrsg. von G. Schuster. Berlin 1907.
  Philippson, Martin: Das Leben Friedrichs III., Wiesbaden 1900. – Wolbe, Eugen: Kaiser Friedrich. Hellerau 1931. – Richter, Werner: Friedrich III., München 1938, 2/1981. – Freund, Michael: Der Kaiser der Liberalen – Friedrich III. In: Preußens Könige. Hrsg. von Friedrich Wilhelm Prinz von Preußen. Gütersloh 1971.
  Poschinger, Margarethe von: Kaiser Friedrich. In neuer quellenmäßiger Darstellung. 3 Bde., Berlin 1899–1900. – Müller-Bohn, Hermann: Unser Fritz. Berlin 9/1896. – Richter, Otto: Kaiser Friedrich III., Berlin 2/1903. – Rodd, Rennel: Frederick. Crown-Prince and Emperor. London 1888.
  Freytag, Gustav: Der Kronprinz und die deutsche Kaiserkrone. Leipzig 1889. – Schellbach, Karl: Erinnerungen an den Kronprinzen Friedrich Wilhelm von Preußen. Breslau 1890. – Hohenlohe-Ingelfingen, Prinz Kraft zu: Eine Kriegserinnerung an Kaiser Friedrich. In: Preußische Jahrbücher 64, 1889. – Delbrück, Hans: Persönliche Erinnerungen an den Kaiser Friedrich und sein Haus. In: Preußische Jahrbücher 62, 1888. – Dohme, Robert: Erinnerungen an Kaiser Friedrich. In: Deutsche Revue 157, 1922.
  Freund, Michael: Das Drama der 99 Tage. Krankheit und Tod Friedrichs III., Köln 1966. – Wolf, Hans Joachim: Die Krankheit Friedrichs III. und ihre Wirkung auf die deutsche und englische Öffentlichkeit. Diss. Göttingen 1956. – Weller, W.: Mackenzie als Arzt Friedrichs III., Diss. Tübingen 1929. – Mackenzie, Morell: The Fatal Illness of Frederick the Noble. London 1888. – Mackenzie, Morell: Friedrich der Edle und seine Ärzte. Antwort auf die Berliner Broschüre: Die Krankheit Kaiser Friedrichs III., Styrum 1888. –

Die Krankheit Kaiser Friedrichs III., dargestellt nach amtlichen Quellen und den im Königlichen Hausministerium niedergelegten Berichten der Ärzte. Berlin 1888. – Buchholtz, Arend: Ernst von Bergmann. Leipzig 2/1911.

Dorpalen, Andreas: Emperor Frederick III and the German Liberal Movement. In: The American Historical Review 54, 1949. – Meisner, Heinrich Otto: Der preußische Kronprinz im Verfassungskampf. Berlin 1931. – Hübner, Joachim: Bismarck und Kaiser Friedrich III., Diss. Kiel 1953. – Poschinger, Hermann von: Franz von Roggenbach und Kaiser Friedrich. In: Deutsche Revue 35, 1910. – Beyerhaus, Gisbert: Die Krise des deutschen Liberalismus und das Problem der 99 Tage. In: Preußische Jahrbücher 239, 1935. – Beyerhaus, Gisbert: Bismarck und Kaiser Friedrichs Tagebuch. In: Historische Aufsätze. Aloys Schulte zum 70. Geburtstag. Düsseldorf 1927. – Treitschke, Heinrich von: Zwei Kaiser. In: Ausgewählte Schriften. Bd. 1. Leipzig 6/1915. – Scholtz, Gerhard: Übersprungene Generation 1888. Diss. Heidelberg 1936. – Dahrendorf, Ralf: Warum die Deutschen den Kronprinzen nicht mögen. In: Reisen nach innen und außen. Stuttgart 1984.

Hohenzollern

Hintze, Otto: Die Hohenzollern und ihr Werk. Berlin 1915. – Eulenberg, Herbert: Die Hohenzollern. Berlin 1928. – Nelson, Walter Henry: Die Hohenzollern. München 1972.

Petersdorff, Herman von: Friedrich Wilhelm IV., Stuttgart 1900. – Marcks, Erich: Kaiser Wilhelm I., Leipzig 1897. – Herre, Franz: Kaiser Wilhelm I., der letzte Preuße. Köln 1980. – Börner, Karl Heinz: Kaiser Wilhelm I., Köln 1984. – Neubauer, Richard: Blätter der Erinnerung an Wilhelm I., Berlin 1888. – Petersdorff, Herman von: Kaiserin Augusta. Leipzig 1900. – Bunsen, Marie von: Kaiserin Augusta. Berlin 1940.

Kaiser Wilhelm II.: Aus meinem Leben. 1859–1888. Berlin und Leipzig 7/1927. – Kaiser Wilhelm II.: Ereignisse und Gestalten aus den Jahren 1878–1918. Leipzig und Berlin 1922. – Cowles, Virginia: Wilhelm der Kaiser. Frankfurt 1963. – Balfour, Michael: Der Kaiser. Wilhelm II. und seine Zeit. Berlin 1967. – Whittle, Tyler: Kaiser Wilhelm II. München 1979.

Kaiserin Friedrich

Fulford, Roger (Hrsg.): Letters between Queen Victoria and the Crown Princess of Prussia. – Dearest Child. 1858–1861. London 1964. – Dearest Mama. 1861–1864. London 1968. – Your Dear Letter. 1865–1871. London

1971. – Darling Child. 1871–1878. London 1976. – Briefe der Kaiserin Friedrich. Hrsg. von Sir Frederick Ponsonby. Berlin 1929.

Corti, Egon Caesar Conte: Wenn ... Sendung und Schicksal einer Kaiserin. Graz 1954. – Morgenstern, Lina: Victoria, Deutsche Kaiserin, Königin von Preußen. Leipzig 1888. – Leinhaas, E. H.: Kaiserin Friedrich. Diessen 1914. – Barkeley, Richard: Die Kaiserin Friedrich, Mutter Wilhelms II., Dordrecht 1959. – Bennet, Daphne: Vicky. Princess Royal of England and German Empress. New York 1971. – Sinclair, Andrew: Victoria. Kaiserin für 99 Tage. Frankfurt 1983.

Delbrück, Hans: Kaiserin Friedrich. In: Preußische Jahrbücher 106, 1901. – Meisner, Heinrich Otto: Kaiserin Friedrich. In: Preußische Jahrbücher 215, 1929. – Meyer, Arnold Oskar: Kaiserin Friedrich und Bismarck. In: Süddeutsche Monatshefte 26, 1929. – Aufermann, Marie Luise: Der persönliche Anteil der Kaiserin Friedrich an der deutschen Politik. Diss. Münster 1932. – Friese, Johannes: Die politische Haltung der Kronprinzessin Victoria bis zum Jahre 1871. Berlin 1933.

Hannover und Sachsen-Coburg-Gotha

Fulford, Roger: Hanover to Windsor. London 11/1975. – Fulford, Roger: Royal Dukes. The Father and Uncles of Queen Victoria. London 1973.

Queen Victoria. Ein Frauenleben unter der Krone. Eigenhändige Briefe und Tagebuchblätter 1834–1901. Hrsg. von Kurt Jagow. Berlin 3/1936. – Wocker, Karl Heinz: Königin Victoria. Düsseldorf 1978. – Kutsch, Ruth: Queen Victoria und die deutsche Einigung. Berlin 1938. – Martin, Theodore: Das Leben des Prinzen Albert, Prinzgemahl der Königin von England. 5 Bde., Gotha 1876–1881. – Fulford, Roger: The Prince Consort. London 1949. – Eyck, Frank: Prinz-Gemahl Albert von England. Zürich 1961. – Bennet, Daphne: King without Crown. Albert, Prince Consort of England. 1819–1861. London 1977.

Corti, Egon Caesar Conte: Leopold I. von Belgien. Wien 1922. – Ernst II. von Sachsen-Coburg-Gotha: Aus meinem Leben und aus meiner Zeit. 3 Bde., Berlin 1889.

Zeitgenossen

Arnim – Arnim, Maxe von: Ein Lebens- und Zeitbild. Hrsg. von Johannes Werner. Leipzig 1937.

Bamberger – Bamberger, Ludwig: Gesammelte Schriften. 5. Bde., Berlin 1894–1898. – Erinnerungen. Hrsg. von Paul Nathan. Berlin 1899. – Bismarcks großes Spiel. Die geheimen Tagebücher Ludwig Bambergers. Hrsg. von Ernst Feder. Frankfurt 1932. – Zucker, Stanley: Ludwig Bamberger. 1823–1899. Pittsburgh 1975.

Battenberg – Corti, Egon Caesar Conte: Leben und Liebe Alexanders von Battenberg. Graz 1950. – Corti, Egon Caesar Conte: Unter Zaren und gekrönten Frauen. Graz 1953.

Bennigsen – Oncken, Hermann: Rudolf von Bennigsen. 2 Bde., Stuttgart und Leipzig 1910.

Bernhardi – Bernhardi, Theodor von: Aus dem Leben Th. von B., 9 Bde., Leipzig 1893–1901.

Bismarck – Bismarck, Otto von: Werke in Auswahl. 8 Bde., Stuttgart 1962–1983. – Gall, Lothar: Bismarck. Der weiße Revolutionär. Berlin 1980. – Engelberg, Ernst: Bismarck. Urpreuße und Reichsgründer. Berlin 1985.

Blumenthal – Tagebücher des Generalfeldmarschalls Graf von Blumenthal aus den Jahren 1866 und 1870/71. Stuttgart und Berlin 1902.

Bunsen – Bunsen, Marie von: Die Welt, in der ich lebte. Leipzig 1929. – Bunsen, Marie von: Georg von Bunsen. Berlin 1900.

Curtius – Curtius, Ernst: Unter drei Kaisern. Berlin 1889.

Dahlmann – Springer, Anton: Friedrich Christoph Dahlmann. Leipzig 1870.

Delbrück – Delbrück, Hans: Erinnerungen, Aufsätze und Reden. Berlin 1902.

Droysen – Droysen, Johann Gustav: Briefwechsel. Hrsg. von Rudolf Hübner. Berlin und Leipzig 1929.

Duncker – Duncker, Max: Politischer Briefwechsel aus seinem Nachlaß. Hrsg. von Johannes Schultze. Stuttgart und Berlin 1923. – Haym, Rudolf: Das Leben Max Dunckers. Berlin 1891.

Eulenburg – Eulenburg-Hertefeld, Philipp zu: Aus 50 Jahren. Hrsg. von Johannes Haller. Berlin 1923.

Forckenbeck – Philippson, Martin: Max von Forckenbeck. Dresden 1898.

Frankenberg – Frankenberg, Fred Graf: Kriegstagebücher von 1866 und 1870. Hrsg. von Hermann von Poschinger. Stuttgart 1896.

Freytag – Freytag, Gustav: Erinnerungen aus meinem Leben. Leipzig 1896. – Gustav Freytags Briefe an Albrecht von Stosch. Hrsg. von Hans F. Helmolt. Stuttgart und Berlin 1913.

Friedrich I. von Baden – Großherzog Friedrich I. von Baden und die deutsche Politik. 1854–1871. Briefwechsel, Denkschriften, Tagebücher. Hrsg. von Hermann Oncken. 2 Bde., Stuttgart, Berlin und Leipzig 1927.
Friedrich Karl – Prinz Friedrich Karl: Denkwürdigkeiten aus seinem Leben. Hrsg. von Wolfgang Foerster. 2 Bde., Stuttgart 1910.
Gerlach – Gerlach, Leopold von: Denkwürdigkeiten. 2 Bde., Berlin 1891–1892. – Briefe des Generals Leopold von Gerlach an Otto von Bismarck. Hrsg. von Horst Kohl. Stuttgart und Berlin 1912.
Helmholtz – Anna von Helmholtz. Ein Lebensbild in Briefen. Hrsg. von Ellen von Siemens-Helmholtz. Berlin 1929.
Hohenlohe-Ingelfingen – Hohenlohe-Ingelfingen, Prinz Kraft zu: Aus meinem Leben. 4 Bde., Berlin 1897–1907.
Hohenlohe-Schillingsfürst – Hohenlohe-Schillingsfürst, Fürst Chlodwig zu: Denkwürdigkeiten. 2 Bde., Stuttgart 1907.
Holstein – Die Geheimen Papiere Friedrich von Holsteins. Hrsg. von Norman Rich und M. H. Fisher. Deutsche Ausgabe von Werner Frauendienst. 2 Bde., Göttingen 1956–1957.
Lasker – Aus Eduard Laskers Nachlaß. Fünfzehn Jahre parlamentarischer Geschichte. 1866–1880. Hrsg. von Wilhelm Cahn. Berlin 1902. – Laufs, Adolf: Eduard Lasker. Göttingen 1984.
Lucius von Ballhausen – Lucius von Ballhausen, Robert: Bismarck-Erinnerungen. Stuttgart und Berlin 1920.
Ludwig II. – Herre, Franz: Ludwig II. Sein Leben, sein Land, seine Zeit. Stuttgart 1986.
Miquel – Herzfeld, Hans: Johannes von Miquel. 2 Bde., Detmold 1938.
Moltke – Moltke, Helmuth von: Gesammelte Schriften und Denkwürdigkeiten. 8 Bde. 1891–1893. – Moltkes Briefe. Hrsg. von Willy Andreas. 2 Bde., Leipzig 1922. – Herre, Franz: Moltke. Der Mann und sein Jahrhundert. Stuttgart 1984.
Normann – Freytag, Gustav: Karl von Normann. In: Deutsche Revue, Januar 1890.
Reischach – Reischach, Hugo von: Unter drei Kaisern. Berlin 1925.
Richter – Richter, Eugen: Im alten Reichstag. Erinnerungen. 2 Bde., Berlin 1894–1896.
Roggenbach – Im Ring der Gegner Bismarcks. Denkschriften und politischer Briefwechsel Franz von Roggenbachs mit Kaiserin Augusta und Albrecht von Stosch. 1865–1896. Hrsg. von Julius Heyderhoff. Leipzig 1943.
Roon – Roon, Albrecht von: Denkwürdigkeiten. 2 Bde., Breslau 1892.
Schrader-Breymann – Schrader-Breymann, Henriette: Ihr Leben aus Briefen und Tagebüchern. 2 Bde., Berlin und Leipzig 1927.
Spitzemberg – Das Tagebuch der Baronin Spitzemberg. Hrsg. von Rudolf Vierhaus. Göttingen 1960.

Stockmar – Denkwürdigkeiten aus den Papieren des Freiherrn Christian Friedrich von Stockmar. Hrsg. von Ernst von Stockmar. Braunschweig 1872.

Stosch – Stosch, Albrecht von: Denkwürdigkeiten. Stuttgart und Berlin 1904.

Unruh – Unruh, Hans Viktor von: Erinnerungen. Hrsg. von Hermann von Poschinger. Stuttgart 1895.

Verdy du Vernois – Verdy du Vernois, Julius: Im Hauptquartier der Zweiten Armee 1866. In: Deutsche Rundschau, Oktober, November 1899, Januar 1900.

Virchow – Ackerknecht, E. H.: Rudolf Virchow. Stuttgart 1957.

Waldersee – Waldersee, Alfred Graf: Denkwürdigkeiten. Hrsg. von Heinrich Otto Meisner. 3 Bde., Stuttgart 1922–1923.

Werner – Werner, Anton von: Erlebnisse und Eindrücke. 1870–1890. Berlin 1913.

Allgemeine Geschichte

Ziekursch, Johannes: Politische Geschichte des neuen deutschen Kaiserreichs. 3 Bde., Frankfurt 1925–1930. – Wehler, Hans-Ulrich: Das Deutsche Kaiserreich. 1871–1918. Göttingen 1973. – Nipperdey, Thomas: Deutsche Geschichte. 1800–1866. München 1983. – Stürmer, Michael: Das ruhelose Reich. Deutschland 1866–1918. Berlin 1983. – Lutz, Heinrich: Zwischen Habsburg und Preußen. Deutschland 1815–1866. Berlin 1985. – Huber, Ernst Rudolf: Deutsche Verfassungsgeschichte seit 1789. Bde. 1–4. Stuttgart 1957–1969.

Herre, Franz: Nation ohne Staat. Die Entstehung der deutschen Frage. Köln 1967. – Böhme, Helmut (Hrsg.): Probleme der Reichsgründungszeit. 1848–1879. Köln 1968. – Hess, Adalbert: Das Parlament, das Bismarck widerstrebte. Zur Politik und sozialen Zusammensetzung des preußischen Abgeordnetenhauses der Konfliktszeit. 1862–1866. Köln 1964. – Stürmer, Michael (Hrsg.): Das kaiserliche Deutschland. Politik und Gesellschaft. 1870–1918. Düsseldorf 1970. – Wehler, Hans-Ulrich: Krisenherde des Kaiserreichs. 1871–1918. Göttingen 1970. – Lamer, Reinhard: Der englische Parlamentarismus in der deutschen politischen Theorie im Zeitalter Bismarcks. 1857–1890. Lübeck und Hamburg 1963. – Kennedy, Paul: The Rise of Anglo-German Antagonism. 1860–1914. London 1981.

Mommsen, Wilhelm (Hrsg.): Deutsche Parteiprogramme. München 1960. – Bergsträsser, Ludwig: Geschichte der politischen Parteien in Deutschland. München 10/1960. – Ritter, Gerhard A. (Hrsg.): Die deutschen Parteien vor 1918. Köln 1973.

Deutscher Liberalismus im Zeitalter Bismarcks. Eine politische Briefsammlung. Bd. 1, 1859–1870, hrsg. von Julius Heyderhoff, Bonn und Leipzig 1925; Bd. 2, 1871–1890, hrsg. von Paul Wentzke, Bonn und Leipzig 1926. – Gall, Lothar (Hrsg.): Liberalismus. Köln 1976. – Klein-Hattingen, Oskar: Geschichte des deutschen Liberalismus. 2 Bde., Berlin 2/1911–1912. – Sell, Friedrich C.: Die Tragödie des deutschen Liberalismus. Stuttgart 1953. – Bussmann, Walter: Zur Geschichte des deutschen Liberalismus im 19. Jahrhundert. In: Historische Zeitschrift 186, 1958. – Winkler, Heinrich August: Preußischer Liberalismus und deutscher Nationalstaat. Studien zur Geschichte der Deutschen Fortschrittspartei. 1861–1866. Tübingen 1964. – Eisfeld, Gerhard: Die Entstehung der liberalen Parteien in Deutschland. 1858–1870. Hannover 1969. – Sheehan, James J.: Der deutsche Liberalismus. Von den Anfängen im 18. Jahrhundert bis zum Ersten Weltkrieg. 1770–1914. München 1983.

Lange, Annemarie: Berlin zur Zeit Bebels und Bismarcks. Ost-Berlin 1972. – Laforgue, Jules: Berlin. Der Hof und die Stadt 1887. Frankfurt und Berlin 1970.

Bildnachweis

Bildarchiv Preußischer Kulturbesitz, Berlin
Seite 247

Über Land und Meer. Allgemeine Illustrierte Zeitung,
Stuttgart. Deutsche Verlags-Anstalt (Archiv)
Seite 127

Alle übrigen Fotos Archiv für Kunst und Geschichte, Berlin

Personenregister

Kursiv gesetzte Seitenzahlen verweisen auf Abbildungen

Absalom, Sohn König Davids 116
Adalbert, Prinz von Preußen 230
Albert, Prinz von Coburg,
  Prinzgemahl von Königin
  Victoria 59f., *62*, 62-70, 72, 76f.,
  80, 88, 90, 93, 123, 167, 188
Alexander, I., Zar 24
Alexander II., Zar 73, 218, 220
Alexander III., Zar 220, 228
Alexander, Prinz von Hessen 228
Alexandra, Prinzessin von Dänemark 109, 158
Ancillon, Jean Pierre 34
Arndt, Ernst Moritz 48, *49*, 123, 196, 201
Auerbach, Berthold 224
Auerswald, Rudolf von 80
August Wilhelm, Prinz von
  Preußen 230
Augusta, Königin von Preußen,
  Kaiserin 22, *23*, 24-33, 36, 38ff.,
  42-46, 48, 52-55, 57ff., 63, 65, 68f.,
  80, 83f., 88, 90, 95, 101, 113, 120,
  125, 137, 171, 210, *233*
Auguste Viktoria, Königin von
  Preußen, Kaiserin 230

Ballhausen, Lucius von 252, 260, 262, 272
Bamberger, Ludwig 206, 210, 232, 273, *274*
Bardeleben, Heinrich Adolf von 283
Barkeley, Richard 243

Battenberg, Prinz Alexander von 227, 267
Baumgarten, Hermann 110, 137, 151
Bazaine, Françoise Achille 171
Benedek, Ludwig August Ritter 147
Bennigsen, Rudolf von 82, 153
Bergmann, Ernst von 236f., *238*, 239ff., 243f., 255f., 259, 280
Bernhard, Erbprinz von Sachsen-Meiningen 91, 228
Bernhardi, Theodor von 73f., 123
Bernstorff, Albert Graf von 102
Bethmann Hollweg, Moritz
  August von 53, 80
Bismarck, Johanna von 241
Bismarck, Otto von 10, 72, 90, 98, 100, 102, 104-110, *111*, 112, 114-120, 122-126, 128ff., 132-140, 146-158, 160f., 163-166, 176, 182-186, 190, 192, 195, 197, 199f., 202, *203*, 204, 206-209, 211, 214, 216-221, 225, 227ff., 231, 234, 239, 241ff., 248, 250-254, 258f., *261*, 262, 265ff., 269-274, 277f., 288, 292, 296
Bleibtreu, Georg 168, 172
Blumenthal, Leonhard von *141*, 141ff., 171, *173*, 177
Bodelschwingh, Karl von 138
Bonin, Eduard von 80
Bramann, Fritz Gustav 255, 280
Bruch, Rüdiger vom 292

Bunsen, Christian Karl Josias von 53
Bunsen, Georg von 205, 270
Bunsen, Marie von 62, 90, 226

Carl, Herzog von Mecklenburg 19
Charlotte, Prinzessin, Tochter König Georgs IV. 60
Charlotte, Prinzessin von Sachsen-Meiningen 91, 228, 268
Christian XI., Prinz von Sonderburg-Glücksburg, König von Dänemark 127
Clausewitz, Karl von 27
Clausewitz, Marie von 27
Curtius, Ernst 29 ff., 37, 45, 161, 223, 291

Dagmar, Prinzessin von Dänemark 158
Dahlmann, Friedrich Christoph 50f., 51, 52, 86, 130
Dahrendorf, Ralf 295f.
David, König 116
Delacroix, Eugène 14, 19
Delbrück, Hans 205, 279
Dohme, Robert 205, 283
Douay, Fèlix Charles *170*
Droysen, Johann Gustav 222
Duncker, Max 86f., 93, 96, 100, 105, 108f., 111, 132, 137, 223

Eduard VII., Prinz von Wales, König von England 106, 109, 158ff., 290
Eitel Friedrich, Prinz von Preußen 230
Elisabeth, Kaiserin von Österreich 161, 220
Elisabeth, Königin von Preußen 38

Elisabeth, Zarin von Rußland 22
Ernst II., Herzog von Sachsen-Coburg-Gotha 62, 65, 71ff., 80, 82, *83*, 93, 123, 126, 137, 139, 155, 168, 182, 232
Ernst August, König von Hannover 26, 51
Eugénie, Kaiserin der Franzosen 76, 162
Eulenberg, Herbert 291

Finkelmann, Hofgärtner 40
Fischer, Friedrich Leopold 55
Flottweil, Eduard von 80
Fontane, Theodor 262, 264
Forckenbeck, Max von 152f., *154*, 205, 270
Franz I., Herzog von Lothringen, Deutscher Kaiser 90
Franz Joseph I., Kaiser von Österreich 56, 76, 85, 124f., 130, 135, 137, 140, 160ff., 218, 220, 234
Freiligrath, Ferdinand 49f.
Freund, Michael 90, 163, 243, 248, 291
Freytag, Gustav 12, 111f., 168f., 171, 184, *185*, 186f., 192, 201, 212, 216, 220, 225, 262, 276, 282, 295
Friedberg, Heinrich von 270, 272
Friedrich I., Barbarossa, König und Kaiser 125, 186, 188, 260
Friedrich II., König und Kaiser 55
Friedrich I., Großherzog von Baden 72, 111f., 137f., 184, 196
Friedrich Wilhelm, Kurfürst von Brandenburg (der Große Kurfürst) 109, 252
Friedrich VII., König von Dänemark 127
Friedrich Karl, Prinz von Hessen 228

313

Friedrich I., König in Preußen 97, 193, 262
Friedrich II., der Große, König von Preußen 8f., 22, 29, 32, 50, 55, 57, 87, 92, 116, 147, 157, 252, 255, 263, 265, 282f., 290
Friedrich Karl, Prinz von Preußen 28, 41, 56, 100, *131*, 131f., 141, 176f.
Friedrich Wilhelm I., König in Preußen 32, 116
Friedrich Wilhelm III., König von Preußen 23, 28, 36f., 43, 87, 110, 252
Friedrich Wilhelm IV., König von Preußen 8, 24, 34, *35*, 36-43, 48, 50, 54f., 57, 66, 68, 73, 76, 79, 91, 93, 98, 107, 119, 190, 218, 256, 262
Friedrich, Erbprinz von Schleswig-Holstein-Augustenburg 72, *127*, 127f., 133, 135, 156, 168, 230
Fröbel, Friedrich Wilhelm August 213

Geffcken, Heinrich 257, 288
Geibel, Emanuel 188
Georg IV., König von England 62
Georg V., König von Hannover 156
Gerhardt, Karl 236f.
Gerlach, Leopold von 26, 45, 72
Gervinus, Georg Gottfried 43
Gladstone, William Ewart 264
Gneisenau, August Graf von 34
Godet, Frédéric 28, 31, 35
Godet, Witwe, Erzieherin 28, 55
Goethe, Johann Wolfgang von 17ff., 24ff.
Goltz, Robert Graf von der 53

Hackländer, Friedrich Wilhelm von 110

Haritzsch, H., Maler 233
Hartmann, Jakob von 168
Hartmann, Robert 244
Hauke, Julie Gräfin 228
Hegel, Georg Wilhelm Friedrich 19
Heine, Heinrich 18f.
Heinrich, Prinz von Preußen 91, 228, 280
Helmholtz, Anna von 277
Herder, Johann Gottfried 24
Herrfurth, Ludwig 275
Herwarth von Bittenfeld, Karl Eberhard 141, 143
Heydemann, Albert Gustav 30
Heydt, August von der 102
Hödel, Max 214, 217
Hohenlohe-Ingelfingen, Prinz Adolf von 98, 101
Hohenlohe-Ingelfingen, Prinz Kraft zu 143
Hohenlohe-Langenburg, Prinzessin Adelheid von 72, *127*
Holstein, Friedrich von 226f., 231, 240, 246, 252f., 259, 267, 277, 283
Hovell, Mark 246, 249
Huber, Ernst Rudolf 295
Humboldt, Wilhelm von 19

Irene, Prinzessin von Hessen 280
Ismail Pascha, Vizekönig von Ägypten 163

Jenner, Sir William 237
Jhering, Rudolf 151
Joachim, Prinz von Preußen 230

Kant, Immanuel 55
Karl der Große, Kaiser 49
Karl I., König von England 108
Karl, König von Rumänien 202, 215

Karl, König von Württemberg 182
Karl, Prinz von Preußen 110
Karl Anton, Fürst von Hohenzollern-Sigmaringen 80
Karl August, Großherzog von Sachsen-Weimar-Eisenach 24
Karl Friedrich, Großherzog von Sachsen-Weimar-Eisenach 24
Katharina II., die Große, Zarin 24
Kessel, Gustav von 226f., 246, 254
Klein-Hattingen, Oskar 294
Knesebeck, Karl Friedrich von 34
Knille, Otto 223
Koch, Georg 285
Kögel, Rudolf 283
Königsmarck, Graf Adolf von 28
Konstantin I., König von Griechenland 228
Krause, Hermann 249
Kußmaul, Adolf 255

Laforgue, Jules 254, 279
Landgraf, Wilhelm 246
Lasker, Eduard 153, 184
Lauer, Gustav von 237
Lenné, Peter Joseph 31
Leo XIII., Papst 208, 217, 221, *221*
Leopold, König der Belgier 60, 62f., 188
Leopold, Erbprinz von Hohenzollern-Sigmaringen 166
Lerchenfeld, Graf Maximilian Emanuel 260
Lessing, Gotthold Ephraim 55, 208
Louis Philippe, König der Franzosen 14
Louis Philippe »Égalité«, Herzog von Orléans 14
Ludwig II., König von Bayern 12, 157, 184f., 187, 192, 210, 234f.
Ludwig XIV., König von Frankreich 179f., 193
Luise, Großherzogin von Baden 28f., 71
Luise, Königin von Preußen 24, 76, 262
Luitpold, Prinzregent von Bayern 185
Luther, Martin 24

Mac-Mahon, Maurice Marquis de, Herzog von Magenta 171
Mackenzie, Sir Morell 7, 163, 237, *238*, 239-249, 254f., 268f., 276f.
Makart, Hans 222
Malet, Sir Edward 278, 283
Manteuffel, Edwin von 129
Margarethe, Prinzessin von Savoyen 160
Maria Pawlowna von Sachsen-Weimar-Eisenach 24
Maria Theresia, Kaiserin 22, 90
Marx, Karl 47
Mazzini, Guiseppe 140
Meyerbeer, Giacomo 30
Mill, John Stuart 207
Miquel, Johannes 151, 275
Mischke, Albert von 233
Moltke, Helmuth von 56ff., 73, 77, 79, 141ff., 146f., 161, 171, *173*, 176, 178, 234

Napoleon I., Kaiser 14, 16, 20, 48, 66, 167, 179, 181, 187, 189
Napoleon III., Kaiser 66, 74ff., 82, 85, 138, 148f., 160, 163ff., 167, 172, 174, 179, 187, 199
Nietzsche, Friedrich 11
Nikolaus I., Zar 24, 56, 66
Nobiling, Karl Eduard 214ff.
Normann, Karl von 206, 226, 232f.

Oskar, Prinz von Preußen 230
Otto I., der Große, König und Kaiser 183, 188

Palmerston, Lord Henry 71
Passow, Franz 28
Patow, Erasmus Robert von 80
Paul I., Zar 24
Perponcher, Gräfin 227
Perthes, Clemens Theodor 53
Pfizer, Paul 20
Philippson, Martin 11, 55, 106
Pius IX., Papst 55
Podbielski, von *173*
Pourtalès, Albert Graf 53
Pückler-Muskau, Hermann Fürst von 15f., 31
Puttkamer, Robert von 272ff.

Radolinski, Hugo Graf 233
Radziwill, Prinzessin Elisa 24
Ranke, Leopold von 34, 222, 256
Raschdau, Ludwig 220
Rauch, Christian Daniel 29
Rechenberg, Albrecht von 291
Reille, Graf, Generaladjutant 172
Renan, Ernest 164
Richter, Eugen 232, 273
Rochau, August Ludwig von 81
Rogge, Bernhard 179
Roggenbach, Franz von 137, *139*, 183, 205, 210, 254, 275, 293
Roon, Albrecht von 44, 95, 101, 104, 129, 171, *173*, 176
Rudolf, Erzherzog, Kronprinz von Österreich-Ungarn 12, 235
Russell, Odo 178

Samwer, Karl Friedrich 93, 108f., 128, 209, 211, 234
Schaumburg-Lippe, Adolf von 228

Schellbach, Karl 247
Schiller, Friedrich 18f., 24, 82, 210
Schinkel, Karl Friedrich 19, 31
Schirmer, Johann Wilhelm 223
Schleinitz, Alexander Freiherr von 53, 80, 102
Schmidt, Moritz 163, 250
Schrader, Karl 270, 295
Schrader, Max 254
Schrader-Breymann, Henriette 277
Schrötter, Leopold 249
Schulze-Delitzsch, Hermann 82
Schewrin-Putzar, Maximilian Graf von 108
Scott, Walter 70
Seckendorff, Götz Graf von 227
Semon, Sir Felix 244
Siemens, Werner 30
Sigismund, Prinz von Preußen 91, 228
Simson, Eduard von 184, 270
Smith, Adam 207
Sophie, Prinzessin von Preußen 91, 228, 268
Spielhagen, Friedrich 224
Spitzemberg, Baronin 8, 228, 262, 277, 288
Stauffenberg, Franz August von 232
Stein, Karl Freiherr vom und zum 16
Stevenson, Biograph Mackenzies 163
Stockmar, Christian Friedrich von 62f., 79, 87, 188
Stockmar, Ernst von 79, 87, 93, 116, 234, 257
Stockmar, Frau von 273
Stosch, Albert von 205, 254, 257, 293
Sybel, Heinrich von 187

Taylor, Henry, engl. Historiker   36
Tobold, Adelbert von   237
Treitschke, Heinrich von   10, 46, 222, 264
Twesten, Karl   153

Uhland, Ludwig   192
Umberto, König von Italien   160, 221
Unruh, Karl Philipp von   28, 30, 32, 43f.

Velazquez, Diego de Silva y   222
Versen, Max von   166
Victor Emanuel II., König von Italien   160
Victoria, Königin von Großbritannien und Irland   11, 59f., *61*, 62-65, 68, 70-73, 76f., 90, 102, 109, 122, 130, 137f., 164, 178, 197, 227f., 237, 243ff., 247, 249, 255, 277f., *279*, 283
Victoria, Kronprinzessin von Preußen, Kaiserin   8, 11, 62-65, 67-72, 74, *74f.*, 77-80, 82, 87-91, 93, 96f., 101-106, 109, 113-117, 120ff., 128, 130, 132, 136, 142f., 146f., 150, 152, 156, 164-167, 178, 180, 196f., *198*, 212, 218, 223ff., *225*, 226-229, 234, 241-249, 251, 253, 255, 257f., 262, 267f., 270f., 273, 275ff., 283, 286ff., 290f.
Victoria, »Princess Royal« s. Victoria, Kronprinzessin von Preußen
Victoria, Prinzessin von Preußen   91, 227f., 267f.
Victoria, Prinzessin von Sachsen-Coburg-Gotha   62

Vincke, Georg von   43, 84, 95
Virchow, Rudolf   239, *240*, 242, 255, 270

Wagner, Richard   12, 247
Waldemar, Prinz von Preußen   91, 228
Waldeyer, Heinrich Wilhelm   255f.
Walther, Andrée   178
Wegner, Leibarzt   237
Werner, Anton von   170, 193ff., 222
Widukind von Corvey   183
Wieland, Christoph Martin   24
Wilhelm I., König von Preußen, Kaiser   6, 7-11, 22, *23*, 24-28, 31-34, 36, 38-46, 48, 52f., 56, 59, 63, 65-68, 79, 83-86, 91-98, 101-105, 109f., 113-119, 121, 125, 128f., 132-135, 137f., 140, *144f.*, 146, 149, 153, 158, 160f., 163f., 166f., *173*, 176ff., 185f., 189f., *191*, 192f., 195f., 199-206, 216-219, 223f., 228-231, *233*, 234, 236, 241ff., 250-253, 256, 259, 266, 271, 283, 290ff., 295
Wilhelm II., König von Preußen, Kaiser   8-12, 91, 109, 228ff., *230*, 231, *233*, 241, 243ff., 250-253, 256, 259, 262, 267f., 275ff., 282, 287f., *289*, 290f.
Wilhelm, Kronprinz, Sohn Wilhelms II.   230, *233*, 291
Winter, Leopold von   114, 206
Winterfeld, Rudolf von   233, 287
Wrangel, Friedrich Graf von   85, 131, 133

Zastrow, Rudolf von   28
Zola, Emile   224
Zubkow, Alexander   228

HEYNE BIOGRAPHIEN

Männer,
die die Welt
bewegten

12/146

12/41

12/43

12/26

12/12

12/171

12/9

12/69

Wilhelm Heyne Verlag München

HEYNE BIOGRAPHIEN

Die Großen der Weltgeschichte – Politik · Kultur Wissenschaft

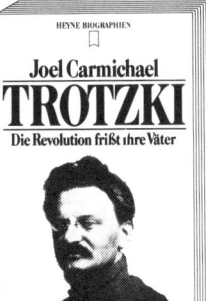

Joel Carmichael
TROTZKI
Die Revolution frißt ihre Väter

12/180

Ronald Hayman
BERTOLT BRECHT
Der unbequeme Klassiker

12/124

Harry Wilde
ROSA LUXEMBURG
Ich war – ich bin – ich werde sein

12/143

Donald Spoto
ALFRED HITCHCOCK
Die dunkle Seite des Genies

12/145

Joanna Richardson
COLETTE
Leidenschaft und Sensibilität

12/125

Bernard Fay
LUDWIG XVI.
Der Sturz der französischen Monarchie

12/174

Martin Schäfer
MAXIMILIAN II.
König von Bayern

12/168

J. F. Bernard
TALLEYRAND
Diplomat – Staatsmann – Opportunist

12/175

Gestalten, die die Welt veränderten

Henry Benrath
Die Kaiserin Theophano
Historischer Roman, 370 Seiten

Felix Berner
Gustav Adolf – Der Löwe aus Mitternacht
512 Seiten mit 24 Abbildungen und 7 Tafeln

Gianni Granzotto
Christoph Columbus
384 Seiten mit 11 Karten und 20 Vignetten

Friedrich Sieburg
Robespierre
Eine Biographie, 316 Seiten

Friedrich Sieburg
Napoleon
Die Hundert Tage, 467 Seiten

Karl Pisa
Alexis de Tocqueville
Prophet des Massenzeitalters
243 Seiten mit 35 Abbildungen

Gertrud Fussenegger
Maria Theresia
316 Seiten mit 33 Abbildungen und 2 Karten

Gerhard Ritter
Stein
Eine politische Biographie, 656 Seiten

Theodor Eschenburg/Ulrich Frank-Planitz
Gustav Stresemann
Eine Bildbiographie, 168 Seiten mit 335 Abbildungen